Praxishandbuch JIT/JIS mit SAP®

EBOOK INSIDE

Die Zugangsinformationen zum eBook Inside finden Sie am Ende des Buchs.

Thomas Hummel

Praxishandbuch JIT/JIS mit SAP®

Die Just-in-Time und Just-in-Sequence
Abwicklung mit SAP®

Thomas Hummel
Nürnberg, Deutschland

ISBN 978-3-662-58511-5   ISBN 978-3-662-58512-2   (eBook)
https://doi.org/10.1007/978-3-662-58512-2

Die Deutsche Nationalbibliothek verzeichnet diese Publikation in der Deutschen Nationalbibliografie; detaillierte bibliografische Daten sind im Internet über http://dnb.d-nb.de abrufbar.

Springer Vieweg
© Springer-Verlag GmbH Deutschland, ein Teil von Springer Nature 2019

Springer Vieweg ist ein Imprint der eingetragenen Gesellschaft Springer-Verlag GmbH, DE und ist ein Teil von Springer Nature
Die Anschrift der Gesellschaft ist: Heidelberger Platz 3, 14197 Berlin, Germany

Danksagung

Als der erste Kontakt mit SAP JIT auftrat, begab ich mich auf die Suche nach Informationen im Web oder in Buchform. Schnell wurde mir klar, dass nur wenige Informationen rund um die JIT/JIS-Abwicklung mit SAP verfügbar sind. Hier kam mir der erste Gedanke, dass ein Buch zum Thema SAP JIT geschrieben werden müsste. Nach mehreren Jahren in der Beratung hat sich dieser Gedanke gefestigt und schließlich entstand das hier vorliegende Werk.

Ich möchte mich bei allen bedanken, die mich auf dieser Reise des Schreibens unterstützt haben. Allen voran meiner Frau Sara, meiner Familie und Freunden, die mich stets motiviert haben, das Buch zu vollenden. Außerdem möchte ich geschäftlichen Partnern und Kunden danken, die mir mit Rat, Ideen und Unterstützung zur Seite standen. Wissen kann man nie alleine aufbauen und Wissen muss geteilt werden, um daraus neue Erkenntnisse ableiten zu können.

Des Weiteren möchte ich mich bei meinen Arbeitskollegen von MHP bedanken, die mir das Vertrauen entgegengebracht haben, das Buchprojekt über SAP JIT zu finalisieren.

Ein weiterer Dank geht an den Springer Verlag, der es ermöglicht hat, dieses Buch zu veröffentlichen. Dabei gilt mein besonderer Dank Herrn Börger und Frau Leonhard, die mir bei Fragen stets zur Seite standen. Wichtige Anmerkungen, Anregungen und die angenehme Zusammenarbeit haben bei der Erstellung des Buches unterstützt.

Verbesserungsvorschläge, Anmerkungen und Kritik dürfen gerne an mich versendet werden. Teilen Sie mit mir Ihre Erfahrungen, um Prozesse und Produkte zu verbessern.

2018   Thomas Hummel

Über dieses Buch

Die Just-in-Time und Just-in-Sequence Abwicklung wird heute hauptsächlich in der Automobilbranche eingesetzt. Bei steigender Anzahl der Varianten oder der Verwendung von sperrigen Produkten kann es sinnvoll sein, die Vorteile der JIT/JIS-Abwicklung auch auf andere Branchen zu übertragen. Dieses Buch beschreibt detailliert die Funktionsweise des SAP JIT, um die Einführung oder Erweiterung von JIT/JIS-Prozessen in der Automobilbranche zu begleiten oder für andere Branchen, die die JIT/JIS-Abwicklung mit SAP untersuchen möchten. Es gibt einen Komplettüberblick über die Abwicklung von Just-in-Time und Just-in-Sequence Prozessen mit SAP JIT. Dabei werden sowohl betriebswirtschaftliche Grundlagen beschrieben als auch grundlegende Voraussetzungen für den Einsatz von SAP JIT dargelegt. Neben der detaillierten Beschreibung der Funktionsweise von JIT-Inbound und JIT-Outbound wird eine prozessorientierte Einführung von SAP JIT in Projekten dargestellt. Abschließend werden systemübergreifende Geschäftsprozesse aufgegriffen, um die JIT/JIS-Abwicklung mit SAP JIT vollständig in die Systemlandschaft zu integrieren. Das Buch Praxishandbuch JIT/JIS mit SAP kann als Einstiegshilfe in die SAP JIT Welt und zugleich als Wegbegleiter bei Erweiterungen sowie Optimierungen der JIT/JIS-Prozesse genutzt werden.

Ziel des Buches ist ein umfangreiches Wissen über SAP JIT bereitzustellen, damit erkannt wird, welche Funktionalitäten über den SAP-Standard abgebildet werden können und welche über kundeneigene Entwicklungen erweitert werden müssen. Die Nutzung eines SAP-Systems ermöglicht die Verwendung eines integrativen Systems, in dem Dispositions-, Einkaufs-, Produktions-, Lager-, Finanz- und Controllingprozesse Hand in Hand miteinander arbeiten. SAP JIT integriert sich in diese Prozesse, da es entlang der Wertschöpfungskette immer wieder SAP-Standard Funktionsbausteine und Logiken übernimmt.

Transaktionen und Menüpfade

Alle JIT relevanten Programme werden in den Transaktionen mit *JIT* gekennzeichnet. Somit kann mittels der Transaktionspflege SE93 und der Suche nach *JIT* alle JIT spezifischen Transaktionen ermittelt werden. Alternativ kann die Tabelle TSTC

(SAP-Transaktions-Codes) aufgerufen werden. Häufig verwendete Transaktionen im JIT-Prozess werden in Abschn. 3.11 dargestellt.

Customizing SAP JIT-Inbound

Das Customizing für das JIT-Inbound kann über die Transaktion OJITI geöffnet werden. Alternativ können die Einstellungen auch über den nachfolgenden Pfad aus dem SAP Customizing Einführungsleitfaden aufgerufen werden.

Logistics Execution • JIT-Inbound

Customizing SAP JIT-Outbound

Das Customizing für das JIT-Outbound kann über die Transaktion OJITO geöffnet werden. Alternativ können die Einstellungen auch über den nachfolgenden Pfad aus dem SAP Customizing Einführungsleitfaden aufgerufen werden.

Logistics Execution • JIT-Outbound

In den einzelnen Kapiteln wird weiter Bezug auf das Customizing und die JIT-Transaktionen genommen.

Inhaltsverzeichnis

Über den Autor

Thomas Hummel besitzt einen Masterabschluss der Wirtschaftsinformatik der technischen Hochschule Nürnberg und ist seit mehreren Jahren als erfahrener SAP JIT Berater sowohl bei Automobilherstellern als auch Automobilzulieferern im Einsatz. Mit den klassischen Grundlagen wie SAP SD, SAP MM wie auch SAP LO/LE mit jeweils Bezug zu den angrenzenden Modulen (FI, CO, PP, WM/EWM) kann er eine ganzheitliche Betrachtung der Geschäftsprozesse nicht nur als Prozess-, sondern auch als IT-Berater sicherstellen. Die praktische Erfahrung mit der EDI-Abwicklung sowie mit SAP VMS (Vehicle Management System) und LO-VC (Variantenkonfiguration) runden sein Profil ab.

Einführung

Bei der Erstellung des Buches wurde darauf geachtet, dass es sowohl von Einsteigern als auch von erfahrenen Anwendern, Beratern oder Entwicklern verstanden und verwendet werden kann. Basisvoraussetzung für das Verständnis sind Prozesskenntnisse in der Just-in-Time- und Just-in-Sequence-Abwicklung. Da der Fokus sich auf die JIT/JIS-Abwicklung mit SAP JIT konzentriert und weniger auf betriebswirtschaftliche Szenarien, dienen die erläuterten Prozessbeispiele als Verständnisstütze und zeigen in der Praxis geläufige, auftretende Szenarien mit SAP JIT. Die JIT/JIS-Abwicklung ist eine stark integrative Belieferungsform, die sowohl mehrere fachliche Prozesse als auch IT-Prozesse betrifft. Dies kann vom Einkauf über Lagerhaltung, Produktion und Verkauf bis hin zur Fakturierung reichen. Voraussetzung ist somit eine gute Prozesskenntnis entlang der Wertschöpfungskette. Wenigstens im Bereich Vertrieb – dem SAP Modul SD – sollte ein grundlegendes Wissen vorhanden sein, da SAP JIT auf die Kernprozesse des Vertriebs aufsetzt.

Abb. 1.1 zeigt den Aufbau des Buches und gibt neben dem Inhaltsverzeichnis eine erste Orientierung, welche Kapitel für den Leser am meisten relevant sind.

Kap. 1, „Einführung" gibt einen kurzen Überblick über das generelle Verständnis der Belieferungsform von Just-in-Time und Just-in-Sequence wider. Das Kapitel dient als Einstiegshilfe in die Thematik der JIT/JIS-Abwicklung und kann beliebig mit anderweitiger Literatur zum Thema JIT/JIS ergänzt werden.

Kap. 2, „Prozessüberblick JIT/JIS" baut auf dem Einstiegskapitel auf und vertieft die prozessualen Kenntnisse mit Kernkenntnissen zum SAP JIT. Es zeigt die Wichtigkeit einer Prozessabwicklung in Time bzw. in Sequence. Diese Abwicklungsform hat sich insbesondere in der Automobilindustrie durchgesetzt. Wenn IT-Infrastruktur, Organisation und das Vertragsverhältnis zwischen Kunde und Zulieferer passen, kann diese Form der Abwicklung abgewandelt für den entsprechenden Anwendungsbereich auch in anderen Industrien verwendet werden. Dieses Kapitel ist auf das Wesentliche beschränkt,

© Springer-Verlag GmbH Deutschland, ein Teil von Springer Nature 2019
T. Hummel, *Praxishandbuch JIT/JIS mit SAP®*, https://doi.org/10.1007/978-3-662-58512-2_1

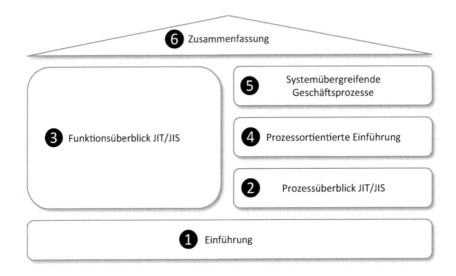

Abb. 1.1 Themen und Kapitelübersicht

da sich dieses Buch auf die Abwicklungen mit SAP JIT bezieht. Nicht nur Kenntnisse zu SAP JIT werden thematisiert, sondern auch der Unterschied zwischen JIT-Inbound und JIT-Outbound.

Das Herzstück des Buches ist **Kap. 3, „Funktionsüberblick JIT/JIS",** das als ständiger Begleiter und Nachschlagewerk sowohl von Einsteigern als auch erfahrenen Anwendern, Beratern oder Entwicklern genutzt werden kann. Alle relevanten Funktionen über JIT-Inbound und JIT-Outbound, sowie Hinweise zum Customizing und Entwicklungseingriffe werden dargestellt. Neben der Funktionalität des SAP JIT, werden auch häufig verwendete Transaktionen aufgezeigt, um eine erfolgreiche Arbeit mit SAP JIT zu gewährleisten. Zuletzt werden wichtige JIT/JIS relevante Prozessabläufe wie die Nachbestellungsabwicklung oder das SD-Gutschriftsverfahren beschrieben.

Kap. 4, „Prozessorientierte Einführung" ist für alle Leser relevant, die eine JIT/JIS-Abwicklung vor sich haben oder einen bestehenden Prozess mit neuen Prozessschritten ergänzen möchten. Es zeigt, wie an die Thematik SAP JIT heranzugehen ist, welche Kenntnisse für die Projektorganisation und eine Implementierung von JIT/JIS-Prozessen vorhanden sein sollten. Vor allem für den Einstieg in neue SAP JIT Prozesse sind drei verschiedene Beispielprozesse im SAP-Standard dargestellt, die prototypisch angewendet werden können, um sich an die Thematik SAP JIT anzunähern. Neben einem klassischen Beispielprozess für produktionssynchrone Abrufe wird ein Prozess mit Lieferquittierung und JIT-Outbound dargestellt.

In **Kap. 5, „Systemübergreifende Geschäftsprozesse"** sind neben dem SAP JIT weitere externe Systeme beschrieben, bei denen es in der Praxis möglich sein kann, dass eine Verbindung zu einem JIT/JIS-Prozess hergestellt werden muss. Beispielsweise wird die Produktion über ein MES-System durchgeführt, das an SAP JIT per Schnittstelle angebunden werden muss. Das Kapitel zeigt, welche Restriktionen der SAP-Standard hat und skizziert erste Lösungsansätze zur Konzeption von JIT/JIS-Prozessen mit externen Systemen.

Am Ende des Buches stehen in **Kap. 6**, **„Zusammenfassung"** abschließende Worte zu allen zuvor beschriebenen Kapitel.

1.1   Anlieferungsformen beim Automobilhersteller

Ob und in welcher Form der Zulieferer die Produkte in Time oder in Sequence liefert, bestimmt der jeweilige Kunde und OEM. Eine JIT/JIS-Abwicklung ist somit beim Zulieferer nicht relevant, wenn diese vom Kunden nicht eingefordert wird. Auf eine JIT bzw. JIS-Abwicklung sollte der Zulieferer erst dann setzen, wenn diese für die Abwicklung sinnvoll erscheint, da die Einrichtung der Infrastruktur nicht nur Zeit und Geld kostet, sondern meist auch eine organisatorische Umstellung nach sich zieht. In der Automobilbranche wird nicht nur die konventionelle Lageranlieferung angewendet, sondern auch die Bereitstellung über ein Logistikzentrum, einer Just-in-Time- oder einer Just-in-Sequence-Belieferung. Abb. 1.2 zeigt die gängigen Anlieferungsvarianten mit einer grafischen Darstellung der Anzahl der Lieferanten, die diese Belieferungsform

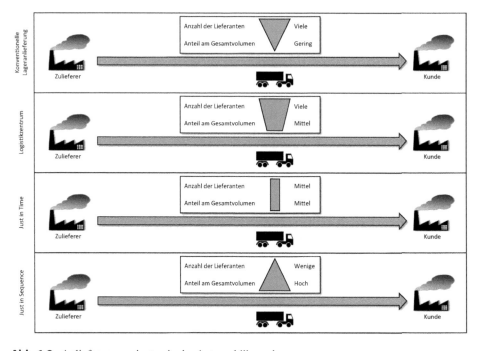

Abb. 1.2 Anlieferungsvarianten in der Automobilbranche

durchführen im Verhältnis zum gelieferten Anteil des Zulieferers zum Gesamtvolumen des Kunden. Diese Verteilung betrifft besonders europäische Automobilhersteller, da die Variantenvielfalt in Europa weiterhin hoch ist. Die Anlieferungsformen variieren stark je nach Herkunft des OEMs und der Variantenvielfalt. In anderen Ländern ist die Auswahl und Konfigurationsmöglichkeit an Produkten geringer als in Europa und die Relevanz von JIT/JIS-Prozessen daher niedriger. Die Bedeutung von JIT/JIS-Prozessen nimmt zu, wenn die Variantenvielfalt des Herstellers steigt.

In Abb. 1.2 ist die konventionelle Lageranlieferung dargestellt, die von vielen verschiedenen Zulieferern an den Kunden durchgeführt wird. Dabei ist das gelieferte Spektrum ein geringer Anteil am Gesamtvolumen der verwendeten Teile beim Kunden. Für die gleichen Teile stehen häufig mehrere Zulieferer zur Auswahl. Fällt ein Zulieferer in dieser Rubrik aus und kann nicht mehr liefern, kann sich schnell eines Alternativzulieferers bedient werden. Auch wenn die Ware nicht zeitpunktgenau beim Hersteller eintrifft, können Alternativen angewendet werden, z. B. die Verwendung von Mindestbeständen im Lager. Bei der nächsten Anlieferungsform handelt es sich um die Anlieferung mittels Logistikzentren, bei der ebenfalls eine hohe Anzahl an Lieferanten einem mittleren Anteil am Gesamtvolumen der verwendeten Teile beim Kunden gegenübersteht. Das Logistikzentrum kann von mehreren Zulieferern bedient werden, um im Anschluss die Produkte an den Kunden zu verteilen. Die Just-in-Time Belieferung dagegen hat einen ausgewogenen Anteil von Zulieferern, die am Anteil des Gesamtvolumens des Kunden beteiligt sind. Die Auswechslung eines Zulieferers für dasselbe zu liefernde Produkt ist schwieriger möglich. Die Just-in-Sequence Belieferung wird nur von wenigen Zulieferern durchgeführt, die einen hohen Anteil des Gesamtvolumens der gelieferten Teile ausmacht. Zu liefernde Produkte sind Module wie beispielsweise Achsen, Dachhimmel, Stoßfänger, Trittbretter, Cockpits, Kompletträder und andere Produkte. Die JIS-Lieferanten treten als Systemlieferanten auf, um fertig montierte Teile in der richtigen Reihenfolge zum richtigen Zeitpunkt an das Kundenmontageband zu liefern. Ein JIS-Lieferant ist für die Produktion des Herstellers essentiell und eine fehlende oder falsche Belieferung hat immense Auswirkungen. Fehlt beispielsweise am Montageband des Kunden die Achse, der Dachhimmel oder der Stoßfänger, so verzögert es nicht nur die Produktion des Herstellers, sondern auch die Just-in-Time und Just-in-Sequence Belieferungen anderer Lieferanten. Sobald ein JIS-Lieferant zur falschen Zeit oder in falscher Sequenz anliefert, sind ernstzunehmende Konsequenzen die Folge. Zwischen Kunde und Zulieferer ist vertraglich geregelt, welche Maßnahmen getroffen werden, wenn es zum Bandstillstand beim Kunden kommt.

Abb. 1.2 zeigt ebenfalls, dass der Kunde eine Vielzahl von Zulieferer benötigt, um am Ende ein fertiges Produkt zu erstellen. Deshalb ist es nicht alleine die Herausforderung des Automobilherstellers ein Fahrzeug zu produzieren, sondern der gesamten Organisation.

Durch diese Grafik wird noch einmal verdeutlicht wie wichtig die Anlieferungsform der JIS-Abwicklung ist. Durch die hohe Variantenvielfalt kann der Hersteller Lagerkapazitäten einsparen. Gleichzeitig wird die Verantwortung für die Prozesssicherheit an den Zulieferer abgegeben, der sicherstellen muss, dass auch insbesondere die IT-Systeme für die Just-in-Time bzw. Just-in-Sequence Abwicklung tadellos funktionieren. Ein mögliches Abwicklungssystem stellt das SAP dar, bei dem das SAP JIT integriert zwischen unter anderem der Disposition und der Produktion abläuft.

1.2 Bedarfsabrufvarianten an den Automobilzulieferer

Die Anlieferungsform beim Hersteller gibt die Auslieferungsform beim Zulieferer vor. Erwartet der Hersteller eine Anlieferung in Sequenz, so muss der Zulieferer in Sequenz ausliefern. Dabei muss der Zulieferer darauf achten, wie der LKW beladen wird, damit die richtige Reihenfolge beim Ausladen beim Hersteller eingehalten wird. Typischerweise beginnen Zulieferer mit der Just-in-Time Abwicklung. Im Laufe der Zeit kann es sein, dass Hersteller dann auf den Zulieferer herantreten, um eine Umstellung auf Just-in-Sequence zu erreichen.

Typische Abrufvarianten vom Hersteller an den Zulieferer sind in Abb. 1.3 aufgezeigt.

Für die Bedarfsplanung übersendet der Hersteller einen Lieferabruf, der materialbezogen den Bedarf und das gewünschte Anlieferdatum monats-, wochen- und tagesgenau anzeigt. Umso weiter man in die Zukunft blickt, desto ungenauer ist der Bedarfszeitpunkt und desto häufiger wird auf Wochen- oder Monatsbedarfe gesetzt. Im SAP werden Lieferabrufe in einem SD-Lieferplan gespeichert. Läuft ein Wochen- bzw. Monatsbedarf ein wird für die Bedarfsplanung immer der erste Montag verwendet. Das bedeutet, dass der MRP-Lauf für Wochen- und Monatsbedarfe Bedarfsmengen deckt, die verteilt auf die Woche bzw. den Monat benötigt werden. Im SAP können mithilfe der Planabrufsteuerung im SD-Lieferplan Wochen- und Monatsbedarfe über den SD-Planabruf gleichmäßig auf die Arbeitstage verteilt werden. Die Planabrufsteuerung und die

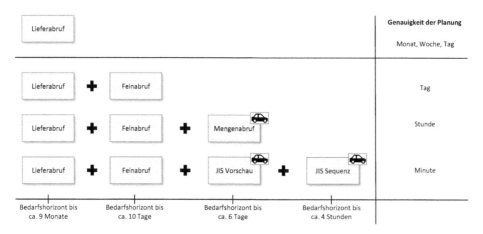

Abb. 1.3 Abrufvarianten vom Hersteller an den Zulieferer

Angabe wie auf welche Tage verteilt werden soll inklusive Berücksichtigung von Feiertagen ist im Customizing einstellbar. Der SD-Planabruf wird generiert sobald der Lieferabruf gesichert wird. Alternativ kann ein SD-Planabruf immer manuell im SD-Lieferplan generiert werden.

Der Bedarfshorizont des Lieferabrufs ist kundenspezifisch. Es gibt Hersteller, die einen Lieferabruf mit Bedarfshorizont von bis zu 6 Monaten senden oder auch Hersteller, die einen Bedarfshorizont von über 12 Monate übermitteln. Der Lieferabruf ist immer materialnummernbezogen.

Die Detaillierung des Lieferabrufs erfolgt durch den Feinabruf, der ebenfalls im SD-Lieferplan gespeichert wird. Über den Feinabrufhorizont wird gesteuert, wie weit der Feinabruf gültig ist und ab wann der Lieferabruf gültig ist. Das bedeutet, wenn ein Feinabruf vorliegt und im Feinabrufhorizont auch ein Lieferabruf im SD-Lieferplan gespeichert ist, dann bezieht die Bedarfsplanung die Bedarfe aus dem Feinabruf. Erst ab dem Feinabrufhorizont sind die Lieferabrufe für die Disposition gültig. Auf eine detaillierte Beschreibung der Funktionsweise von Feinabrufe in Kombination mit Lieferabrufe und auch mit Planabrufe wird an dieser Stelle verzichtet, da sich dieses Buch schwerpunktmäßig mit SAP JIT auseinandersetzt. Der Bedarfshorizont des Feinabrufs ist ebenfalls kundenspezifisch. In der Regel wird ein Bedarfshorizont von bis zu 10 Tagen versendet. Der Feinabruf ist immer materialnummernbezogen.

Eine weitere Detaillierung der Bedarfe kann über sogenannte Mengenabrufe (=MAB) erfolgen. Bei Mengenabrufe ist die Voraussetzung, dass mindestens der Lieferabruf an den Zulieferer übermittelt wird, damit eine solide Bedarfsplanung durchgeführt werden kann. Der Mengenabruf ist im Gegensatz zum Liefer- und Feinabruf produktionsnummernspezifisch und kann diverse Materialnummern enthalten. Im Mengenabruf ist gleichzeitig ein Bedarfsdatum und -zeitpunkt angegeben. Der Bedarfshorizont kann um die 6 Tage liegen und ist kundenspezifisch individuell ausgeprägt. Eine Übermittlung von Uhrzeitterminen ist ebenfalls möglich.

Noch detaillierter ist der Bedarf des Sequenzabrufes (=PAB: produktionssynchroner Abruf). Er wird genauso wie der Mengenabruf immer fahrzeugbezogen abgerufen und kann eine Kombination von diverseren Materialnummern besitzen, die als Kombination ein fertiges Produkt ergeben (zum Beispiel Sitze, Stoßfänger, Dachhimmel, Achsen, Lichter, etc.). Der Bedarfshorizont ist ebenfalls kundenspezifisch. Es werden eine Reihe von Impulse vom Hersteller zur gleichen Fahrzeugnummer an den Zulieferer übermittelt, die unterschiedliche Bedarfshorizonte angeben. Ein JIS-Vorschauabruf kann beispielsweise einen Bedarfshorizont von bis zu 21 Tagen besitzen. Ein Sequenzabruf, der die Endmontage beim Zulieferer einleitet, hat beispielsweise nur einen Horizont von ca. 4 h.

Abb. 1.4 verdeutlicht das Zusammenspiel von Liefer-/Feinabrufen und Sequenzabrufen.

Während Liefer- und Feinabrufe vom Hersteller aus dem Vorplanungssystem versendet und beim Zulieferer im SD-Lieferplan gespeichert werden, können parallel fahrzeugbezogenen Impulse (zum Beispiel PAB) in Form von JIS-Vorschauimpulsen an den Zulieferer versendet werden. Diese werden im SAP JIT verarbeitet.

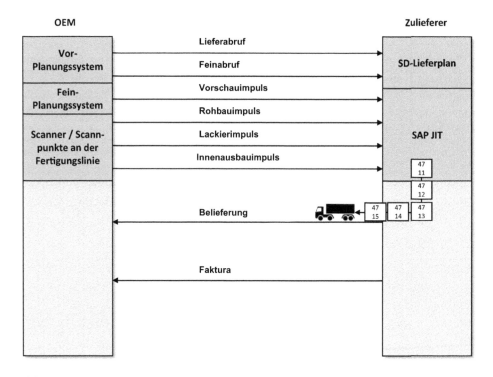

Abb. 1.4 Zusammenspiel von Liefer-/Feinabrufen und Sequenzabrufen

Alle fahrzeugbezogenen Impulse können vom Hersteller aktualisiert werden, beispielsweise indem Rohbau-, Lackier- und Innenausbauimpulse an den Zulieferer geschickt werden. Der Zulieferer weiß somit genau, bei welchem Impuls welche Durchlaufzeit bis zum tatsächlichen Verbau beim Hersteller zur Verfügung steht. Der Sequenzabruf oder auch Montageimpuls genannt, beinhaltet die endgültige Sequenznummer auf der der Zulieferer im klassischen JIS-Prozess die Endmontage startet und zuletzt den Versand. In der gleichen Grafik ist gleichzeitig zu sehen, dass nach der Endmontage das fertige Produkt in umgekehrter Reihenfolge in den LKW beladen wird, damit die erste Sequenz (hier: Produktionsnummer 4711) zuerst wieder entnommen werden kann.

Die Anforderungen an das Auslieferungskonzept und der Beladung des LKW ist kundenspezifisch. Die Darstellung zeigt einen exemplarischen Ablauf. Richtet man den Blick zurück auf die Bedarfsplanung, so ist zu beachten, dass ausschließlich Liefer- und Feinabrufe bedarfsrelevant sind. Sequenzabrufe als auch JIS-Vorschauabrufe sind über SAP JIT nicht dispositiv relevant. Dies gilt auch für die bereits genannten Mengenabrufe. Allerdings kann im SAP JIT ein Bedarfsabgleich durchgeführt werden. Dies erfolgt im SAP JIT über die Transaktion JITH, die aus den fahrzeugspezifischen Bedarfen Feinabrufe generieren kann. Die Transaktion JITH wird in Abschn. 3.11.11 beschrieben.

1.3   Zusammenfassung

In diesem Kapitel wurde die Wichtigkeit der Just-in-Time und Just-in-Sequence Abwicklung beim Hersteller und Zulieferer beschrieben. Insbesondere die Bedarfs- übergabe an den Zulieferer vom Hersteller gibt an, in welcher Form der Zulieferer die Produkte zu liefern hat. Werden die Bedarfe materialnummernbezogen über einen Lie- fer- und Feinabruf an den Zulieferer übermittelt, kann eine Just-in-Time Abwicklung stattfinden. Werden Bedarfe mit Fahrzeugnummer an den Zulieferer übermittelt, können eine Just-in-Time und/oder Just-in-Sequence Abwicklung durchgeführt werden.

Eine JIS-Abwicklung wird immer dann angewendet, wenn im fahrzeugspezifischen Abruf eine Sequenznummer übermittelt wird.

Neben den betriebswirtschaftlichen Grundlagen und der Definition der Just-in-Time und Just-in-Sequence-Belieferung werden die Grundlagen von SAP JIT thematisiert. Dieses unterteilt sich in JIT-Inbound und JIT-Outbound. Je nach Anwendungsfall wird JIT-Inbound ohne JIT-Outbound oder JIT-Inbound mit JIT-Outbound eingesetzt. JIT-Inbound ist für das Empfangen und Verarbeiten von JIT-Abrufen zuständig, wohingegen das JIT-Outbound die JIT-Abrufe an weitere Partner verteilt. Ein Einsatz von JIT-Outbound ohne JIT-Inbound ist nicht möglich (Ausnahme: Mengenabrufe).

2.1 Grundkenntnisse zur Just-in-Time und Just-in-Sequence Abwicklung

Damit die Grundfunktionalitäten des SAP JIT beleuchtet werden können, ist ein grundlegendes Verständnis der JIT/JIS-Abwicklung notwendig. Dieses Buch befasst sich bewusst nur mit den grundlegenden betriebswirtschaftlichen Grundlagen, da für weitere Informationen diverse Bücher und Medien auf dem Markt existieren.

Unter der Just-in-Time- und Just-in-Sequence-Abwicklung wird die Bereitstellung der Materialien vom Zulieferer in der richtigen Menge, zum richtigen Zeitpunkt an die richtige Stelle verstanden. Hierbei kann man anhand einer kurzen Darstellung zwischen JIT und JIS unterscheiden.

© Springer-Verlag GmbH Deutschland, ein Teil von Springer Nature 2019   9
T. Hummel, *Praxishandbuch JIT/JIS mit SAP*®, https://doi.org/10.1007/978-3-662-58512-2_2

2.1.1 Just-in-Time

Die Anlieferung des Materials in der richten Menge, zum richtigen Zeitpunkt, an die richtige Stelle in der Produktion wird als eine Just-in-Time (JIT) Belieferung definiert. Diese ermöglicht es das Material für die Produktion verfügbar zu haben, ohne einen Lagerbestand aufzubauen. Abb. 2.1 zeigt den Bedarf von mehreren Varianten, die sortenrein versendet werden.

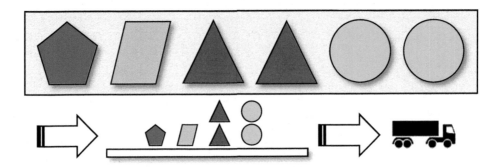

Abb. 2.1 Just-in-Time-Anlieferung

2.1.2 Just-in-Sequence

Im Gegensatz zur JIT-Belieferung steht die JIS-Belieferung, die eine Erweiterung des JIT-Prozesses ist. Das Material wird zusätzlich in der richtigen Reihenfolge an den Kunden geliefert. In der Abb. 2.2 ist zu sehen, dass keine sortenreine Pakete gebildet werden, sondern die Materialien in Sequenz ausgeliefert werden.

Das Prinzip der JIT- und JIS-Abwicklung kann allerdings nicht auf alle Branchen eingesetzt werden, sondern nur auf die, bei denen für die Materialien folgender Nutzen erbracht wird. Aufgrund der steigenden Anzahl von Varianten in der Automobilbranche können nicht alle angebotenen Varianten verfügbar auf Lager sein. Ansonsten würde sehr

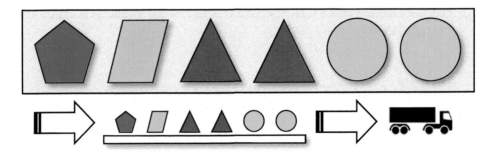

Abb. 2.2 Just-in-Sequence-Anlieferung

viel Lagerfläche ineffizient verbraucht werden. Dies gilt auch für sperrige Güter, die zu viel Lagerfläche belegen. Der Nutzen von JIT/JIS kurz dargestellt:

- Verringerung der Lagerkosten aufgrund weniger Personalkosten und geringerer Kosten für Lagergebäude. Die bisherigen Lagerbestände werden abgebaut und die Risiken in der Lagerhaltung werden minimiert.
- Wenn weniger Lagerfläche verantwortet werden muss, wird die Kapitalbindung verringert.
- Eine Reduzierung der Lagerbestände und eine Einführung eines JIT/JIS-Prozesses verkleinert die Durchlaufzeiten im Unternehmen, da Lagerprozesse entfallen.

Die Wichtigkeit eines prozesssicheren JIT/JIS-Prozesses unter Berücksichtigung der Risiken lässt sich am besten anhand eines fiktiven Beispiels darstellen. Ein Hersteller verbaut pro Tag in drei Schichten insgesamt 3000 Materialien des Zulieferers. Das bedeutet, dass pro Schicht 1000 Materialien von diesem Zulieferer angeliefert werden. Innerhalb dieser Materialien werden nicht immer dieselben Teile verbaut, sondern genau die Varianten, die vom Hersteller (=Kunden) bestellt wurden. Das bedeutet bei einer Just-in-Time-Lieferung, es wird im Abruf der genaue Bedarfstermin mitgeteilt, damit mehrere Lieferpakete für den LKW vom Zulieferer zum Kunden gebildet werden können.

Falls ein Material bei der Produktion beim Zulieferer nicht verfügbar ist und somit der Bedarfstermin nicht eingehalten werden kann, kann dies zum Bandstillstand beim Hersteller führen. Der Hersteller erwartet das Material zum richtigen Zeitpunkt und hat nicht immer die Möglichkeit mit anderweitigem Material oder Notfallprozessen auszuweichen. Wendet man dieses Beispiel auf die JIS-Anlieferung an, so müssen in einer Schicht 1000 Materialien in der richtigen Sequenz angeliefert werden. Das bedeutet, dass eine Verwirbelung der Bestellungen und somit auch eine Verdrehung der Sequenz bei der Ein- und Auslagerung in den LKW unter keinen Umständen vorkommen dürfen. Falls diese vorkommt, werden die falschen Materialien beim Hersteller verbaut. Beispielsweise wurde die Sequenz von zwei Bestellungen verdreht und beim Hersteller wird anschließend ein Xenon-Scheinwerfer verbaut, obwohl ein LED-Scheinwerfer vorgesehen war. Für die nachfolgende Sequenz wird schlussendlich der LED-Scheinwerfer verbaut. Der Endkunde erhält ein Fahrzeug mit falsch verbauten Materialien und nicht bestellten Komponenten. In der Regel ist vertraglich zwischen Hersteller und Zulieferer geregelt, wie mit solchen Fällen umgegangen wird, wenn der Zulieferer in der falschen Sequenz, zu spät liefert oder einen Bandstillstand verursacht.

Steigert man dieses Beispiel auf 3000 abgerufene Materialien pro Tag versteht man die Komplexität, dass die Zeit und die richtige Reihenfolge nicht nur bei der Produktion und beim Versand des Zulieferers zum Hersteller eingehalten werden muss. Auch Schritte zuvor wie beispielsweise die Disposition müssen einwandfrei funktionieren, damit das benötigte Material für die relevanten Varianten zur richtigen Zeit in der richtigen Menge bestellt wird.

Für den Hersteller muss nach der Anlieferung der Materialien keine weitere Lagerung vorgenommen werden, da das Material zum richtigen Bedarfszeitpunkt angeliefert wurde. Handelt es sich um Gleichteile, können verschiedene Pakete gebildet werden, die an verschiedenen Lagerplätzen für den entsprechenden Verbau vorbereitet werden. Bei sequenzieller Anlieferung wird das Material sofort zum richtigen Verbauort an die Montagelinie des Herstellers geliefert. Eine Verzögerung würde hier auch unter Umständen das Produktionsband des Herstellers zum Stehen bringen und somit den Takt der Produktion verändern.

2.2   Abbildung über SAP JIT

Betrachtet man das Thema JIT/JIS aus der SAP-Sicht, kann man schnell feststellen, dass technisch keine Unterscheidung zwischen JIT und JIS vorgenommen wird. Spricht man von einem JIT-Abruf im SAP-System kann man sowohl einen Abruf verstehen, der nach Zeit als auch nach Sequenz anzuliefern ist. Ein JIT-Abruf muss allerdings zwingend nach Sequenz beliefert werden, wenn dieser eine Sequenznummer enthält. Alle relevanten Transaktionen beginnen bzw. beinhalten das Kürzel „JIT". Auch für JIS-Programmabläufe werden die JIT-Programme bzw. Transaktionen verwendet.

JIS-Abrufe und deren dazugehörigen und übertragenen Impulse werden auch produktionssynchrone Abrufe (=PAB) genannt. Diese beinhalten immer eine Produktionsnummer und haben deswegen immer einen Fahrzeugbezug. Die Produktionsnummer wurde im SAP-Umfeld unterschiedlich benannt, aber meint immer die gleiche Produktionsnummer. Beispielsweise wird diese im EDI-Monitor für eingehende JIT-Abrufe „Ext. Abrufnummer", im JIT-Monitoring „Abrufnr des Kunden" und „PRODN" auf Tabellenebene bzw. im IDOC benannt. Prüft man die Positionstabelle für SD-Auslieferungen, die über den SAP JIT-Standard erstellt werden, wird die Produktionsnummer im Feld KANNR (Tabelle LIPS) gespeichert. Dieses wird im SAP-Standard „Sequenz-Nummer" genannt. Die richtige Sequenznummer vom Kunden wird im SAP JIT-Umfeld und zur Verfügung stehenden Transaktionen bzw. Programmen auch Sequenznummer genannt.

Alle Informationen zu einem produktionssynchronen Abruf werden in Form einer Nachricht an das SAP-System geschickt. Die Nachricht kann diversen Nachrichtenformaten zugrunde liegen, beispielsweise einem VDA-, EDIFACT- oder ANSI-Format. An dieser Stelle wird nicht weiter auf die zur Verfügung stehenden Datenformate und benötigen EDI-Mappings eingegangen, da sich in diesem Buch primär mit dem SAP JIT beschäftigt wird.

Die übertragene Nachricht muss für das SAP JIT in ein IDOC vom Nachrichtentyp SEQJIT umgewandelt werden. Der aktuelle Basistyp für den Nachrichtentyp SEQJIT ist das SEQJIT03. Das SEQJIT03-IDOC wird für alle Abruftypen im SAP JIT verwendet. In den Inhalten des IDOCs wird dann entschieden, ob es sich um einen produktionssynchronen Abruf, einem internen Abruf (Verwendung für interne Abläufe, z. B. für Pufferlager) oder einem Mengenabruf handelt. Die Information wird im Feld ABTYP (Abruftyp) des Kopfsegments E1KSJCL hinterlegt:

- S: Produktionssynchroner Abruf [S]
- I: Interner Abruf (Pufferlager) [I]
- D: Mengenabruf [D]

Interne Abrufe und Mengenabrufe werden am Ende dieses Kapitels noch einmal kurz thematisiert. Das SEQJIT03-IDOC hat einen simplen Aufbau, der in Abb. 2.3 zu sehen ist.

Als Musssegment muss lediglich das Kopfsegment E1KSJCL angegeben werden. In diesem wird der Abrufumfang vom Kunden an den Zulieferer übermittelt. Daten wie die Lieferantennummer im System des Kunden, das Kundenwerk, die Produktionsnummer, die Sequenznummer und Zusatzdaten werden im Kopfsegment übertragen. Das Kopfsegment kann genau einmal je SEQJIT03-IDOC vorkommen.

Auf Positionsebene wird im Segment E1PSJCL die Materialnummer des Kunden (=Kundenmaterialnummer), die Menge und die Mengeneinheit übertragen. Zudem sind das Bedarfsdatum und die Bedarfszeit enthalten, wann das Material beim Kunden angeliefert werden muss. Abladestellen und Verbauorte beim Kunden werden kundenspezifisch übertragen oder nicht übertragen. Eines der wichtigsten Informationen im Positionssegment ist neben der bestellten Kundenmaterialnummer, des Bedarfsdatums/-zeit die externe Statusinformation. Diese beschreibt den Impuls bzw. den Fortschritt beim Kunden (z. B. JIS-Vorschau, Rohbauimpuls, etc.). Die externe Statusinformation kann auch auf dem Kopfsegment hinterlegt werden, wenn keine Positionssegmente gebildet werden. Dies wird in Abschn. 3.3.1 weiter beschrieben.

Neben dem Kopf- und Positionssegment können Textsegmente übertragen werden. Diese werden in der Eingangsverarbeitung zum SEQJIT03-IDOC ausgelesen und auf der Datenbank gespeichert. Es stehen jeweils zwei Textsegmente je Hierarchie zur Verfügung:

- Zusätzliche Informationen zum Kopf über Textsegmente E1EDKR1 und E1EDK11
- Zusätzliche Informationen zur Position über Textsegmente E1EDPR1 und E1EDPT3

Abb. 2.3 Segmente des SEQJIT03-IDOCs

Das Segment E1EDL12 (IDOC: Konfiguration) kann zwar mit Daten befüllt werden, wird aber in der SAP-Standard Eingangsverarbeitung nicht ausgelesen. Eine Datenverarbeitung findet nicht statt. Wenn diese Informationen befüllt und interpretiert werden sollen, muss ein entsprechender Userexit ausprogrammiert werden, siehe auch Abschn. 3.10.

Die wichtigsten Segmente sind somit das Segment E1KSJCL (einmal je SEQJIT03) und das Segment E1PSJCL (n-mal je SEQJIT03). Der Kunde bestellt ein Fahrzeug mit einer gewünschten Variantenausprägung (=Kundenmaterialnummern in den E1PSJCL-Segmenten) für eine Produktionsnummer in einer bestimmten Sequenz (E1KSJCL).

Das Positionssegment E1PSJCL wird n-mal übertragen. So ist es nicht unüblich, dass n-Materialien zu einem Abruf übermittelt werden, die am Ende ein physisches Produkt bilden (=sogenannte Modullogik oder auch Zusammenbauten genannt). Wird die Modullogik vom Kunden angewendet, wird zwar physisch ein Teil vom Zulieferer an den Kunden ausgeliefert. Systemisch müssen allerdings die gleichen Teile ausgeliefert und Warenausgang gebucht werden wie sie vom Kunden bestellt wurden. In anderen Worten, bei der Modullogik gibt es kein Kopfmaterial, das produziert und ausgeliefert wird. Die Klammer über die Materialien bildet mitunter die Produktionsnummer.

Im Gegensatz dazu steht die Übertragung eines diskreten Materials. Die Materialnummer beschreibt dabei das physische Produkt, das produziert und ausgeliefert werden muss. Die Schaubilder aus Abb. 2.4 und 2.5 stellen den PAB mit Modullogik/Zusammenbauten und den PAB mit diskretem Material gegenüber.

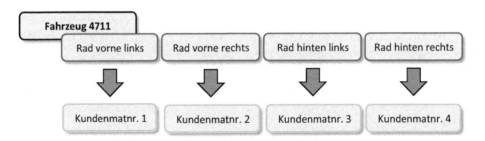

Abb. 2.4 Übertragung eines PAB mit diskretem Material

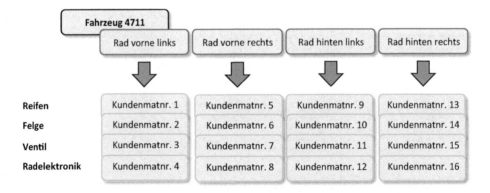

Abb. 2.5 Übertragung eines PAB mit Modullogik/Zusammenbauten

Bei zuletzt dargestellten Fall ist nochmals darauf hingewiesen, dass physisch zwar ein Produkt wie beispielsweise ein Rad vorne links ausgeliefert wird, systemisch werden aber die Kundenmaterialnummern eins bis vier ausgeliefert und Warenausgang gebucht, da diese auch eingangsseitig vom Kunden bestellt wurden. Eine Rechnung wird ebenfalls für die Kundenmaterialnummern eins bis vier gestellt.

Eingehend wurde bereits angedeutet, dass der Prozess im SEQJIT03-IDOC nicht nur für produktionssynchrone Abrufe (Abruftyp = S), sondern auch für Mengenabrufe und interne Abrufe verwendet werden kann. Interne Abrufe werden verwendet, wenn bestimmte Varianten vorproduziert und auf Lager gelegt werden sollen. Kommt der produktionssynchrone Abruf kann der interne Abruf für den Kundenbedarf verwendet werden. Interne Abrufe werden in der Regel nicht für einen Mengenabrufprozess angewandt. Die Anlage eines Abrufes erfolgt über die Standardtransaktion JIT1, siehe Abschn. 3.11.2 oder über EDI mit dem Abruftyp I, weitere Details sind den entsprechenden JIT-Aktionen für interne Abrufe zu entnehmen. Gleichzeitig ist zu erwähnen, dass interne Abrufe in der Praxis relativ selten eingesetzt werden. Im SAP-Standard gibt es mehrere Wege Bedarfe vor zu produzieren. Die Variante über SAP JIT mit internen Abrufen zu gehen, ist möglich, allerdings auch aufwendig. Die Funktionalitäten des SAP JIT sind begrenzt und möchte man ausgefallene Prozesse definieren, kann dies nur mit Zusatzprogrammierungen erfolgen. Funktionen zum SAP JIT sind in Kap. 3 beschrieben.

Häufige Anwendung findet dagegen der Mengenabruf (=MAB). Im Gegensatz zum JIS-Abruf wird pro Produktionsnummer nur eine Nachricht gesendet. Die Produktionsnummer bzw. Referenznummer des Abrufs wird auch Delivery Order Number (DON) genannt und wird für die Steuerung von nachgelagerten Prozessen wie beispielsweise für die Auslieferung benötigt. Anders wie zum produktionssynchronen Abruf haben die Positionen des MAB keinen Bezug zum Enderzeugnis und es erfolgt keine sequenzgenaue Belieferung. Über den MAB-Prozess erfolgt mit SAP JIT die klassische JIT-Abwicklung.

Mengenabrufe werden genauso wie produktionssynchrone Abrufe beim Hersteller bzw. Kunden nicht aus der Bedarfsplanung, sondern aus der Produktion heraus erzeugt. Eine Erstellung eines MABs beim Hersteller kann beispielsweise erfolgen, wenn ein KANBAN-Behälter leer gesetzt wird. Ein Mengenabruf aktualisiert wie beim PAB einen bereits zuvor gesendeten Abruf, wenn die Produktionsnummer identisch ist. Wenn neue Positionen übertragen werden, werden diese zu den vorher übermittelten Abruf hinzugefügt.

Die Auslieferung zu einem Mengenabruf kann mehrfach am Tag und auch uhrzeitgenau erfolgen. Mehrere Materialbedarfe können dabei zu einem Mengenabruf zusammengefasst sein – die Positionen des MAB haben keinen Bezug zum Enderzeugnis.

Nach der Beschreibung der Funktionalitäten des SAP JIT werden in Kap. 4 mehrere
Beispielprozesse und dazu gehöriges Customizing für eine prototypische Annäherung an
das SAP JIT aufgezeigt. Diese helfen Prozesse für produktionssynchrone Abrufe schneller zu verstehen.

2.3   JIT-Inbound und JIT-Outbound

Taucht man tiefer in die Thematik SAP JIT ein, gibt es eine Unterscheidung zwischen
JIT-Inbound und JIT-Outbound. JIT-Inbound beschreibt den Vorgang einen Abruf zu
erhalten und diesen zu verarbeiten. Klassischerweise empfängt der Zulieferer einen
produktionssynchronen Abruf vom Hersteller und verwendet hierfür JIT-Inbound. Wenn
die vom Hersteller bestellten Produkte beim Zulieferer nicht selbst produziert werden,
können die Abrufe – auch in Sequenz – weiter an einen weiteren Zulieferer gegeben
werden. Hierfür wird JIT-Outbound genutzt. JIT-Outbound erzeugt JIT-Abrufe aus
einem JIT-Inbound Prozess und bietet diverse Steuerungsmöglichkeiten, um den Prozess beim Sublieferanten zu monitoren. Die Funktionalitäten des JIT-Outbound können allerdings nur genutzt werden, wenn ein JIT-Inbound zur Verfügung steht (nicht bei
Mengenabrufen). Sowohl für den JIT-Inbound als auch JIT-Outbound wird der gleiche
Nachrichten- bzw. Basistyp verwendet: SEQJIT und SEQJIT03. Funktionalitäten zum
JIT-Inbound und JIT-Outbound werden in Kap. 3 beschrieben. Die Kombination von
JIT-Inbound und JIT-Outbound ist nur bei produktionssynchronen Abrufen möglich.

Für das bessere Verständnis zur Unterscheidung von JIT-Inbound und JIT-Outbound
wird anhand eines simplen Beispiels der Prozessablauf beschrieben. Als Beispiel wird
ein Automobilhersteller gewählt, der die Produktionslinie in Abb. 2.6 verwendet. Es wird
vorausgesetzt, dass eine Bedarfsplanung und -übertragung in Form von Lieferabrufen
bereits an den Zulieferer stattgefunden hat.

Innerhalb jedes Produktionsabschnittes finden Tätigkeiten statt, die n-verschiedene
produktionssynchrone Abrufe an n-verschiedene Zulieferer versenden. Im Rohbau
kann ein Vorschauimpuls an z. B. einen Sitzzulieferer gesendet werden, der eine Plansequenznummer enthält. In der Lackierung kann dieser Impuls aktualisiert werden, da

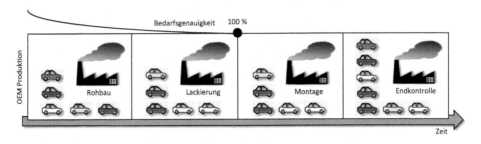

Abb. 2.6 Beispielhafte Produktionslinie beim Automobilhersteller

die Bedarfssituation klarer wird. Die Istsequenz steht fest und wird ebenfalls an den Zulieferer gesendet. Da sich die Sequenzierung bis zur Fixierung der Sequenz ändern kann, kann die fixierte Reihenfolgeplanung beim Sitzzulieferer erst mit Eingang der Istsequenz erfolgen. In Abb. 2.6 ist anhand der Farben der Fahrzeuge zu sehen, dass sich die Sequenzen vom Rohbau zur Lackierung geändert haben.

Die Bedarfssituation wird detaillierter, umso weiter das Fahrzeug auf der Produktionslinie ist. Mit Versand der Istsequenz steht die aussagekräftigste Bedarfszeit inklusive Sequenznummer fest, auf die der Zulieferer aufsetzen kann. An diversen Produktionsabschnitten werden produktionssynchrone Abrufe an n-verschiedenen Zulieferern versendet. Die Zulieferer sind Sequenzlieferanten, die Module wie Sitze, Räder, Achsen, Dachhimmel, Stoßfänger, Lichter, etc. direkt ans Produktionsband des Herstellers liefern. Die versendeten produktionssynchronen Abrufe vom Hersteller können auch JIT-Outbound-Abrufe in Form von SEQJIT03-Abrufe sein, wenn SAP JIT beim Hersteller verwendet wird. Abb. 2.7 zeigt den Versand von verschiedenen Impulsen aus der OEM-Produktion an verschiedene Zulieferer.

Voraussetzung für den Versand von SEQJIT03-Nachrichten über das JIT-Outbound ist, dass JIT-Inbound im Einsatz ist (nicht bei Mengenabrufen). Da JIT-Inbound für den Zulieferer konzipiert wurde, erschwert sich die Arbeit mit SAP JIT für den Automobilhersteller. Dies ist weiter in Abschn. 4.3 beschrieben.

Auch wenn der Automobilhersteller kein SAP JIT- und JIT-Outbound verwendet, werden Impulse über anderweitige meist selbst programmierte Lösungen an den Zulieferer erzeugt und versendet, die anschließend vom EDI-Manager des Zulieferers in ein VDA, EDIFACT oder ANSI-Format gemappt werden. Die eingehende Datei beim Zulieferer muss in ein SEQJIT03-IDOC gemappt werden, wenn SAP JIT verwendet wird. Der Zulieferer verarbeitet das SEQJIT03-IDOC und ein JIT-Abruf wird im JIT-Inbound angelegt. Wird ein Impuls zur gleichen Produktionsnummer vom

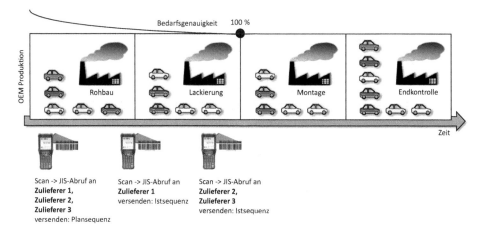

Abb. 2.7 Versand von Plan- und Istsequenzen auf der Produktionslinie

gleichen Hersteller und Kundenwerk übermittelt, wird der JIT-Abruf aktualisiert (nicht für Nachbestellungen, siehe Abschn. 3.12). Beim Zulieferer kann mit dem Einlauf von verschiedenen Impulsen (zum Beispiel Vorschauimpulsen, Plansequenzen und Istsequenzen) der JIT-Prozess gesteuert werden. Auf Basis von Vorschauimpulsen kann beispielsweise die Bedarfsplanung detailliert werden. Über den Bedarfsabgleich mit der Transaktion JITH werden aus den JIT-Abrufen Feinabrufe generiert, die den Lieferabruf weiter detaillieren. Abrufe mit Plansequenznummer können die „Endmontage" beim Zulieferer starten, wenn der Zulieferer an einen weiteren Lieferanten die Produkte ausliefert, der die Resequenzierung durchführt. In diesem Fall würde der weitere Lieferant die Istsequenz erhalten und die Produkte an den Automobilhersteller in richtiger Sequenz ausliefern.

Gibt es keinen weiteren Lieferanten in der Prozesskette wird die Endmontage mit der Istsequenz durchgeführt. Vor dem Starten der Montage wird klassischerweise eine Sortierung der Abrufe in die richtige Reihenfolge durchgeführt. Dabei muss stets eine Prüfung auf Sequenzlücken durchgeführt werden, damit die richtige Sequenz eingehalten wird. Sequenzlücken können auftauchen, wenn beispielsweise Nachrichten beim Hersteller, EDI-Manager oder bei der EDI-Eingangsverarbeitung beim Zulieferer auf Fehler gelaufen sind und nicht gesendet oder verarbeitet werden konnten. Außerdem können Sequenzlücken absichtlich entstehen, wenn der Hersteller eine Sequenz überspringt bzw. ein Fahrzeug aus der Produktionslinie entfernt. In diesem Fall muss eine Kommunikation zwischen Hersteller und Zulieferer stattfinden, dass dieser Sequenzsprung gewollt ist.

Nach der Sequenzprüfung können weitere Funktionen beim Zulieferer durchgeführt werden. Beispielsweise kann eine Gestellbildung vor oder nach der Montage im System eingeplant werden. Es können Abrufe über JIT-Outbound an einen weiteren Lieferanten weitergegeben werden, die ebenfalls über JIT-Outbound nach Anlieferung von diesem Lieferanten Wareneingang gebucht werden müssen, wenn ein Sublieferant die Montage übernimmt. Nach der Anlieferung der Produkte bzw. nach der Produktion müssen die Teile in der richtigen Sequenz in ein Sequenzgestell gepackt werden. Dieses erhält klassischerweise ein Gestelllabel, damit erkennbar ist, welche Produktionsnummer und welche Sequenz in welchem Fach des Gestells hinterlegt ist. Oft wird noch zusätzlich eine Überprüfung der richtigen Sequenzen im Gestell durchgeführt, um sicherzustellen, dass der Kunde in der richtigen Reihenfolge beliefert wird.

Im Anschluss daran werden die Gestelle ebenfalls in der richtigen Reihenfolge auf den LKW gepackt. Hier ist zu beachten, dass die Gestelle in vielen Fällen in umgekehrter Reihenfolge auf den LKW gepackt werden müssen, damit die erste relevante Sequenznummer beim Entladen vorne aus dem LKW entnommen werden kann. Über JIT-Inbound wird eine SD-Auslieferung erstellt und der Warenausgang gebucht. Versandpapiere können über den SAP SD-Standard erstellt und beigelegt werden. Abb. 2.8 zeigt mögliche Prozessschritte beim Zulieferer in Zusammenhang von Beispielimpulsen aus der OEM-Produktion.

Der abzulaufende JIT-Inbound und ein möglicher JIT-Outbound Prozess ist sehr stark von den Anforderungen des Herstellers und des Zulieferers abhängig. Es gibt viele

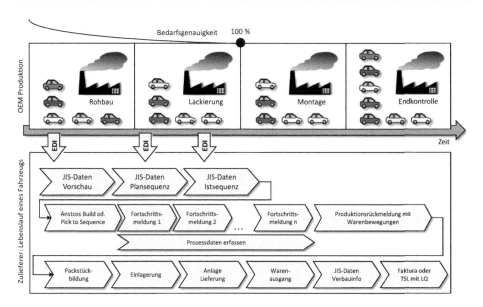

Abb. 2.8 Beispielprozess Automobilhersteller und -zulieferer

Faktoren, die den Prozess beeinflussen. Deswegen werden über SAP JIT, sowohl im JIT-Inbound als auch im JIT-Outbound verschiedene Funktionalitäten bereitgestellt, die wie eine Art Baukasten miteinander kombiniert werden können. Diese Funktionalitäten, Möglichkeiten, aber auch Restriktionen mit SAP JIT werden in Kap. 3 erläutert.

2.4   Zusammenfassung & Vorgehensweise

In Kap. 2 wurden grundlegende Kenntnisse über Just-in-Time und Just-in-Sequence vermittelt, in Kombination mit SAP JIT. Außerdem wurde ein beispielhafter und sehr oberflächlich gestalteter Prozess zu JIT-Inbound und JIT-Outbound dargestellt. Die prozessualen Darstellungen sollen den Leser in das Thema SAP JIT einleiten. Unter keinen Umständen ist diese Beschreibung vollständig. Diverse Bücher und Veröffent-lichungen beschäftigen sich mit dem Thema Just-in-Time und Just-in-Sequence aus betriebswirtschaftlicher Sicht und sind als Ergänzungslektüre zu empfehlen. Des Weite-ren stehen für die Abwicklung JIT/JIS verschiedenen non-SAP-Systeme auf dem Markt zur Verfügung. Ein Mix von SAP und non-SAP-Systemen ist möglich und je nach der Anforderung des Zulieferers durchaus sinnvoll. Kap. 5 beschäftigt sich genauer mit die-sem Thema.

Funktionsüberblick JIT/JIS

3

Bei der Verwendung von JIT-Inbound als auch JIT-Outbound fällt auf, dass die grundsätzliche Vorgehensweise in der Implementierung identisch ist. Beide Verfahren setzen als Kernstück der Prozessabwicklung auf die Abrufsteuerung mit diversen Status und Aktionen. Wenn somit der Umgang mit JIT-Inbound verstanden wurde, kann mittels weniger Handgriffe auch die JIT-Outbound Abwicklung angewendet werden. Bei der Umsetzung ist dabei zu beachten, dass der Einsatz von JIT-Outbound nur funktioniert, wenn bereits JIT-Inbound Komponenten verwendet wurden.

Betrachtet man diese Voraussetzung für JIT-Outbound beim Einsatz der Funktionalitäten beim Hersteller bzw. Zulieferer, wird klar, dass JIT-Inbound eingesetzt werden muss (nicht bei Mengenabrufen), um den JIT-Abruf im System abzubilden und dadurch die internen Prozessabläufe darzustellen. JIT-Outbound kann vom Hersteller angewendet werden, um Bestellungen in Time und in Sequence an den Zulieferer zu senden. Der Zulieferer wiederrum empfängt diese Nachricht und verarbeitet sie mit Hilfe von JIT-Inbound und erzeugt einen JIT-Abruf im System. Die internen Prozessabläufe werden anschließend mit JIT-Inbound abgebildet. Nur wenn zu einem Zulieferer des Zulieferers Bestellungen in Time und in Sequence abgewickelt werden sollen, setzt auch der Zulieferer auf die JIT-Outbound-Abwicklung. Entscheidend ist bei diesem Szenario die in Sequence Abbildung, da ansonsten auch auf die klassische SAP-Abwicklung gesetzt werden kann (zum Beispiel Bestellung über MM-Bestellung oder MM-Liefer-/Feinabrufe).

3.1 Einstieg in JIT-Inbound und JIT-Outbound

Sobald die Anforderungen an das System und die Prozesse für die JIT-Abwicklung definiert wurden, kann in die Implementierung am System eingestiegen werden. Als Grundlage für eine Implementierung ist zwingend ein Fachkonzept/Business

© Springer-Verlag GmbH Deutschland, ein Teil von Springer Nature 2019   21
T. Hummel, *Praxishandbuch JIT/JIS mit SAP®*, https://doi.org/10.1007/978-3-662-58512-2_3

Blueprint erforderlich. In diesem müssen unter anderem die Anforderungen vom Kunden, Partnersysteme, interne Anforderungen, Notfallkonzepte, Schulungsmaßnahmen, Berechtigungen, etc. beschrieben sein. Eine agile Vorgehensweise für SAP JIT-Prozesse empfiehlt sich nicht. Die Anforderungen müssen klar definiert sein, damit sichergestellt werden kann, dass das Montageband vom Hersteller fehlerfrei und lückenlos beliefert werden kann. Wenn alle betriebswirtschaftlichen Vorbereitungen getroffen wurden, kann mit der technischen Implementierung begonnen werden.

Zu allererst empfiehlt es sich einen Blick auf die Nummernkreise zu werfen. Im JIT-Umfeld werden für diverse Primärschlüssel von JIT-Tabellen Nummernkreisobjekte ausgeliefert, um so flexibel kundenindividuelle Nummernkreisintervalle abzubilden. In der Praxis hat sich gezeigt, dass diese Funktionalität sehr wenig individuell Verwendung findet, da prozessentscheidende Einstellungen nicht am Nummernkreisintervall festgelegt werden. Deshalb kann an dieser Stelle eine Empfehlung ausgesprochen werden, wie die SAP-Standard Nummernkreisintervalle auszuprägen sind.

Fast alle JIT-Inbound relevanten Einstellungen können über die Transaktion OJITI aufgerufen werden. JIT-Outbound Aktivitäten sind unter der Transaktion OJITO zu finden. Abb. 3.1 und 3.2 zeigen den Aufruf der jeweiligen Einstellungen zum Nummernkreisintervall.

Die Nummernkreisintervalle aus Tab. 3.1 haben sich in der Praxis bewährt.

Abb. 3.1 Einstieg in die JIT-Inbound-Nummernkreise

Abb. 3.2 Einstieg in die JIT-Outbound-Nummernkreise

Tab. 3.1 Nummernkreisintervalle für JIT-Inbound und JIT-Outbound

Nummernkreisobjekt	Nr	Von Nummer	Bis Nummer	Beschreibung
JIT_HD_01	01	0000000001	9999999999	Primärschlüssel der Abrufkopf-tabelle (Inbound)
JIT_IT_01	01	0000000001	9999999999	Primärschlüssel der Teilegruppen-tabelle (Inbound)
JIT_MA_01	01	000001	999999	Primärschlüssel der JIT-Material-tabelle
JIT_PP_01	01	000001	999999	Primärschlüssel der JIT-Produktionsinformationstabelle
JIT_GR_01	N/N	Empfehlung nicht möglich, da die Definition kundenspezi-fisch sein kann		Gestellnummer für die Gruppierungsaktion CGRP
DELCONHD01	01	0080000000	0089999999	Primärschlüssel der Lieferquittierungstabelle (Inbound)
JITO_HD_01	01	0000000001	9999999999	Primärschlüssel der Abrufkopf-tabelle (Inbound)
PABHD	01	0000000001	1999999999	Primärschlüssel der Teilegruppen-tabelle (MAB-Outbound)
PABHD	02	2000000009	2999999999	Primärschlüssel der Teilegruppen-tabelle (PAB-Outbound)
JITO_DLCN	N/N	Empfehlung nicht möglich, da die Definition kundenspezi-fisch sein kann		Lieferquittierung je Kreditor (Outbound)

Neben den Nummernkreisen und Intervallen muss das Mapping der JIT-Nachrichten auf das SAP IDOC-Format SEQJIT durchgeführt werden. Der Nachrichtentyp SEQJIT sollte wie auch bei der Verwendung von anderen Nachrichtentypen im SAP immer mit dem aktuellsten Basistypen verwendet werden. Dieser ist aktuell der Basistyp SEQ-JIT03. Sowohl das eingehende als auch das ausgehende Mapping von Sequenzabrufen ist nicht Gegenstand dieses Buches (MAB und PAB). Gängige Formate für Sequenzabrufe sind unter Anderem (weitere Formate sind vorhanden):

- VDA 4916 bzw. VDA 4986
- EDIFACT/Odette DELJIT SYNCRO
- ANSI 866

Liegt ein eingehendes Mapping vor und werden Sequenzabrufe an das SAP-System gesendet, können diese mit dem Vorgangscode SJCL im SAP-Standard verarbeitet wer-den (MAB, PAB und interne Abrufe). In den Partnervereinbarungen über die Transaktion WE20 sind die folgenden Einstellungen für JIT-Inbound am Kunden (Partnerart KU) notwendig, siehe Tab. 3.2.

Tab. 3.2 Partnervereinbarung für JIT-Inbound – SEQJIT-Verarbeitung

Nachrichtentypen	Vorgangscode	Funktionsbaustein
SEQJIT	SJCL	IDOC_INPUT_SEQJIT

Tab. 3.3 Partnervereinbarung für JIT-Outbound – SEQJIT-Erzeugung

Nachrichtentyp	Basistyp	Applikation	Nachrichtenart	Vorgangscode	Funktionsbaustein
SEQJIT	SEQJIT03	PA	MAED	SJCL	IDOC_OUTPUT_ SEQJIT

Bei ausgehenden Sequenzabrufen über JIT-Outbound wird das IDOC wie bei anderen SAP-Komponenten über die SAP-Nachrichtensteuerung erzeugt. Das bedeutet, dass in der ausgehenden Partnervereinbarung die Angabe der Nachrichtenart eingestellt werden muss. Die Einstellungen sind für JIT-Outbound am Lieferanten (Partnerart LI) notwendig, siehe Tab. 3.3.

JIT-Outbound Abrufe werden über JIT-Aktionen erzeugt und versendet. Deswegen wird an dieser Stelle auf das JIT-Outbound-Customizing und deren Aktionen verwiesen, siehe Abschn. 3.8. Die weitere Verarbeitung von JIT-Inbound-Abrufen wie produktions-synchronen Abrufen und Mengenabrufen ist im nachfolgenden Abschn. 3.2 hinterlegt.

Für die Arbeit mit JIT-Inbound und JIT-Outbound ist an dieser Stelle abschließend noch festzuhalten, wie man mittels weniger Schritte einen Überblick über die SAP JIT Programme und Transaktionen bekommt. Über die Transaktion PFCG bzw. über die Transaktion SU01 können dem SAP-Benutzer das JIT-Inbound und/oder JIT-Outbound Menü zugeordnet werden. Dieses beinhaltet alle wichtigen Transaktionen. Die wichtigs-ten Transaktionen im SAP JIT werden in Abschn. 3.11 beschrieben.

SAP-Rolle SAP_EP_ISA_JIT_INBOUND hat das JIT-Inbound Menü hinter-legt, wogegen SAP-Rolle SAP_EP_ISA_JIT_OUTBOUND das JIT-Outbound Menü beinhaltet. SAP-Rolle SAP_ISA_JIT_CONTROL ist eine Kombination aus den bereits zuvor erwähnten SAP-Rollen. Eine Darstellung der Rolle aus der Transaktion PFCG ist in Abb. 3.3 zu sehen.

Abb. 3.3 Ausschnitt aus der SAP-Rolle SAP_ISA_JIT_CONTROL

3.2   JIT-Inbound Einführung

Im JIT-Inbound wird, wie bereits erläutert, das SEQJIT-IDOC mit dem Vorgangscode SJCL und dem Funktionsbaustein IDOC_INPUT_SEQJIT verarbeitet. Dieser ermittelt ähnlich wie bei der Verarbeitung von Liefer- und Feinabrufe aus der Lieferantennummer, dem Kundenwerk und der Abladestelle den Debitor bzw. ab S/4 Hana Release 1610 den Business Partner. Die Ermittlung findet in der Verarbeitung über Funktionsbaustein JIT06_SEARCH_KUNNR statt. Dieser liest die Tabelle T661W oder besser bekannt als Transaktion OVAI aus. Die Transaktion OVA9 spielt bei der Erzeugung und Bearbeitung von JIT-Abrufen keine Rolle und ist lediglich für die Verarbeitung von Liefer- bzw. Feinabrufen relevant. Wenn der Debitor bzw. Business Partner ermittelt werden konnte, wird im Programm versucht den JIT-Kunden zu ermitteln. Als Ermittlungsparameter werden die zuvor selektierte Kundennummer, das Kundenwerk, die Abrufverwendung und der Abruftyp verwendet. Die Abladestelle spielt an dieser Stelle keine Rolle. Der JIT-Kunde wird ausführlich in Abschn. 3.3.1 beschrieben.

Die Programmlogik wird mit diversen Prüfungen fortgesetzt, beispielsweise ob der JIT-Abruf bereits im System existiert und aktualisiert oder ob der Abruf neu angelegt werden muss. Wichtige Funktionen hierzu sind in den Kapiteln zur JIT-Aktion CREA und MOD* erläutert, siehe Abschn. 3.4.6 und 3.4.7.

Ein weiterer Bestandteil, bevor der JIT-Abruf angelegt werden kann, ist die Zuordnung zu einem JIT-Lieferplan. Ein JIT-Lieferplan ist ein SD-Lieferplan mit einer Kennzeichnung als „JIT relevant". Wieso der JIT-Lieferplan benötigt wird und welche Einstellungen notwendig sind, ist in Abschn. 3.3.2 erläutert.

Reicht die SAP-Standardverarbeitung für produktionssynchrone Abrufe bzw. Mengenabrufe nicht aus, kann diese über Userexits erweitert werden. Die SAP-Erweiterung JIT14_01 bietet den Userexit EXIT_SAPLJIT14_001 und EXIT_SAPLJIT14_002 an, um die Daten zu bearbeiten oder zu erweitern:

- EXIT_SAPLJIT14_001: Überprüfung, Erweiterung oder Manipulation der IDOC-Daten und JIT-Verarbeitungstabellen und -strukturen. Der Userexit wird verwendet, wenn beispielsweise eine Baubarkeitsprüfung, Ermittlung von Zusatzdaten oder ähnliches notwendig ist.
- EXIT_SAPLJIT14_002: Erweiterung der Produktionsnummern, wenn die Abrufmengen auf mehrere Produktionsnummern verteilt werden sollen und die gleiche Produktionsnummer beispielsweise in mehrere Produktionsnummern gesplittet werden soll. Dies macht nur Sinn, wenn die Funktionalität aufgrund des darauffolgenden Prozesses unbedingt benötigt wird.

Bei der Verarbeitung von JIT-Abrufen wird schnell deutlich, dass diverse Stammdaten und Customizingeinstellungen benötigt werden bevor automatisiert mit einem SAP JIT Prozess gearbeitet werden kann. Diese sind in den nachfolgenden Kapiteln zum JIT-Inbound beschrieben.

3.3   JIT-Inbound Stammdaten

Zur Abwicklung der JIT-Inbound-Prozesse ist es notwendig, dass zum Customizing auch mehrere Stammdaten angelegt werden. Dies sind größtenteils die Erstellung der jeweiligen JIT-Kunden und deren JIT-Lieferpläne.

3.3.1   Der JIT-Kunde und der Debitor/Business Partner

Über die Transaktion JITV wird in die Pflege des JIT-Kunden eingestiegen. Hierbei können einige Einstellungen voreingestellt werden. Allerdings merkt man schnell, dass zum JIT-Kunden diverse Customizingeinstellungen zugeordnet werden müssen. Deshalb empfiehlt es sich zuerst das Customizing vorzunehmen und dann dem jeweiligen JIT-Kunden zuzuordnen.

In diesem Schritt wird davon ausgegangen, dass das jeweilige Customizing bereits vorhanden ist und nun dem JIT-Kunden zugeordnet werden kann.

Der JIT-Kunde repräsentiert den Business Partner/Debitor, von dem Sequenzabrufe (MAB und PAB) empfangen werden. Dabei setzt sich der JIT-Kunde aus dem Business Partner/Debitor, der Partnerbezeichnung (=das Werk des Kunden zum Warenempfänger des Business Partners/Debitors) und der Abrufverwendung zusammen. Das Kundenwerk muss damit auch im Debitor/Business Partner unter der Partnerrolle WE eingetragen werden. Bei der Abrufverwendung unterscheidet man zwischen drei Verwendungen:

- S: Serie
- E: Ersatz
- M: Muster

Die Abrufverwendung wird bei der Ermittlung des JIT-Lieferplans verwendet und ist im Customizing der Verkaufsbelegart zum SD-Lieferplan hinterlegt. Zudem ist beim JIT-Kunden anzugeben, welcher Abruftyp angewendet wird:

- S: Produktionssynchrone Abrufe, die von einem JIT-Kunden abgerufen werden (=PAB). Hierbei spricht man von Sequenzabrufen – zum Beispiel Abruf von Modulen (=Zusammenbauten) oder diskreten Materialien wie Sitzen, Cockpits, Stoßfängern und Weitere.
- D: Mengenabrufe (=MAB), die von einem JIT-Kunden abgerufen werden – zum Beispiel Abruf von Kleinteilen wie Zündkerzen und Weitere.
- I: interne Abrufe, um Geschäftsprozesse innerhalb einer Organisation zu steuern wie beispielsweise die Vorproduktion von häufig gefragten Varianten, die in ein Pufferlager gebracht werden.

Zum JIT-Kunden muss eine Umsetzung der externen Statusinformation zum externen Status eingestellt werden. Die externe Statusinformation repräsentiert den Impuls bzw. Status des Fahrzeuges beim JIT-Kunden bzw. OEM. Klassischerweise spricht man von Plan- und Istsequenzabrufen oder Rohbau-, Lack- oder Montageimpulsen, vergleiche die Bedarfsabrufvarianten an den Automobilzulieferer in Abschn. 1.2. Die externe Statusinformation ist der Wert, der in der EDI-Nachricht vom Kunden an den Zulieferer übertragen wird. Ist das Feld für die externe Statusinformation in der EDI-Nachricht nicht gefüllt, wird bei der Umsetzung in den externen Status mit einem leeren Feld gearbeitet. Der übergebene Impuls bzw. die externe Statusinformation zeigt den Fortschritt des Fahrzeugs beim OEM an. Ebenso zeigt dann auch der externe Status den Fortschritt des Fahrzeugs beim JIT-Kunden bzw. OEM an. In der Praxis empfiehlt es sich nicht die externe Statusinformation 1:1 auf den externen Status umzusetzen, da eine Vielzahl von externen Statusinformationen einlaufen können und nicht jede Information beim Zulieferer so abgebildet werden soll. Beispielsweise hat Automobilhersteller 1 einen anderen Impuls zum Start der Montage beim Zulieferer als Automobilhersteller 2 oder Automobilhersteller 3. Trotzdem wird beim Zulieferer die gleiche Funktion ausgeführt, nämlich der Start der Endmontage. Deswegen können verschiedene externe Statusinformationen, die inhaltlich dasselbe meinen, auf den gleichen externen Status umgesetzt werden.

Läuft während des Produktivbetriebes eine neue externe Statusinformation ein, kann diese mittels Stammdatenänderung in der Transaktion JITV eingetragen werden und auf einen bestehenden externen Status gemappt werden. Möchte man einen neuen externen Status verwenden, muss mittels Customizing der Wert angelegt werden und die Abrufsteuerung angepasst werden.

Mit dem externen Status wird der weitere Prozess beim Zulieferer angestoßen, zum Beispiel die Änderung von Sequenzabrufen oder der Start der Montage. Über verschiedene externe Statusinformationen können so gleiche externe Status ausgeführt werden. In der Praxis bewährte externe Status sind in Abschn. 3.4.2 hinterlegt.

Eine Umsetzung von externen Statusinformationen in externe Status kann wie folgt aussehen, ist allerdings immer kundenspezifisch zu betrachten, siehe Tab. 3.4. Jeder Automobilhersteller sendet andere Impulse und deswegen zeigt die Aufstellung in der Tabelle eine exemplarische Umsetzung.

Tab. 3.4 Umsetzung externe Statusinformation in externe Status

Externe Statusinformation	Externer Status	Beschreibung
	VS	Impuls zur Vorschauplanung
FORTSCHRITTSMELDUNG_1	PR	Impuls aus dem Rohbau
FORTSCHRITTSMELDUNG_2	PL	Impuls aus der Lackiererei
FORTSCHRITTSMELDUNG_3	P*	Impuls aus weiteren Schritten
ISTSEQUENZ	SQ	Impuls mit fixierter Sequenz
VERBAUINFO	VB	Impuls, der den Verbau anzeigt
NACHBESTELLUNG	NB	Impuls für Nachbestellungen
STORNO	ST	Impuls für Stornos

Eine weitere Einstellung zum JIT-Kunden sind die sogenannten Vorlaufzeiten. Über Vorlaufzeiten können auf Grundlage des Bedarfsdatums vom Kunden oder auf Basis des Zeitpunkts des externen Status das geplante Versanddatum gebildet werden. Anhand des Tabellenmodells ist zu erkennen, dass nicht nur zum JIT-Kunden, sondern auch abhängig vom Teilegruppentyp und vom externen Status Vorlaufzeiten vergeben werden können. Beispielsweise kann Produkt 1 (anhand des Teilegruppentyps 1) eine Vorlaufzeit von 120 min haben und Produkt 2 (anhand des Teilegruppentyps 2) eine Vorlaufzeit von 150 min. Damit eine Vorlaufzeit errechnet wird, muss der Haken „Vorlaufzeit" aktiviert werden, da ansonsten die angegebene Zeit addiert wird.

Der Teilegruppentyp wird im weiteren Verlauf in der Transaktion JITV eingestellt und beschreibt eine bis n-Materialien, die zu einer Gruppe zusammengefasst werden. In Abschn. 2.2 wurde der Unterschied zwischen Zusammenbauten und diskreten Materialien erläutert. Ein Teilegruppentyp kann somit beispielsweise ein Rad vorne links, Rad vorne rechts, etc. sein und ein bis n-Materialien zugeordnet haben.

Bei den Einstellungen zur Vorlaufzeit muss angegeben werden zu welcher Zeit (=Basisdatum) eine Vorlaufzeit berechnet werden soll. Als Basisdatum und -zeit kann entweder das geplante Bedarfsdatum des Kunden oder das Datum des externen Status verwendet werden. Die Definition von Vorlaufzeiten ist stets kundenspezifisch. Deshalb zeigt die Tab. 3.5 einen exemplarischen Ansatz.

Eine Berechnung auf Grundlage des Datums des externen Status kann sinnvoll sein, wenn nicht immer ein geplantes Bedarfsdatum vorliegt und durch das Datum des

Tab. 3.5 Vorlaufzeiten definieren

JIT-Kunde	Basis-zeit	Externer Status	Teile-gruppen-typ	Vorlauf	Zeit-differenz	Bedarfs-datum	Datum externer Status	Geplantes Versanddatum
OEM	Bedarfs-datum	VS		X	4 h	22.08. 14 Uhr	01.08. 9 Uhr	22.08. 14 Uhr minus 4 h = 22.08. 10 Uhr
OEM	Datum des ext. Status	PR			10 Tage		12.08. 9 Uhr	12.08. 9 Uhr plus 10 Tage = 22.08. 9 Uhr
...	...	...	...	...	...	...	...	...
OEM	Datum des ext. Status	SQ	TG01		3 h		22.08. 10 Uhr	22.08. 10 Uhr plus 3 h = 22.08. 13 Uhr
OEM	Datum des ext. Status	SQ	TG02		2 h		22.08. 10 Uhr	22.08. 10 Uhr plus 2 h = 22.08. 12 Uhr
...	...	...	...	...	...	...	...	...

externen Status und den Vorlaufzeiten ein sinnvolles geplantes Versanddatum errechnet werden kann.

Beispiel Basisdatum und Zeit = Datum des geplanten Bedarfsdatums und Uhrzeit
Zum JIT-Kunden OEM wird der externe Status VS am 01.08. um 9 Uhr verarbeitet, der eine Bedarfszeit für den 22.08. um 14 Uhr hinterlegt hat. Das System berechnet anhand der Vorlaufzeitentabelle mit dem 22.08. 14 Uhr minus 4 h den geplanten Versandzeitpunkt am 22.08. um 10 Uhr (minus, da der Haken Vorlauf aktiviert ist).

Beispiel Basisdatum und Zeit = Datum des externen Status
Zum JIT-Kunden OEM wird der externe Status PR am 12.08. um 9 Uhr verarbeitet, der keine Bedarfszeit beinhaltet. Das System berechnet anhand der Vorlaufzeitentabelle mit dem 12.08. 9 Uhr plus 10 Tage den geplanten Versandzeitpunkt am 22.08. um 9 Uhr (plus, da der Haken Vorlauf nicht aktiviert ist).

Ist die Vorlaufzeitentabelle gefüllt, wird u. a. bei EDI-Eingang von SEQJIT-IDOCs aus dem Bedarfsdatum und der Bedarfszeit ein geplantes Versanddatum und die geplante Versandzeit errechnet. Wird keine Vorlaufzeit gepflegt, bleibt das Feld geplante Versanddatum und geplante Versandzeit leer. In der Praxis hat sich bewährt, auch wenn keine Vorlaufzeit notwendig ist, da beispielsweise Vorlaufzeiten durch einen organisatorischen Prozess oder durch andere externe Systeme eingehalten werden, dass das Bedarfsdatum gleich dem geplanten Versanddatum ist. So können SAP-Standardtransaktionen mit dem Feld geplanten Versanddatum genutzt werden, da im JIT-Abruf das Feld geplantes Versanddatum und geplante Versandzeit dann nicht leer sind.

Die Einstellung wird hierzu mit dem Bedarfsdatum vorgenommen, ohne eine Vorlaufzeit einzutragen, siehe nachfolgendes Beispiel, Tab. 3.6.

Wenn eine Berechnung des geplanten Versanddatums und der geplanten Versandzeit sinnvoll ist, dann sollte die Funktionalität der Transaktion JITV mit den Vorlaufzeiten auch genutzt werden. Vorlaufzeigen können über die Transaktionen JITV oder auch JITT hinterlegt werden. In der Praxis empfiehlt es sich die Transaktion JITT zu verwenden, wenn die Berechtigungen für JITV und JITT unterschiedlich vergeben werden sollen. Sind die Einstellungen für den JIS-Prozess im SAP-Standard nicht ausreichend, kann über den Userexit EXIT_SAPLJIT03_005 (Erweiterung JIT03_05) eine kundenspezifische Berechnung des geplanten Versanddatums durchgeführt werden.

Tab. 3.6 Vorlaufzeiten definieren, Bedarfsdatum gleich Versanddatum

JIT-Kunde	Basiszeit	Externer Status	Teile-gruppen-typ	Vorlauf	Zeit-differenz	Bedarfs-datum	Datum externer Status	Geplantes Versand-datum
OEM	Bedarfs-datum					22.08. 14 Uhr	01.08. 9 Uhr	22.08. 14 Uhr

Es sind weitere Stammdaten in der Transaktion JITV zu hinterlegen. Mit der Destination und dem Teilegruppentyp detailliert man die Angaben des zu liefernden Produkts an den JIT-Kunden. Die Destination bildet den logischen Zusammenschluss zwischen Abladestelle und dem Verbauort. Es wird auch vom Anlieferort beim JIT-Kunden bzw. OEM gesprochen.

Bei der Destination ist es wichtig zu wissen, dass nur dann eine Abladestelle und/ oder ein Verbauort in den Stammdaten hinterlegt wird, wenn diese auch für die Teilegruppenfindung verwendet wird. Werden unterschiedliche Abladestellen und Verbauorte vom JIT-Kunden bzw. OEM empfangen, die allerdings nicht für die Teilegruppenfindung verwendet werden, dann empfiehlt es sich aus der Praxis in der Teilegruppenfindung einzustellen, dass die Information aus der EDI-Nachricht im Abruf gespeichert werden. Die Teilegruppenfindung wird in Abschn. 3.4.1 erläutert. In der Destination werden dann keine Abladestelle und keine Verbauorte eingetragen. Arbeit man bei den Destinationen mit Abladestelle und Verbauort birgt es die Gefahr bei häufig wechselnden Abladestellen oder Verbauorten, dass die Einstellungen in der JITV abgeändert werden müssen.

Der Teilegruppentyp wird zur Destination angelegt und wird bei Anlage des Sequenzabrufes dazu verwendet, um mehrere Abrufkomponenten des OEMs in einer Teilegruppe, also einer logischen Gruppe von 1 bis n Materialnummern, zusammen zu fassen. Beispiel: der OEM übermittelt fünf Materialnummern, aus denen ein Sitz gefertigt werden soll. Es wird somit ein Teilegruppentyp benötigt, der bei EDI-Eingang eine Teilegruppe bestehend aus den fünf Materialnummern bildet. Ein weiteres Beispiel: der OEM übermittelt 10 Materialnummern, aus denen ein Stoßfänger vorne und ein Stoßfänger hinten produziert werden soll. Es müssen zwei Teilegruppentypen angelegt werden, damit die Abrufkomponenten in jeweils eine Teilegruppe für Stoßfänger vorne und in eine Teilegruppe für Stoßfänger hinten gespeichert werden. Natürlich könnten auch im letzten Beispiel alle Abrufkomponenten in einer Teilegruppe gespeichert werden. Allerdings muss hierbei immer der logistische Prozess der Teilegruppe betrachtet werden. Auf Teilegruppeneben werden Aktionen durchgeführt und sowohl der externe Status als auch der interne Bearbeitungsstand geführt. So kann es sein, dass der vordere Stoßfänger bereits in Produktion ist, der hintere Stoßfänger hat aber einen anderen internen Bearbeitungsstand.

Zum Teilegruppentyp wird die Abrufsteuerung hinterlegt. So kann man festlegen, dass eine Teilegruppe komplett anders abgewickelt wird wie die Andere. In der Praxis kommt dieser Fall jedoch eher selten vor. Auch wenn man einen Nachbestellungsprozess betrachtet, benötigen Nachbestellungen in der Regel keinen separaten Teilegruppentypen, wenn die gleiche Abrufsteuerung verwendet wird wie im Regelprozess. Eine Erkennung von Nachbestellungen ist über das Nachbestellungskennzeichen möglich, über das in diversen JIT-Transaktionen und Programmen selektiert werden kann. Eine Sortierung und somit Priorisierung nach dem Nachbestellungskennzeichen ist ebenfalls umsetzbar.

Sowohl zur Destination als auch zum Teilegruppentyp können Informationstexte vergeben werden. Diese haben keine steuernde Wirkung im JIT-Prozess, helfen allerdings im JIT-Monitoring (Transaktion JITM) und weiteren Transaktionen auf einem Blick zu erkennen, um welche Destination oder welchen Teilegruppentyp es sich handelt.

3.3.2 Die JIT-Lieferpläne

Grundsätzlich ist die Abwicklung von SAP JIT ohne JIT-Lieferpläne im SAP-Standard nicht möglich. Bei jedem EDI-Eingang von Sequenznachrichten wird geprüft, ob zur Abrufkomponente (=Kundenmaterialnummer) ein eindeutiger JIT-Lieferplan ermittelt werden kann.

Ein JIT-Lieferplan unterscheidet sich nicht vom Customizing eines SD-Lieferplans. Es muss daher das komplette SD-Customizing für SD-Lieferpläne wie Preisfindung, Unvollständigkeitsschema, Kopiersteuerung etc. vorgenommen werden. Der einzige Unterschied zwischen einem SD- und einem JIT-Lieferplan ist das Kennzeichen „J" für einen JIT-Lieferplan. Ist dieses Kennzeichen gesetzt, wird bei der Anlage und Änderung eines JIT-Lieferplans mit dem Funktionsbaustein JIT02_SELECT_FROM_JITCU_ SB geprüft, ob der Auftraggeber in der Kombination mit dem Kundenwerk und der Abrufverwendung in der Transaktion JITV als JIT-Kunde angelegt ist. Ist er dort nicht angelegt, wird das Programm zu Anlage von JIT-Lieferplänen abgebrochen. Daraus kann geschlussfolgert werden, dass der JIT-Kunde vor den JIT-Lieferplänen angelegt werden muss.

JIT-Lieferpläne werden benötigt, um aus dem Vorplanungssystem des JIT-Kunden bzw. des OEMs Liefer- und eventuell auch Feinabrufe zu empfangen und zu speichern. Werden keine Feinabrufe vom OEM empfangen, besteht die Möglichkeit Feinabrufe aus Sequenzabrufen über die Transaktion JITH zu generieren. Wird die JITH nicht verwendet, sind die Sequenzabrufe nicht dispositiv relevant. Es ist zu beachten, dass Feinabrufe, die über die JITH erzeugt werden, keinen Fahrzeugbezug haben. Der Bezug zur Produktionsnummer geht über die JITH verloren. Ein JIT-Lieferplan verhält sich analog zu einem SD-Lieferplan und deshalb werden im JIT-Lieferplan auf der Positionsebene Fortschrittszahlen geführt. Die Erhöhung und Reduzierung von Fortschrittszahlen unterscheidet sich im SAP JIT nicht von der SD-Abwicklung. Anders als im SD-Standard wird allerdings die SD-Auslieferung zum JIT-Lieferplan über eine JIT-Aktion erzeugt. Dadurch wird der Abbau der Bedarfsmenge und die Erhöhung der Fortschrittszahlen durchgeführt.

Das Zusammenspiel und die Notwendigkeit von SAP JIT und JIT-Lieferplänen ist in der nachfolgenden Grafik Abb. 3.4 dargestellt.

In der Praxis sind in einem JIT-Abruf n-verschiedenen Zuordnungen zu JIT-Lieferplänen hinterlegt, da in einem Abruf oftmals mehr als eine Abrufkomponente übertragen wird. Wenn JIT-Lieferpläne im System erstellt werden, ist darauf zu achten, dass JIT-Lieferpläne nur mit einer Position und somit einer Materialnummer erstellt werden. JIT-Lieferplänen und SAP JIT können zwar systemisch mit n-verschiedenen Positionen arbeiten. Aus der Praxis hat sich allerdings gezeigt, dass n-verschiedenen Positionen insbesondere bei ansteigendem Belegvolumen im SD-Belegfluss die Performance vom SAP SD und SAP JIT massiv beeinträchtigt.

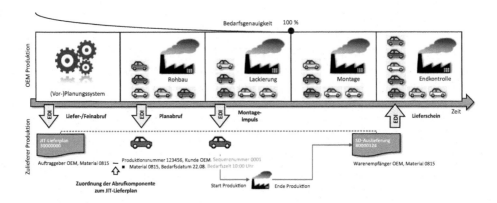

Abb. 3.4 Zusammenspiel von SAP JIT und JIT-Lieferplänen

Im SAP-Standard stehen die folgenden JIT-Lieferplanarten zur Verfügung. Diese können für die folgenden Prozesse und gegebenenfalls als Customizing-Kopiervorlage verwendet werden:

- LZJ: JIT-Lieferplan – JIT-Prozess ohne EDL und ohne Lieferquittierung. Geeignet
  sowohl für PAB, MAB als auch internen Abrufen.
- LZJE: JIT-Lieferplan EDL – JIT-Prozess mit EDL, siehe hierzu die relevanten
  EDL-JIT-Aktionen (EDL = externer Dienstleister).
- LZJQ: JIT-Lieferplan (LQ) – JIT-Prozess mit Lieferquittierung, siehe hierzu die rele-
  vanten Lieferquittierungs-JIT-Aktionen.

Wenn in einem JIT-Prozess (PAB, MAB als auch interne Abrufe) weder eine Lieferquittierung durchgeführt noch ein externer Dienstleister über EDL abgewickelt wird, so
kann die JIT-Lieferplanart LZJ verwendet werden. Auch für interne Abrufe wird eine
JIT-Lieferplan benötigt, für die die Belegart LZJ angewendet werden kann.

3.3.3 Die JIT-Lieferpläne mit Konsignationsabwicklung

Die JIT-Lieferplanart LZJE wird verwendet, wenn ein Prozess mit externem Dienst-
leister abgewickelt werden soll. Dies ist dann sinnvoll, wenn die Produkte bei einem
externen Dienstleister zwischengelagert werden müssen und/oder der Dienstleister die
Sequenzierung der Abrufe vornehmen soll.
Der Prozess wird schematisch in der nachfolgenden Grafik Abb. 3.5 abgebildet.
Die Belieferung des EDL kann dabei auf Plan- oder Istsequenz erfolgen, je nachdem
wie die Anforderungen an den Prozess sind. Wird auf Plansequenz geliefert, muss eine
Resequenzierung beim EDL erfolgen, damit die Abrufe in der richtigen Reihenfolge an
den Automobilhersteller geliefert werden können.

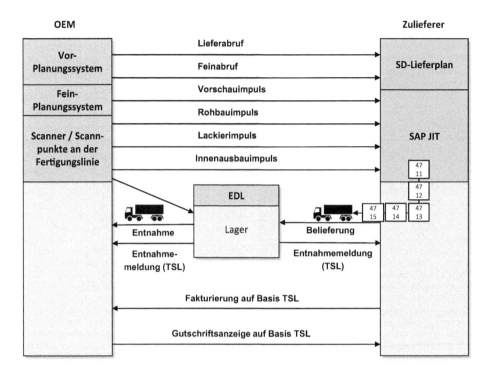

Abb. 3.5 JIT-Beispielprozess mit Anbindung eines externen Dienstleisters

Bei der Verwendung der EDL JIT-Lieferplanart ist im Prozess und im Customizing darauf zu achten, dass die JIT-Aktion DLSP (Lieferung vom EDL an Kunde) verwendet wird, die die EDL-Entnahme in Form der Verkaufsbelegart ED zum JIT-Lieferplan anlegt. Diese wird automatisch über das Customizing der Verkaufsbelegart ED sofort beliefert. Eine Warenausgangsbuchung muss erfolgen, damit die Materialien aus dem Lager entnommen werden. Die Buchung kann über den SD-Transport erfolgen, der die SD-Auslieferung zur EDL-Entnahme beinhaltet. Funktionen zur JIT-Aktion DSLP sind in Abschn. 3.4.32 nachzulesen.

Die Verwendung des JIT EDL-Prozesses ist in der Praxis nicht häufig im Einsatz, da diese zu Performanceproblemen aufgrund des steigenden Belegvolumens führen kann. Betrachtet man das Belegvolumen eines JIT-Lieferplans in Form des Belegflusses wird schnell deutlich, welche Auswirkungen dies hat, wenn mit n-mal so vielen Abruf-komponenten gearbeitet werden muss.

Beispiel Belegfluss eines JIT-Lieferplans mit EDL-Abwicklung für eine Belieferung, siehe Abb. 3.6.

Betrachtet man den Belegfluss, erkennt man ein deutlich höheres Belegvolumen wie wenn man auf eine EDL-Abwicklung verzichtet. Insbesondere wenn man darauf achtet, dass in der Abb. 3.6 lediglich eine einzige Belieferung abgebildet ist. Das Belegvolumen

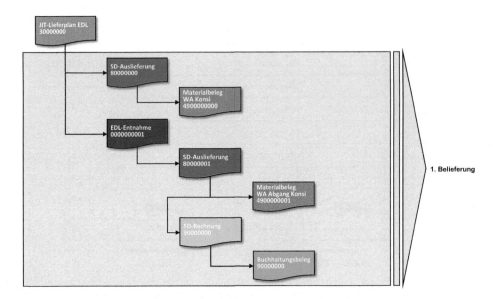

Abb. 3.6 Beispielhafter Belegfluss für einen EDL JIT-Lieferplan für eine Belieferung

dehnt sich entsprechend bei weiteren Lieferungen aus. Die Folge ist eine deutlich ein-
geschränkte Performance bei der Abwicklung der SD- und JIT-Transaktionen.

Für die Praxis gibt es dennoch eine Lösung des Problems, wenn auch nicht im
SAP-Standard. Über eine zusätzlich entwickelte JIT-Aktion muss die Möglichkeit
bestehen, eine Umlagerungslieferung zu erstellen, um die Materialien von einem bei-
spielsweisen Versandlagerort in einen virtuellen EDL-Lagerort umzulagern (Bewegungsart 311). Die Teile haben physisch das Lager verlassen, sind aber dennoch im Bestand
in einem separaten Lagerort sichtbar. Über weitere Umlagerungslieferungen können
Wareneingangs- und Warenausgangsmeldungen des externen Dienstleisters simuliert werden. Der folgende Prozess kann über eine zusätzlich entwickelte JIT-Aktion
„Umlagerungslieferung erstellen" abgebildet werden, siehe Abb. 3.7.

Die Umlagerungslieferung hat keinen Bezug zum JIT-Lieferplan und somit entgeht
man dem Problem des hohen Belegflusses. Dies ist auch korrekt, da die Fortschrittszahlen nur mit der „echten" SD-Auslieferung erhöht werden darf. Als JIT-Lieferplanart kann die Verkaufsbelegart LZJ verwendet werden, wenn ohne Lieferquittierung
gearbeitet wird. Eine mögliche Realisierung der JIT-Aktion für die Umlagerungslieferung ist in Abschn. 3.10.5 hinterlegt.

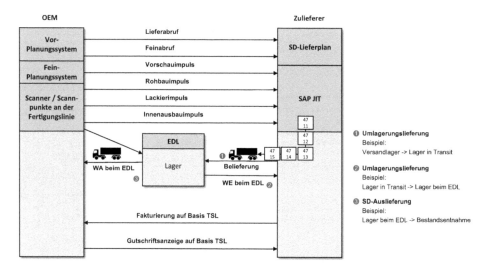

Abb. 3.7 Beispielhafter EDL-Prozess mit JIT ohne EDL JIT-Lieferplanarten

3.3.4 Die JIT-Lieferpläne mit Lieferquittierung

Die JIT-Lieferplanart LZJQ wird verwendet, wenn im Prozess Lieferquittierungen als
IDOC vom Hersteller empfangen und verarbeitet werden müssen. Unter Lieferquittierungen
versteht man auch die Verarbeitung von Tagessammellieferscheinen (=TSL). Im SAP-System wurden bereits SD-Auslieferungen zum JIT-Lieferplan erstellt. Im Anschluss daran
werden Lieferquittierungsnachrichten vom Kunden in Form des Nachrichtentyps DEL-
CON (Basistyp GSVERF03) im System verarbeitet und führen einen Mengenabgleich von
gelieferten und vom Kunden bestätigten Mengen durch. Für Mengen, die quittiert werden
konnten, wird eine externe Faktura erstellt (Fakturaart FX). Diverse Funktionen und zwei
JIT-Aktionen inklusive Monitor stehen für den Prozess im SAP-Standard zur Verfügung.
Dies wird in Abschn. 3.4.35 beschrieben. Die prozessuale Darstellung der Abwicklung ist
im folgenden Bild zu erkennen, siehe Abb. 3.8.

Bei der Verarbeitung von Tagessammellieferscheinen wird in der Praxis auch des Öfte-
ren Kundenentwicklungen angewendet, um einerseits ein erweitertes Monitoring für verarbeitete und vor allem nicht verarbeitete Nachrichten zu erhalten und um andererseits
zu erkennen, welche Abrufe nicht vom Hersteller quittiert wurden. Letztere können nicht
fakturiert werden und der Zulieferer muss analog dem SAP-Standard Lieferquittierungsprozess mit dem Hersteller in Kontakt treten. Am Markt stehen Lösungen bereit, bei denen
ein Tagessammellieferschein verarbeitet wird und dabei das TSL-IDOC im ERP-System
die SD-Auslieferungen anlegt. Im Anschluss können die Abrufe lieferbezogen fakturiert werden, für die Produktionsnummern, bei denen über den Tagessammellieferschein
eine SD-Auslieferung erstellt wurde. Für Abrufe, bei denen keine SD-Auslieferung
erstellt wurde, wurde kein Tagessammellieferschein empfangen und der Prozess kann
nicht abgeschlossen werden. Diese Abwicklungsform ist vor allem dann sinnvoll, wenn
bei der physischen Auslieferung noch kein Gefahrenübergang stattgefunden hat und die

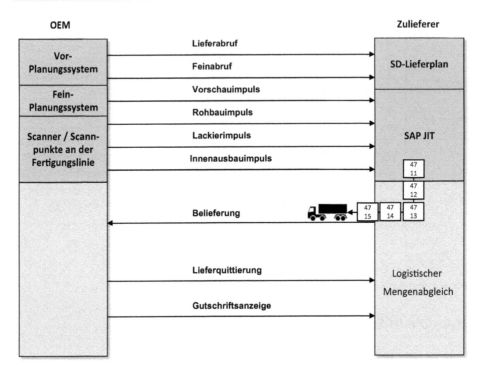

Abb. 3.8 JIT-Beispielprozess mit Lieferquittierung

produzierten Teile noch Eigentum des Zulieferers sind, obwohl sie sich bereits auf dem Transportweg zum Kunden befinden. Erst mit der Übermittlung des Tagessammellieferscheins vom Kunden an den Zulieferer erfolgt der Gefahrenübergang und die finale SD-Auslieferung wird beim Zulieferer angelegt. Anschließend werden die Teile aus dem Bestand gebucht, obwohl die Teile bereits beim Kunden verbaut sein könnten.

Eine weitere detailliertere Darstellung des Lieferquittierungsprozesses im SAP-Standard zeigt auch die Abbildung im JIT-Outbound Prozess zur JIT-Aktion ODLC in Abschn. 3.8.14. In einer Konzeptphase muss geprüft werden, ob die SAP-Standard Lieferquittierungsabwicklung für Tagessammellieferscheine angewendet werden kann.

3.3.5 Zusammenfassung

Der Abschn. 3.3 hat die relevanten Stammdaten für die Abwicklung des SAP JIT (Inbound) festgehalten, die notwendig sind wie einerseits Einstellungen rund um den JIT-Kunden. Andererseits wurde die Wichtigkeit von JIT-Lieferplänen dargestellt.

Je nach Anforderungen an den Prozess können im SAP-Standard verschiedene JIT-Lieferplanarten gewählt werden. Von der Verwendung der Verkaufsbelegart für die EDL-Abwicklung wird aus Performancegründen abgeraten. Eine Alternative wurde vorgestellt. Die Anwendung der Verkaufsbelegart für Lieferquittierung sollte anhand der

Prozessanforderungen untersucht werden, bevor sie zum Einsatz kommt. Bei einem
hohen Produktionsvolumen und einer Vielzahl von zu verarbeiteten Lieferquittierungsnachrichten ist das Fehlerhandling des SAP-Standards auf die jeweiligen Anforderungen
des Prozesses zu prüfen.

3.4   JIT-Inbound Customizing

Zur Abwicklung der JIT-Inbound Prozesse ist es notwendig, dass zu den JIT-Stammdaten
auch das relevante Customizing vorgenommen wird. Dies sind grundlegend die Status,
die Aktionen und die Abrufsteuerung, um eine einfache JIT/JIS-Abwicklung durchzuführen. Allerdings werden noch weitere Einstellungen benötigt, die ebenfalls in den folgenden Kapiteln beschrieben werden. Das Customizing zum JIT-Inbound wird mit der
Transaktion OJITI aufgerufen. Dabei öffnet sich ein Customizing Menü, bei dem nahezu
alle relevanten Einstellungen aufgelistet sind, siehe Abb. 3.9.

Abb. 3.9 Customizing Menü für das JIT-Inbound

3.4.1   Teilegruppenfindung

Die Teilegruppenfindung wird bei jeder Verarbeitung eines SEQJIT-IDOCs in der Eingangsverarbeitung durchlaufen, sowohl bei der Neuanlage als auch bei der Änderung
von JIT-Abrufen. Im Customizing stehen unter folgendem Menüpfad verschiedene Kriterien zur Verfügung, um eine Teilegruppenfindung durchzuführen. Wenn ein Findungsprofil definiert wurde, muss dieses zum JIT-Kunden zugeordnet werden (Transaktion
JITV). Der Customizingpfad zur Teilegruppenfindung ist in Abb. 3.10 zu sehen.

Abb. 3.11 zeigt die möglichen Kriterien einer Teilegruppenfindung mit diversen Aus-
prägungsmöglichkeiten.

Abb. 3.10 Teilegruppenfindung im SAP-Standard

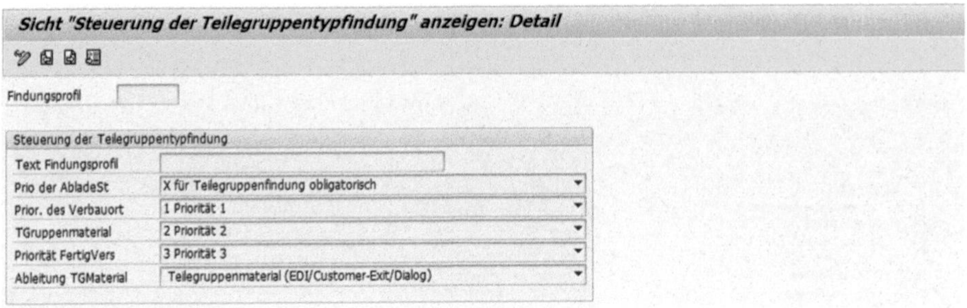

Abb. 3.11 Kriterien für die Teilegruppenfindung

In Abschn. 3.1 wurde bereits beschrieben, dass zur Destination die Abladestelle und der Verbauort angegeben werden können. Erst wenn zu der Destination Abladestelle und/oder Verbauort in den JIT-Stammdaten hinterlegt wurden, können diese auch für die Teilegruppenfindung angewendet werden. Folgendes Beispiel (Abb. 3.12 und 3.13) veranschaulicht die Teilegruppenfindung per Verbauort. Die Darstellung kann analog für die Findung per Abladestelle oder Abladestelle in Kombination mit dem Verbauort betrachtet werden. Der Verbauort wird im SEQJIT-IDOC im Feld FLDPO und die Abladestelle im Feld ABLAD geführt.

Das für Abb. 3.12 und 3.13 relevante Customizing ist in Abb. 3.14 zu sehen.

Als weitere Variante zur Findung des richtigen Teilegruppentyps wird in der Praxis häufig die Findung über das Teilegruppenmaterial verwendet. Das Teilegruppenmaterial ist eine Materialnummer, die nicht für den logistischen oder finanziellen Prozess verwendet wird. Es wird rein für die JIT-Abwicklung verwendet. Bei der Teilegruppenfindung kann das Teilegruppenmaterial verwendet werden, um den richtigen Teilegruppentyp zuzuordnen.

Das Teilegruppenmaterial wird mit der Materialart KMAT angelegt, wobei die Sichten Grunddaten 1 und Grunddaten 2 ausreichend sind. Allein die weitere Zuordnung zu den Abrufkomponenten ist entscheidend. Jede Abrufkomponente ist als Materialnummer im SAP hinterlegt und muss im Materialstammsatz in der Sicht Grunddaten 2 im Feld „Werksüberg.konf. Mat." das Teilegruppenmaterial (=Materialart KMAT) hinterlegt

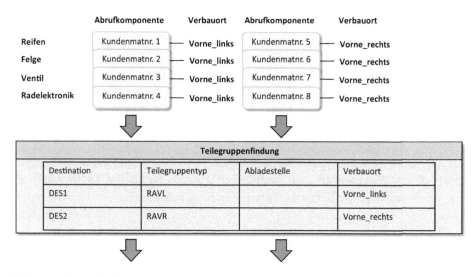

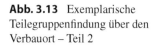

Abb. 3.12 Exemplarische Teilegruppenfindung über den Verbauort – Teil 1

Abb. 3.13 Exemplarische Teilegruppenfindung über den Verbauort – Teil 2

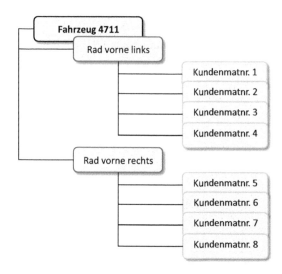

Abb. 3.14 Customizing zur Teilegruppenfindung per Verbauort

Abb. 3.15 Zuordnung des
Teilegruppenmaterials zu
abgerufenen Materialien

haben. Eine andere Materialart ist nicht möglich, da im Feld „Werksüberg.konf. Mat."
geprüft wird, ob das zugeordnete Material der Materialart KMAT entspricht. Das Feld
wird sonst in der Variantenkonfiguration verwendet. In der SAP JIT-Abwicklung mit der
Teilegruppenfindung über das Teilegruppenmaterial wird allerdings genau dieses Feld im
SAP-Standard angewendet. Der Haken „Material ist konfigurierbar" muss nicht gesetzt
werden, da der Prozess nichts mit Variantenkonfiguration zu tun hat. In der Abb. 3.15
wird der relevante Ausschnitt aus der Transaktion MM03 dargestellt.

Das Feld „Werksüberg.konf. Mat." kann im SAP-Standard nur einmal besetzt werden. Wenn die Änderung gespeichert wird, ist das Feld für die weitere Bearbeitung
ausgegraut und kann nicht mehr geändert werden. In der Praxis hat sich eine Zusatzentwicklung bewährt, um das Feld editierbar zu machen (z. B. über ein Zusatzprogramm,
das das Feld „Werksüberg.konf. Mat." initialisieren kann).

Das jeweilige Teilegruppenmaterial muss ebenso wie die Findung über Verbauort oder
Abladestelle in den JIT-Stammdaten hinterlegt werden. Die Pflege des Teilegruppenmaterials findet zum Teilegruppentyp statt.

Bei der Teilegruppenfindung über das Teilegruppenmaterial ist stets im Hinterkopf zu
behalten, dass SAP JIT die Daten im Shared Buffer ablegt. Findet also eine Änderung
des Teilegruppenmaterials im Feld „Werksüberg.konf. Mat." statt – Voraussetzung: über
eine Zusatzentwicklung ist das Feld editierbar – dann muss der Shared Buffer aktualisiert werden, da ansonsten der alte Datenstand in der Teilegruppenfindung angewendet
wird. Die Aktualisierung des Shared Buffers findet über die Transaktion JITR statt, siehe
Abschn. 3.11.8. Die nachfolgende Abb. 3.16 zeigt eine Teilegruppenfindung per Teilegruppenmaterial (=TG-Material).

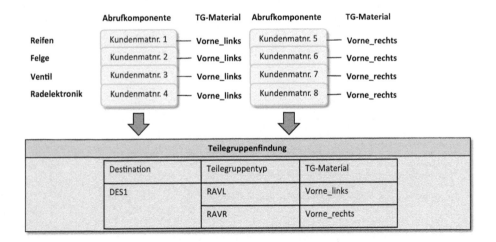

Abb. 3.16 Exemplarische Teilegruppenfindung über das Teilegruppenmaterial

Das Ergebnis der Teilegruppenfindung ist das gleiche Ergebnis, das in Abb. 3.13 zu sehen ist. Das Customizing zur Teilegruppenfindung in Abb. 3.17 zeigt die Findung per Teilegruppenmaterial inklusive das Ablegen von Abladestelle und Verbauort, wenn diese im SEQJIT-IDOC mit übertragen werden.

Die Teilegruppenfindung wird für produktionssynchrone Abrufe für Zusammenbauten und diskreten Materialien in der gleichen Vorgehensweise verwendet. Kann die Teilegruppenfindung nicht komplett über den SAP-Standard abgewickelt werden, kann über die SAP-Erweiterung JIT03_07 und Userexit EXIT_SAPLJIT03_007 das Teilegruppenmaterial ermittelt und für die Findung übernommen werden. Der Userexit wird in jedem Fall bei der EDI-Eingangsverarbeitung durchlaufen, auch wenn in der Customizingeinstellung (vergleiche Abb. 3.17) ein Wert ungleich „Teilegruppenmaterial (EDI/Customer-Exit/Dialog)" steht.

In der Praxis ist darauf zu achten, dass sich die Parameter für die Teilegruppenfindung nicht häufig ändern, damit die Prozesssicherheit nicht gefährdet ist. Ändern sich somit häufig Abladestellen oder Verbauorte, so ist zu prüfen, ob andere Parameter für eine Teilegruppenfindung möglich und sinnvoll sind.

Die Findung der Teilegruppe über die Fertigungsversion ist nur möglich, wenn im Userexit zur Eingangsverarbeitung der Abrufkomponente eine Fertigungsversion zugeordnet wird. Ansonsten bleibt das Feld vom Hersteller leer und es kann nicht zur Teilegruppenfindung verwendet werden. Die Findung über Fertigungsversion kann somit nur verwendet werden, wenn eine Zusatzprogrammierung durchgeführt wird.

Die hier dargestellten Findungsvarianten sind ausschließlich für produktionssynchrone Abrufe (PAB) und interne Abrufe relevant. Für Mengenabrufe (MAB) ist eine spezifische Einstellung der Teilegruppenfindung relevant. Da bei Mengenabrufe keine klassische Teilegruppenfindung durchgeführt wird, ist eine Findung nach den im SAP-Standard vorgegebenen Werten wie Abladestelle, Verbauort, Teilegruppenmaterial und Fertigungsversion nicht notwendig. Eine Erstellung der Teilegruppe findet je Abrufkomponente statt. Aus diesem Grund ist bei dem Feld „Ableitung TGMaterial" die Auswahl „1 Abrufkomponenten als Teilegruppenmaterial" zu wählen, siehe Abb. 3.18.

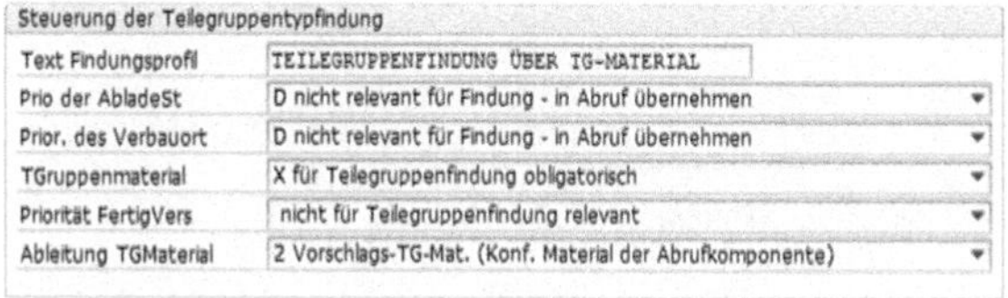

Steuerung der Teilegruppentypfindung	
Text Findungsprofil	TEILEGRUPPENFINDUNG ÜBER TG-MATERIAL
Prio der AbladeSt	D nicht relevant für Findung - in Abruf übernehmen
Prior. des Verbauort	D nicht relevant für Findung - in Abruf übernehmen
TGruppenmaterial	X für Teilegruppenfindung obligatorisch
Priorität FertigVers	nicht für Teilegruppenfindung relevant
Ableitung TGMaterial	2 Vorschlags-TG-Mat. (Konf. Material der Abrufkomponente)

Abb. 3.17 Customizing zur Teilegruppenfindung mit Teilegruppenmaterial

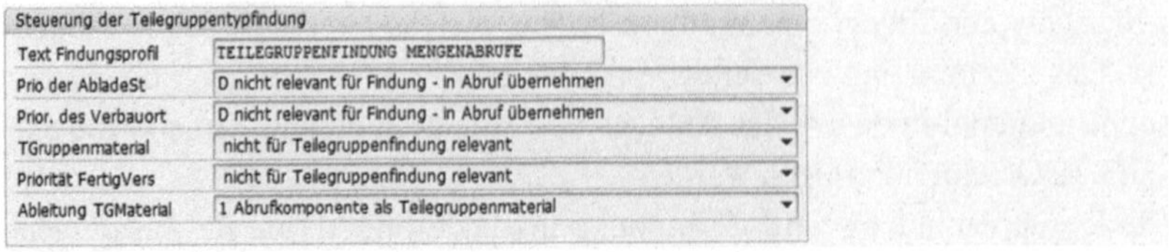

Steuerung der Teilegruppentypfindung	
Text Findungsprofil	TEILEGRUPPENFINDUNG MENGENABRUFE
Prio der AbladeSt	D nicht relevant für Findung - in Abruf übernehmen ▼
Prior. des Verbauort	D nicht relevant für Findung - in Abruf übernehmen ▼
TGruppenmaterial	nicht für Teilegruppenfindung relevant ▼
Priorität FertigVers	nicht für Teilegruppenfindung relevant ▼
Ableitung TGMaterial	1 Abrufkomponente als Teilegruppenmaterial ▼

Abb. 3.18 Customizing zur Teilegruppenfindung für Mengenabrufe

Bei der Verarbeitung von Mengenabrufen wird eine neue Teilegruppe je Abrufkomponente gebildet, da die Abrufkomponente als logische Einheit gesehen wird. Das
nachfolgende Bild in Abb. 3.19 und 3.20 verdeutlicht dies.

Da keine klassische Teilegruppenfindung bei Mengenabrufe durchgeführt wird, ist
auch keine ausführliche Ausprägung von Teilegruppentypen in den JIT-Stammdaten

Abb. 3.19 Exemplarische
Teilegruppenfindung für
Mengenabrufe – Teil 1

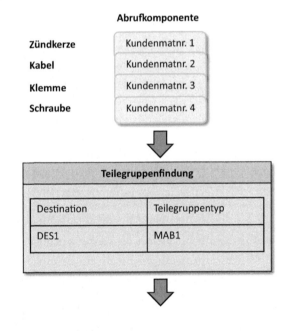

Abb. 3.20 Exemplarische
Teilegruppenfindung für
Mengenabrufe – Teil 2

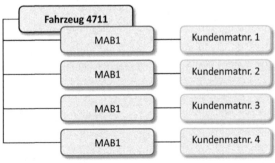

notwendig. Lediglich die Definition eines Teilegruppentyps ist notwendig, um die wichtigsten Parameter dort zu hinterlegen, zum Beispiel die Abrufsteuerung.

Die Abrufsteuerung wird sowohl bei PAB, MAB als auch internen Abrufen am Teilegruppentyp hinterlegt und kann unter anderem mit dem externen Status gesteuert werden. JIT-Abrufe die im SAP-System angelegt wurden, besitzen n-verschiedene Teilegruppen. Eine Teilegruppe hat jeweils einen Teilegruppentyp.

3.4.2   Der externe Status

Der externe Status zeigt den Fertigungsfortschritt der Teilegruppen beim Kunden an und ist im SAP-Standard ein vierstelliges alphanumerisches Feld. Es wird unter folgendem Customizingpfad eingestellt, siehe Abb. 3.21.

In der Praxis haben sich die folgenden externen Status bewährt, siehe Tab. 3.7.

Abb. 3.21   Definition des externen Status

Tab. 3.7   In der Praxis bewährte externe Status

Externer Status	Nachbestellung	Kurztext zum externen Status
NB	X	Nachbestellung
VS		Vorschau
PR		Produktionsabruf Rohbau
PL		Produktionsabruf Lack
P*		Produktionsabruf Fortschritt 1, Fortschritt 2, etc.
SQ		Sequenzabruf
VB		Verbauinformation
ST		Storno
MA		Mengenabruf

Der externe Status wird im System über die externe Statusinformation aus den JIT-Stammdaten aus der Transaktion JITV ermittelt. In den JIT-Stammdaten muss JIT-Kunden spezifisch eine Zuordnung von externe Statusinformation zum externen Status erfolgen, siehe gegebenenfalls Abschn. 3.3.1. Das Kennzeichen „Nachbestellung" gibt zum externen Status an, wann über die externe Statusinformation ein Sequenzabruf als Nachbestellung einläuft und dieser als JIT-Abruf mit dem Kennzeichen Nachbestellung auf Kopfebene (Tabelle JITHD) angelegt werden soll.

Externe Statusinformationen können über Zusatzentwicklungen in der Praxis nicht nur vom Kunden, sondern auch von externen Systemen wie beispielsweise einem MES-System oder einem Lagerverwaltungssystem gesendet werden. Wenn dies der Fall ist, kann ebenfalls der externe Status verwendet werden, um den JIT-Prozess zu steuern. Es ist darauf zu achten, dass die Benennung der externen Status so flexibel gestaltet wird, damit diese für weitere JIT-Abwicklungen eingesetzt werden können.

3.4.3   Der interne Bearbeitungsstand

Der interne Bearbeitungsstand zeigt den Fortschrittsgrad der Teilegruppen im eigenen JIT-Prozess an und ist ein vierstelliges alphanumerisches Feld. Es wird unter folgendem Customizingpfad eingestellt, siehe Abb. 3.22.

In der Praxis haben sich die in Tab. 3.8 hinterlegten internen Bearbeitungsstände bewährt. Die dargestellten internen Bearbeitungsstände zeigen ein von Intervall bis Intervall an. Das hat den Vorteil, dass bei einer Implementierung und Erweiterung eines SAP JIT-Prozesses weitere Intervalle zur Verfügung stehen. Des Weiteren kann der Anwender auf einen Blick erkennen, welcher betriebswirtschaftliche Vorgang sich in welchem Intervall befindet. Auswertungen können dadurch leichter vorgenommen werden.

Die aufgelisteten Intervalle sollen nicht im SAP JIT gecustomized werden, sondern es soll ein Vorschlag dargestellt werden, aus welchem Intervall welcher interne Bearbeitungsstand gewählt werden kann.

Abb. 3.22 Definition der internen Bearbeitungsstände

Tab. 3.8 In der Praxis bewährte interne Bearbeitungsstände

Interner Bearbeitungsstand	Intervallbeschreibung
0000–0999	Anlage EDI (PLAN)
1000–1499	Änderung EDI (PLAN)
1500–1999	Änderung EDI (IST)
2000–2499	JIT-Outbound Abrufe
2500–2999	Behälterplanung Produktion
3000–4499	Produktion
4500–4999	Behälterplanung Versand
5000–5999	Versand
6000–6499	Transport
6500–6999	Lieferquittierung
7000–7499	Abschluss
7500–7999	Storno Abrufe
8000–8499	Archivierung

Bei den hier gelisteten Intervallen zu den internen Bearbeitungsständen kann beispielsweise die folgende Implementierung durchgeführt werden.

- Intervall 3000–4499 Produktion: interner Bearbeitungsstand $= 3000$ „Teilegruppe an das MES übertragen"
- Intervall 3000–4499 Produktion: interner Bearbeitungsstand $= 3500$ „Teilegruppe in Produktion"
- Intervall 3000–4499 Produktion: interner Bearbeitungsstand $= 4000$ „Teilegruppe produziert"

Ein JIT-Abruf hat, wie bereits erläutert, mehrere Teilegruppen. Jede Teilegruppe besitzt einen externen Status und einen internen Bearbeitungsstand. Beide Status zeigen den Fortschritt der Teilegruppe an, sowohl extern beim Kunden oder einem externen System als auch den internen Fortschritt. Das nachfolgende Schaubild verdeutlicht dies, siehe Abb. 3.23.

Die Grafik zeigt einen Abruf mit der Produktionsnummer 4711, der zwei Teilegruppen besitzt. Eine Teilegruppe „Rad vorne links" mit den Kundenmaterialnummern 1 bis 4 und eine Teilegruppe „Rad vorne rechts" mit den Kundenmaterialnummern 5 bis 8. Beide Teilegruppen haben den externen Status SQ. Dies bedeutet nach der Benennung von Tab. 3.7, dass ein Sequenzabruf für die Teilegruppe verarbeitet wurde. Die fixierte Sequenz steht fest und die Teilegruppe kann produziert werden.

Anhand der internen Bearbeitungsstände ist zu sehen, welchen Fortschritt die Teilegruppe im Prozess beim Zulieferer hat. Die Teilegruppe „Rad vorne links" hat den internen Bearbeitungsstand 3500 und nach der Definition aus diesem Kapitel bedeutet das, dass die Teilegruppe in Produktion ist. Teilegruppe „Rad vorne rechts" hat dagegen den internen Bearbeitungsstand 4000. Die Produktion ist für die Teilegruppe abgeschlossen.

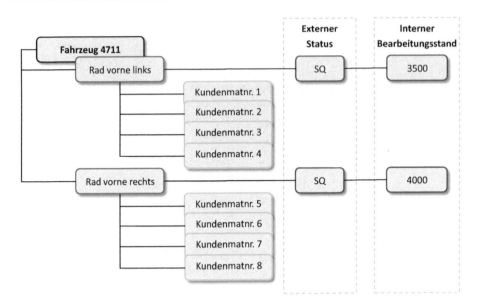

Abb. 3.23 Visualisierung von externen Status und internen Bearbeitungsständen

Es wird empfohlen, dass beim Umgang der verschiedenen Status im JIT – externe Statusinformation, externer Status und interner Bearbeitungsstand – nicht pauschal über „JIT Status" gesprochen wird. Die Empfehlung lautet, wenn es sich um einen internen Bearbeitungsstand handelt und darüber diskutiert werden soll, dass man den internen Bearbeitungsstand auch so benennt und nicht „Abruf im Status 3500". Die deutliche Benennung der verschiedenen Status im JIT verhindert Missverständnisse.

Die in diesem Kapitel hinterlegten Intervalle zur Definition von internen Bearbeitungsstände sind Vorschläge aus der Praxis. Wenn die Anforderungen über diese internen Bearbeitungsstände nicht abgebildet werden können, kann die Liste erweitert bzw. verändert werden. Beispielsweise könnte eine Montage auf unterschiedlichen Montagelinien stattfinden und dies soll auch über interne Bearbeitungsstände erkennbar sein. Eine mögliche Realisierung für Montagelinie A, B und C wäre:

- Intervall A300–A449 Produktion Linie A: interner Bearbeitungsstand = 3500 „Teilegruppe in Produktion (Linie A)"
- Intervall B300–B449 Produktion Linie B: interner Bearbeitungsstand = 3500 „Teilegruppe in Produktion (Linie B)"
- Intervall C300–C449 Produktion Linie C: interner Bearbeitungsstand = 3500 „Teilegruppe in Produktion (Linie C)"

3.4.4   Die Abrufsteuerung

Die Abrufsteuerung ist das Herzstück der JIT-Abwicklung. Sie definiert den Ablauf vom Eingang der Sequenznachricht über die Produktion und Auslieferung bis hin zur Archivierung der JIT-Abrufe. Die Einstellung erfolgt immer anhand der Anforderungen an den Prozess. Eine allgemein gültige Abrufsteuerung existiert nicht. Bei der Abrufsteuerung wird zwischen einer externen Abrufsteuerung und einer internen Abrufsteuerung unterschieden. Die Einstellung kann unter folgendem Menüpfad vorgenommen werden, siehe Abb. 3.24.

Die interne Abrufsteuerung arbeitet mit internen Bearbeitungsständen und Aktionen. Aktionen können dabei durch einen externen Einfluss wie beispielsweise einer EDI-Nachricht vom EDI-Konverter oder von einem externen System (=über die externe Abrufsteuerung), durch einen Benutzer oder durch ein Hintergrundprogramm ausgeführt werden. Wird die Aktion ausgeführt, wird ein Wechsel des externen Status und/oder internen Bearbeitungsstandes durchgeführt. Das nachfolgende Bild, siehe Abb. 3.25, verdeutlicht den Zusammenhang zwischen Aktionen und internen Bearbeitungsständen.

Abb. 3.24 Definition der Abrufsteuerung

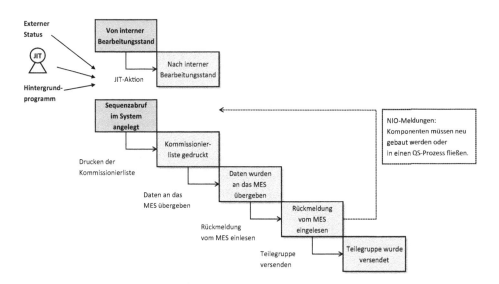

Abb. 3.25 Aktionen und der Wechsel von internen Bearbeitungsständen

Die Realisierung im Customizing kann für den oben dargestellten Fall wie folgt aussehen, siehe Abb. 3.26.

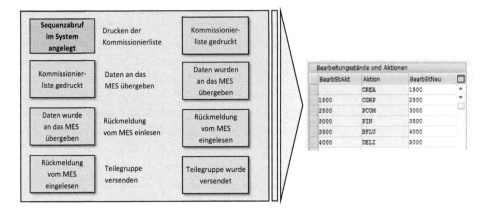

Abb. 3.26 Customizingbeispiel der internen Abrufsteuerung

Die Grafik zeigt eine unvollständige Abrufsteuerung, soll allerdings einen Eindruck
geben wie das Customizing der Abrufsteuerung durchgeführt wird. Beispielhafte Prozesse und Abrufsteuerungen sind in Abschn. 4.4 hinterlegt.

Alle Aktionsausführungen können im Aktionsprotokoll je JIT-Abruf und Teilegruppe
nachvollzogen werden. Voraussetzung hierfür ist, dass das Aktionsprotokoll im Customizing zur Abrufsteuerung aktiviert wurde.

Beispiel für die Ausführung einer Aktion durch einen Benutzer
Nach der Produktion muss eine bestimmte Anzahl von Behälter versendet werden. Der
Versandmitarbeiter öffnet eine JIT-Transaktion (z. B. JITF) mit der Aktion zur Liefererstellung (z. B. Aktion DELI). Nach dem Ausführen der Transaktion werden alle Abrufe
automatisch selektiert, die gemäß Abrufsteuerung im internen Bearbeitungsstand sind,
bei der die Aktion DELI ausführbar ist. Der Mitarbeiter selektiert die relevanten Behälter
und führt die Aktion DELI aus. Wurde die Aktion erfolgreich ausgeführt, wurde eine
Auslieferung erzeugt, der interne Bearbeitungsstand wurde geändert und das Aktionsprotokoll wurde fortgeschrieben.

Die Aktionsausführung durch den Benutzer kann in den klassischen Transaktionen
oder auch in Zusatzprogrammierungen durchgeführt werden. Klassische Transaktionen,
die manuell vom Benutzer bedient werden, sind:

- JITF – Fortschrittsmeldung: der Einstieg in die Transaktion erfolgt mit der JIT-Aktion. Im Hintergrund werden alle Abrufe gemäß Selektionsbedingungen ermittelt
inklusive Berücksichtigung des internen Bearbeitungsstandes, in dem die Aktion ausgeführt werden darf.

- JIT6 – JIT-Aktionserfassung: der Einstieg in die Transaktion erfolgt ebenfalls mit der JIT-Aktion, für die alle Abrufe selektiert werden, die im dazugehörigen internen Bearbeitungsstand sind. Unterschied zur Transaktion JITF ist, dass das Erfassungsobjekt z. B. die Produktionsnummer oder die Gruppierungsnummer (=Gestellnummer) manuell eingetragen werden muss. Transaktion JIT6RF führt die gleiche Logik aus, ist allerdings für RF-Geräte optimiert.
- JIT7 – JIT-Aktionserfassung mit Vorgabe: der Einstieg und die Logik des Programms entsprechen der Logik der Transaktion JIT6 bzw. JIT6RF. In der Transaktion JIT7 wird allerdings die nächste Sequenznummer des JIT-Abrufs angezeigt, die im internen Bearbeitungsstand der gewünschten JIT-Aktion auszuführen ist. Transaktion JIT7RF führt die gleiche Logik aus, ist allerdings für RF-Geräte optimiert.
- JITM – JIT-Monitoring: in das JIT-Monitoring kann mit diversen Einstellungen und Selektionsbedingungen eingestiegen werden. Nach der Selektion erhält man in der Ergebnisliste eine Auflistung aller gefunden JIT-Abrufe und Teilegruppen. Über den Button „Aktionen" werden alle JIT-Aktionen angezeigt, die für die selektierten Abrufe und dem internen Bearbeitungsstand zum Ausführen zur Verfügung stehen.
- JITK – Versandfällige Mengenabrufe: für Mengenabrufe steht ein separater Versandmonitor bereit, der im Customizing speziell eingestellt werden kann. Der Monitor benötigt die JIT-Aktion VL10, die in der Abrufsteuerung hinterlegt sein muss.

Das Ausführen der JIT-Aktion aus dem JIT-Cockpit (Transaktion JITG) kann aus benutzerunfreundlicher Handhabung nicht empfohlen werden. Häufig verwendete Transaktionen sind zudem in Abschn. 3.11 beschrieben.

Die manuelle Ausführung von JIT-Aktionen wird nur dann im JIT-Prozess verwendet, wenn eine Automatisierung nicht möglich oder nicht sinnvoll ist. Sobald eine Automatisierung durchgeführt werden kann, sollte die JIT-Aktion über ein Hintergrundprogramm oder ein externes System ausgeführt werden. Beispielsweise macht es wenig Sinn, die Übertragung der Daten an ein MES-System (Manufacturing Execution System) manuell auszuführen. Mittels Hintergrundjob können die Daten an das System weitergereicht werden. Wenn eine manuelle Ausführung von JIT-Aktionen sinnvoll erscheint, ist darauf zu achten, die Fehlerquellen zu minimieren. Es empfiehlt sich, für die jeweilige Transaktion eine Selektionsvariante anzulegen und kritische Felder mit der Eingabe zu beschränken und/oder auszublenden. Die Selektionsvariante muss der Benutzer entweder selbst auswählen oder es wird eine Z-Transaktion für das jeweilige Programm erstellt, die mit der Selektionsvariante startet.

Die Aktionsausführung im Hintergrund wird klassischerweise durch die Transaktion JITF durchgeführt. Das Programm bietet diverse Einstellungen, bei denen die Sortierung der JIT-Abrufe oder eine Aggregation der Kopfdaten auf Abruf-, Gruppierungs- oder Lieferungsebene vorgenommen werden kann. Eine Selektion nach diversen Selektionsbedingungen ist ebenfalls möglich. Transaktion JITF hat allerdings im praktischen Gebrauch Schwächen. Die Selektion nach typischen Kriterien, die die Transaktion JITM bietet wie beispielsweise der Destination, des Teilegruppentyps oder dem geplanten Bedarfsdatum/Versanddatum ist nicht möglich. In der Praxis wird entweder das Programm kopiert und über ein Z-Programm werden die relevanten Felder hinzugefügt oder die Selektion der relevanten Teilegruppen erfolgt über die Linienhierarchie, siehe Abschn. 3.11.5.

Die externe Abrufsteuerung arbeitet mit externen Status und Aktionen, die die interne Abrufsteuerung steuern kann. Der klassische Fall im SAP-Standard ist die Anlage und das Ändern von JIT-Abrufen. Über die JIT-Aktion CREA wird ein JIT-Abruf im System angelegt, wenn dieser noch nicht auf der Datenbank existiert. Vom OEM wird über die EDI-Nachricht eine externe Statusinformation übertragen, die in einen externen Status umgewandelt wird (gemäß Einstellungen in den JIT-Stammdaten). Der externe Status wird in der externen Abrufsteuerung geprüft, ob eine Aktionsausführung erlaubt ist. Das nachfolgende Beispiel visualisiert dieses Szenario anhand einer einfachen externen Abrufsteuerung, siehe Tab. 3.9.

In unserem Beispiel wird vom Kunden im Abruf eine externe Statusinformation übertragen, die in den externen Status VS gemappt wird. In der externen Abrufsteuerung sucht die EDI-Eingangsverarbeitung die relevante Zeile, in der VS bei Spalte „Externer Status neu" ausgeführt werden darf. Über die Selektion wird die erste Zeile selektiert und das Programm erkennt, dass die Aktion CREA – die Anlage eines JIT-Abrufs – ausgeführt werden soll. Im nächsten Schritt wird überprüft, ob der aktuelle externe Status des JIT-Abrufs gemäß externer Abrufsteuerung „leer" ist. Ist der JIT-Abruf bereits im System und hat einen externen Status ungleich „leer", so bricht die Verarbeitung mit einer Fehlermeldung ab. Ist der JIT-Abruf noch nicht im System und der externe Status ist „leer", wird über die JIT-Aktion CREA die interne Abrufsteuerung geprüft, siehe Tab. 3.10.

In der internen Abrufsteuerung werden in der Spalte „Aktion" alle Zeilen selektiert, bei denen die JIT-Aktion CREA ausgeführt werden darf. Es wird die erste Zeile

Tab. 3.9 Beispiel einer externe Abrufsteuerung

Externer Status aktuell	Externer Status neu	Aktion
	VS	CREA
VS	PR	MODI
PR	PR	MODI
…	…	…

Tab. 3.10 Beispiel einer interne Abrufsteuerung

Interner Bearbeitungsstand aktuell	Aktion	Interner Bearbeitungsstand neu
	CREA	0000
0000	MODI	1000
1000	MODI	1000
…	…	…

selektiert und das Programm darf die JIT-Aktion nur ausführen, wenn der JIT-Abruf den bisherigen internen Bearbeitungsstand „leer" hat. Ist der JIT-Abruf bereits im System und hat einen internen Bearbeitungsstand ungleich „leer", so bricht die Verarbeitung mit einer Fehlermeldung ab. Ist der JIT-Abruf noch nicht im System und der interne Bearbeitungsstand ist „leer", wird über die JIT-Aktion CREA der JIT-Abruf angelegt.

Bei diesem simplen Beispiel sieht man die Funktionalität, die durch die Abruf-steuerung bereitgestellt wird. Da die externe Abrufsteuerung über externe Status-informationen gesteuert wird, können beliebige Szenarien erstellt werden. Nicht nur die Anlage und Änderung von JIT-Abrufen kann per EDI gesteuert werden, sondern auch der Start der Montage oder die Auslagerung von Komponenten. Außerdem verhindert die externe Aktionsteuerung, dass alte Nachrichten noch einmal verarbeitet und den aktuellen Abrufumfang verändern werden. Sobald die Montage gestartet ist, sollten externe Status-informationen nicht mehr verarbeitet werden dürfen, die den Abrufumfang verändern. Allerdings kann es durchaus möglich sein, dass auch nach der Montage weitere externe Statusinformationen den Prozess steuern, beispielsweise um eine Auslagerung durchzu-führen oder um lediglich Verbauimpulse vom OEM als Information abzuspeichern.

Mit Hilfe der internen Abrufsteuerung kann weiter geprüft werden, ob das Durch-führen von Aktionen im internen Prozess erlaubt ist. Sendet ein externes System den Befehl zum automatischen Auslagern der JIT-Abrufe könnte der interne Bearbeitungs-stand bereits einen weiter fortgeschrittenen internen Bearbeitungsstand haben, da bei-spielsweise eine manuelle Auslagerung stattgefunden hat. Die Nachricht läuft auf Fehler, dass ein Wechsel des internen Bearbeitungsstandes nicht zugelassen ist. Alle erfolg-reichen und fehlgeschlagenen JIT-Aktionen werden im Aktionsprotokoll hinterlegt, wenn dieses im Customizing zur Abrufsteuerung aktiviert wurde, siehe Abb. 3.27.

Das Aktionsprotokoll kann entweder mit der Transaktion JITLOG oder über die Transaktion JITM aufgerufen werden. In der Transaktion JITM muss der gewünschte JIT-Abruf selektiert werden und über das Menü „Springen → Aktionsprotokoll" auf-gerufen werden. Über die Transaktion JITLOGDEL kann das Aktionsprotokoll gelöscht werden. Werden im Praxisbetrieb sehr viele JIT-Aktionen ausgeführt, die ein sehr großes Aktionsprotokoll erstellen, kann es beim Öffnen des Aktionsprotokolls zu Performance-problemen kommen. Es empfiehlt sich, das Aktionsprotokoll abhängig des JIT-Prozesses zu löschen, wenn dies notwendig ist.

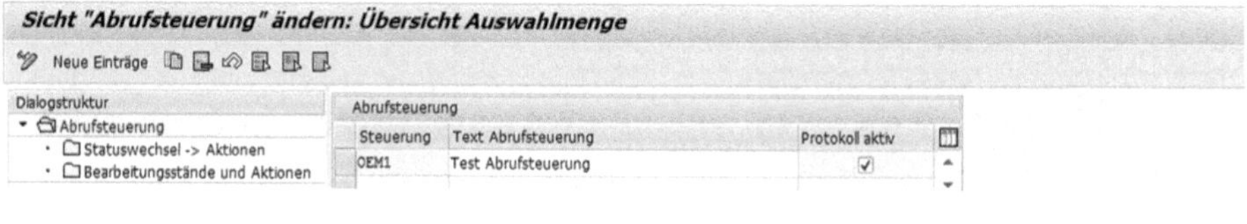

Abb. 3.27 Aktivierung des Aktionsprotokolls an der Abrufsteuerung

3.4.5 JIT-Inbound Aktionen

JIT-Aktionen beschreiben die Funktionalität oder Logik, die für den JIT-Abruf ausgeführt wird und wurden bereits im vorherigen Abschn. 3.4.4 kurz thematisiert. Dies kann die Anlage oder Änderung von JIT-Abrufen, die Freigabe des JIT-Abrufs für die Produktion, die Rückmeldung aus der Produktion oder die Auslieferung der Teilegruppen sein. Da das SAP JIT eine starke Verbindung zu SAP-Standardfunktionalitäten hat, werden häufig Bausteine aus dem SAP-Standard verwendet. Diese werden im weiteren Verlauf der Kapitel erläutert.

Aktionen werden im folgenden Menüpfad festgelegt, siehe Abb. 3.28.

Beim Customizing von JIT-Aktionen wird ein Kennzeichen angegeben, ob es sich um eine Aktion für JIT-Inbound oder JIT-Outbound handelt. Diese Kennzeichen definiert, ob die Aktion in der Abrufsteuerung und den JIT-Transaktionen für JIT-Inbound und/oder JIT-Outbound ausgeführt werden darf. Außerdem können Aktionen als interne Aktionen gekennzeichnet werden. Wird diese Kennzeichnung vorgenommen, wird die Aktion nicht in den Transaktionen angezeigt, wo eine manuelle Ausführung von Aktionen möglich ist. Die Ausführung kann nur über eine EDI-Nachricht oder ein externes System erfolgen.

Alle JIT-Aktionen werden im JIT-Inbound über den Funktionsbaustein JIT04_SET_ACTION_INTERN ausgeführt. Öffnet man diesen Funktionsbaustein über die Transaktion SE37 sieht man im Quellcode über die CASE-Abfragen, welche JIT-Aktionen mit welchen Funktionsbausteinen aufgerufen werden. Hier erkennt man außerdem, dass die Erweiterung der JIT-Aktionen am Ende des Programms simpel mit Z-Aktionen machbar ist. Die entsprechenden Userexits befinden sich in der Erweiterung JIT04_01. Diese bietet drei Userexits:

- EXIT_SAPLJIT04_001: dieser Userexit wird verwendet, um eine Überprüfung VOR der eigentlichen Aktionsausführung durchzuführen. Beispielsweise kann eine Überprüfung durchgeführt werden, ob die maximale Anzahl von Abrufen oder Teilegruppen erreicht wurde, um eine Behälterbildung durchzuführen.

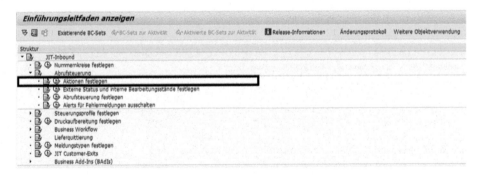

Abb. 3.28 Definition von Aktionen

- EXIT_SAPLJIT04_002: dieser Userexit wird zur eigentlichen Aktionsausführung verwendet. Möchte man beispielsweise einen SD-Transport automatisiert über eine JIT-Aktion erstellen lassen, muss eine neue Z-Aktion programmiert werden.

- EXIT_SAPLJIT04_003: dieser Userexit wird verwendet, um eine Verarbeitung NACH der eigentlichen Aktionsausführung durchzuführen. Beispielsweise kann eine Datenübertragung an ein Notfallsystem vorgenommen werden, wenn die Aktion ausgeführt wurde. Das kann sinnvoll sein, um ein Notfallsystem im gleichen Zustand wie das Produktivsystem zu halten.

Die nachfolgenden Kapitel beschreiben die vorhandenen SAP-Standard JIT-Aktionen.

3.4.6   Aktion CREA: JIT-Abruf anlegen

Die Aktion CREA legt einen JIT-Abruf im System an. Um den Abruf anlegen zu können, werden mehrere Schritte durchlaufen. Wenn ein Schritt nicht durchlaufen werden kann, wird die Verarbeitung mit einer Fehlermeldung beendet. Zu Beginn der Verarbeitung wird zur Lieferantennummer, zur Abladestelle und zum Kundenwerk der Auftraggeber (Business Partner oder Debitor) ermittelt. Im Anschluss wird der dazugehörige JIT-Kunde gesucht. Über die Kundenmaterialnummer und dem JIT-Kunden wird die JIT-Materialstammdatentabelle durchsucht, um den dazugehörigen JIT-Lieferplan zu ermitteln. Anschließend werden die vorhandenen Teilegruppentypen und das Customizing zur Teilegruppenfindung ermittelt. Konnte keine der Abrufkomponenten einer Teilegruppe zugeordnet werden, wird die Verarbeitung mit einem Fehler beendet.

Zuletzt werden die Vorlaufzeiten für das Feld „geplantes Versanddatum" und „geplanter Versandzeitpunkt" aus z. B. dem geplanten Bedarfsdatum und der geplanten Bedarfszeit berechnet.

Die Aktion CREA kann immer dann ausgeführt werden, wenn die Kombination JIT-Kunde und Produktionsnummer noch nicht auf der Datenbank des Systems existiert. Sobald der Abruf existiert, wird eine Änderung des Abrufs durchgeführt. Für Letzteres muss allerdings die Aktion MODI in der Abrufsteuerung eingestellt werden. Eine Ausnahme bilden Nachbestellungen. Nachbestellungen werden nicht über EDI-Nachrichten geändert, nur über die Transaktion JIT2. Über die Kombination JIT-Kunde, Produktionsnummer und das Nachbestellungskennzeichen ist jeder Abruf im System eindeutig. Das heißt, wenn zum JIT-Kunden die gleiche Produktionsnummer mit Nachbestellungskennzeichen im System einläuft, dann wird ein neuer JIT-Abruf im System generiert.

Der Verarbeitungsablauf entspricht der Abfolge in der EDI-Eingangsverarbeitung des Nachrichtentyps SEQJIT mit dem Vorgangscode SJCL. Die Aktion CREA ist eine interne Aktion und kann nur über EDI ausgeführt werden.

3.4.7   Aktion MODI, MODH, MOD*: JIT-Abruf modifizieren

Für die Änderung des JIT-Abrufs, des Abrufumfangs, der Teilegruppe oder einzelnen Materialnummern werden diverse JIT-Aktionen MOD* für die Abrufsteuerung zur Verfügung gestellt:

- die Aktion MODI verändert den gesamten JIT-Abruf, Daten zum Abrufumfang, die Teilegruppe und Abrufkomponenten.
- die Aktion MODH modifiziert die Abrufumfangs- und die Teilegruppendaten. Es findet keine Aktualisierung der Abrufkomponentendaten statt. Eine Änderung wird per EDI-Eingang immer per externer Statusinformation/externer Status durchgeführt. Wenn der Abrufkopf verändert wird, wird auch der externe Status und der interne Bearbeitungsstand auf der Teilegruppe aktualisiert und somit wird mit der JIT-Aktion MODH auch die Teilegruppe aktualisiert.
- die Aktion MODG ändert ausschließlich die Teilegruppen des JIT-Abrufs und keine Abrufkomponenten.
- die Aktion MODC ändert ausschließlich die Abrufkomponenten des JIT-Abrufs und aktualisiert die Teilegruppendaten, da ein Wechsel des externen Status und des internen Bearbeitungsstandes auf Teilegruppenebene stattfindet.
- die Aktion MDSC führt abhängig vom Feld CHANGETYP im SEQJIT-IDOC aus dem Segment E1PSJCL verschiedene Funktionen durch. Wenn CHANGETYP keinen Wert hat, wird keine Änderung durchgeführt. Wenn CHANGETYP=01 ist, wird die Abrufkomponente in die Teilegruppe übernommen. Wenn CHANGETYP=02 ist, wird die Abrufkomponente aus der Teilegruppe gelöscht. Wenn CHANGETYP=03 ist, wird die Menge zur Abrufkomponente geändert. Zudem werden die Teilegruppendaten aktualisiert, um den externen Status und den internen Bearbeitungsstand fortzuschreiben.
- die Aktion INSC fügt Abrufkomponenten in die Teilegruppe ein. Die Aktion entspricht somit der Aktion MDSC, wenn CHANGETYP=01 ist. Allerdings muss bei der Aktion INSC kein CHANGETYP angegeben werden. Eine Änderung führt auch die Veränderung der Teilegruppendaten durch (Wechsel des externen Status und interner Bearbeitungsstand).

Wird die Aktion MODI ausgeführt und der JIT-Abruf existiert noch nicht auf der Datenbank, dann wird der JIT-Abruf im System angelegt.

Alle MOD*-Aktionen sind interne Aktionen, die über EDI ausgeführt werden. Eine manuelle Änderung des JIT-Abrufs durch den Benutzer im Dialogmodus ist ausschließlich über die JIT-Aktion JIT2 möglich.

3.4.8   Aktion JIT2: Ändern eines Abrufs über Trans. JIT2

Die JIT-Aktion JIT2 wird in der Abrufsteuerung verwendet, um die Transaktion JIT2 anwenden zu können. Die Transaktion JIT2 kann immer nur dann erfolgreich ausgeführt werden, wenn die JIT-Aktion JIT2 im gewünschten internen Bearbeitungsstand der Abrufsteuerung zugelassen ist.

Ist die JIT-Aktion JIT2 nicht in der Abrufsteuerung zugelassen und die Transaktion JIT2 wird ausgeführt, wird die Fehlermeldung ausgegeben, dass ein Wechsel des internen Bearbeitungsstandes nicht möglich ist.

3.4.9   Aktion CGAP: Teilegruppe hinzufügen (MAB)

Die JIT-Aktion CGAP dupliziert bereits bestehende Teilegruppen für Mengenabrufe, die per EDI übertragen werden. Beispiel: Ein Mengenabruf wurde über EDI mit drei verschiedenen Abrufkomponenten übertragen und im System über die JIT-Aktion CREA angelegt. Als Ergebnis werden im SAP JIT drei Teilegruppen angelegt. Im Anschluss daran wird das gleiche IDOC mit den drei verschiedenen Abrufkomponenten verarbeitet, nur wird das SAP JIT so eingestellt, dass die JIT-Aktion CGAP ausgeführt wird. Ergebnis: die zuvor angelegten Teilegruppen wurden dupliziert und im SAP JIT sind sechs anstelle von drei Teilegruppen angelegt.

Wenn kein Mengenabruf im System vorhanden ist, wird eine Fehlermeldung ausgegeben. Nach erfolgreicher Durchführung wird eine Änderung des internen Bearbeitungsstandes durchgeführt.

3.4.10   Aktion CANC: Teilegruppe stornieren

Die JIT-Aktion CANC storniert eine Teilegruppe und kann über zwei verschiedene Wege ausgeführt werden. Wird die JIT-Aktion CANC manuell ausgeführt, wird ein Wechsel des internen Bearbeitungsstandes durchgeführt. Es empfiehlt sich einen internen Bearbeitungsstand „Teilegruppe storniert" in der Abrufsteuerung hierfür vorzusehen.

Der zweite Weg die Aktion CANC auszuführen, ist über den externen Status. Über eine EDI-Nachricht kann vom OEM mit externer Statusinformation und der externen Abrufsteuerung der Sequenzabruf automatisiert storniert werden. Es erfolgt ein Statuswechsel des externen Status auf „storniert".

Wenn ein Abruf storniert werden kann, muss auch ein Prozess definiert werden, wie ein Storno wieder aufgehoben werden kann. Wenn der Abruf storniert bleibt, muss geprüft werden, ab wann im Prozess die Stornierung durchgeführt wurde. Ist die Teilegruppe bereits gebaut, muss dieser je nach Prozess zwischengelagert oder gar demontiert werden. Die JIT-Aktion CANC führt lediglich einen Statuswechsel des internen Bearbeitungsstandes und des externen Status durch. Es erfolgt keine weitere Logik.

3.4.11 Aktion DLET: Teilegruppe löschen

Die JIT-Aktion DLET wird in der Abrufsteuerung verwendet, um eine Teilegruppe aus dem JIT-Abruf zu löschen. Dies ist dann sinnvoll, wenn der JIT-Kunde bei einem wiederholten Abruf andere Abrufkomponenten zu einer anderen Teilegruppe übermittelt wie beim zuvor übermittelten JIT-Abruf. Würde die JIT-Aktion DLET nicht verwendet werden, würde dem JIT-Abruf eine Teilegruppe ohne Abrufkomponenten zugeordnet sein.

Wenn der JIT-Abruf lediglich aus einer Teilegruppe besteht und diese Teilegruppe über die Aktion DLET gelöscht wird, wird der gesamte JIT-Abruf inkl. Abrufumfang gelöscht. Aktion DLET ist ebenfalls eine interne Aktion und wird nur über EDI ausgeführt.

3.4.12 Aktion DELC: Komponente löschen

Mit der JIT-Aktion DELC können Abrufkomponenten aus angelegten JIT-Abrufen (MAB, PAB und internen Abrufen) gelöscht werden. Über das SEQJIT-IDOC und das entsprechende SAP JIT Customizing muss sichergestellt werden, dass die JIT-Aktion DELC ausgeführt werden darf. Ist im SEQJIT-IDOC nur eine Abrufkomponente enthalten, die die Aktion DELC ausführen soll und auf der Datenbank sind mehr als eine Abrufkomponente für den Abruf angelegt, so wird der komplette Abruf mit der Logik der JIT-Aktion DLET über die Aktion DELC gelöscht. Sollen nur einzelne Abrufkomponenten aus dem Abruf gelöscht werden, dann müssen auch die Abrufkomponenten, die bereits auf der Datenbank gespeichert sind, im SEQJIT-IDOC enthalten sein und eine abweichende externe Statusinformation besitzen, damit nicht die JIT-Aktion DLET ausgeführt wird. Abschließend wird über die JIT-Aktion DELC die Logik der Aktion MODI ausgeführt.

Die JIT-Aktion DELC ist als interne Aktion gekennzeichnet und wird beispielsweise über EDI gestartet.

3.4.13 Aktion CGRP: Gruppierungsinfo generieren und zuweisen

Die JIT-Aktion CGRP führt die Gruppierung oder auch Gestell-, Paletten- oder LKW-Bildung genannt, durch. Im Prozess wird diese Aktion häufig entweder vor der Produktion und/oder vor dem Versand durchgeführt. Voraussetzung für eine Gruppierung ist die Ausprägung des Nummernkreisintervalls für das in der JIT-Aktion CGRP als Konstante hinterlegte Nummernkreisobjekt JIT_GR_01 mit Intervall 01. Dieses ist entweder über die geläufige Transaktion für Nummernkreisobjekte SNRO oder auch über die Transaktion OJIT21 zu pflegen.

Betrachtet man das Nummernkreisobjekt JIT_GR_01 genauer, erkennt man, dass dieses 10-stellig numerisch ist. Hat man an die Gruppierungsnummer besondere

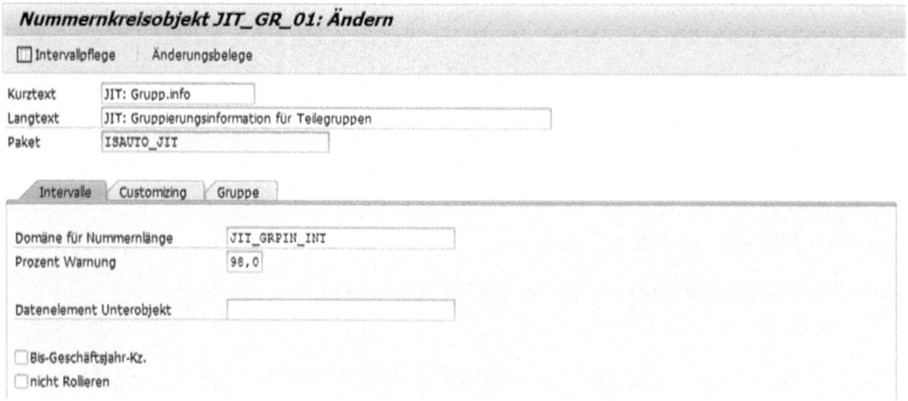

Abb. 3.29 Nummernkreisobjekt zur Aktion CGRP

Anforderungen wie beispielsweise alphanumerisch oder weniger als 10 Stellen, ist dies nur möglich, indem man die Domäne des Nummernkreisobjektes ändert, siehe Abb. 3.29.

Die Gruppierungsinformation wird zur Teilegruppe in der Tabelle JITIT im Feld GRPIN gespeichert. Ein Gestellfach bzw. ein Gestellplatz wird als Gruppierungsindex bezeichnet, der im gleichen Zug über die Aktion CGRP vergeben und im Feld GRIND der Teilegruppe gespeichert wird. Je nach Selektion der Daten wird der Gruppierungs-index fortgezählt.

Beispiel: Die Aktion CGRP wird für sechs selektierte Teilegruppen ausgeführt. Die Gruppierungsinformation wird anhand des Nummernkreisintervalls ermittelt und im Feld GRPIN gespeichert. Der Gruppierungsindex wird bei jeder Ausführung ab eins vergeben. In diesem Fall werden die Nummern eins bis sechs vergeben, da sechs Teile-gruppen selektiert wurden. Die Sortierung der Abrufe entscheidet, bei welchem Abruf bzw. welcher Teilegruppe mit der ersten Gruppierungsindex-Vergabe begonnen wird.

3.4.14 Aktionen PICK und PCOM: Komponentenliste/ Kommissionierliste drucken

Die JIT-Aktionen PICK (Komponentenliste) und PCOM (Kommissionierliste) wer-den dazu verwendet, um Komponenten- bzw. Kommissionierlisten zu drucken. Dabei verwendet die JIT-Aktion PICK mit der SAP-Standardauslieferung weiterhin ein SAP Script Formular, das aber über das JIT-Customizing in der Transaktion OJITI unter dem Menüpunkt „Druckaufbereitung festlegen" in ein kundenindividuelles Formular oder SAP-Standard PDF-Formular abgeändert werden kann, siehe Abb. 3.30.

Beispieldruck der JIT-Aktion PICK mit SAP Script Formular, siehe Abb. 3.31.

Die JIT-Aktion PICK wird verwendet, um eine Liste der zu liefernden Komponente als Rackliste bzw. Gestellliste zu drucken. JIT-Aktion PCOM hingegen druckt die

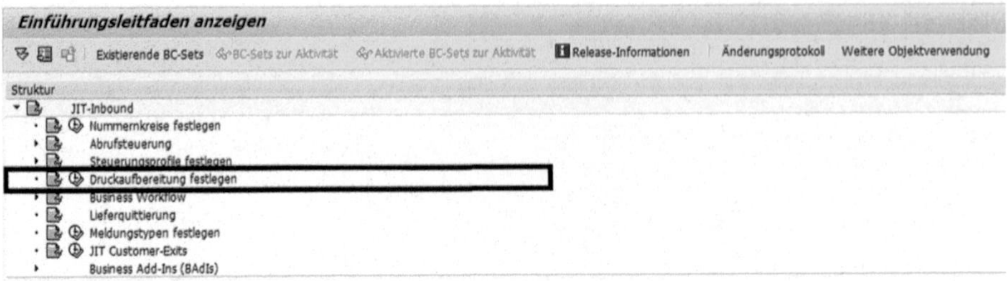

Abb. 3.30 Definition der Druckaufbereitung für JIT-Aktionen

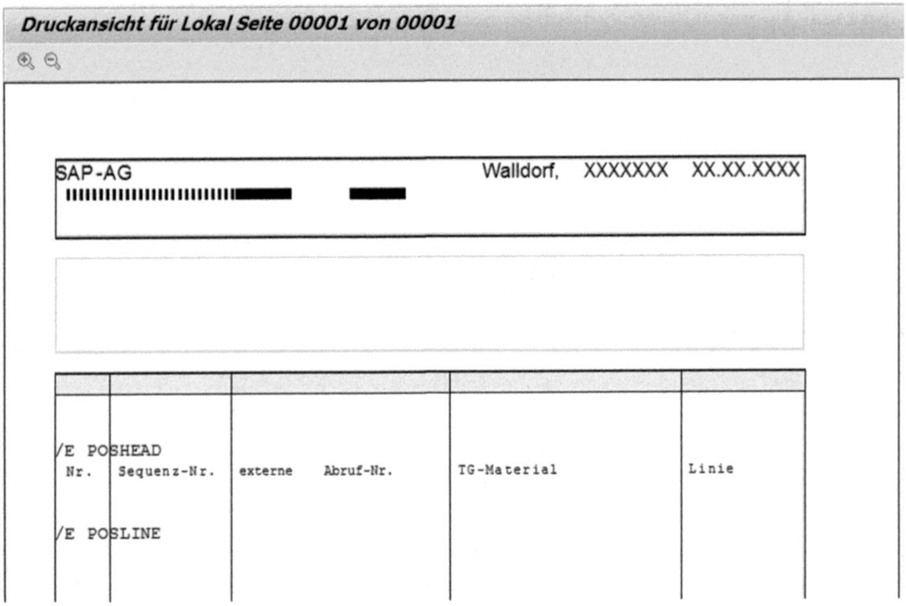

Abb. 3.31 Beispieldruck der JIT-Aktion PICK – Formular JIT_R0001

Liste zu kommissionierender Teile für die Montage aus. JIT-Aktion PCOM verwendet im Gegensatz zur PICK in der SAP-Standardauslieferung ein Formular mit der Aufbereitung in Smartforms.

Beispieldruck der JIT-Aktion PCOM mit Smartforms, siehe Abb. 3.32.

Soll die Komponentenliste erneut gedruckt werden, kann die JIT-Aktion REPR verwendet werden.

Bei der Anwendung der JIT-Aktionen PICK und PCOM sollte geprüft werden, inwieweit die vorhandene Funktionalität in der SAP-Standardauslieferung verwendet werden kann. Einerseits existieren PDF-Formulare, die dem SAP-Standard in der Druckaufbereitung zugeordnet werden können, siehe Abschn. 3.4.50: JIT_MR_001_PDF für die

Abb. 3.32   Beispieldruck der JIT-Aktion PCOM – Formular JIT_ML001

JIT-Aktion PICK (Komponentenliste) und JIT_ML_001_PDF für die JIT-Aktion PCOM
(Kommissionierliste). Wenn dies gemacht wird, muss im Customizing zur Druckaufbereitung auf den Druckmodus „A" für Adobe Forms umgestellt werden. Alle Basisvoraus-
setzungen zum Druck von PDF-Formularen müssen auch für SAP JIT erfüllt werden,
wenn über die PCOM und PICK Aktionen PDF-Formulare gedruckt werden sollen.

Beispieldruck der JIT-Aktion PICK mit PDF-Formular, siehe Abb. 3.33.

Beispieldruck der JIT-Aktion PCOM mit PDF-Formular, siehe Abb. 3.34.

Andererseits sollte vor dem Einsatz der Aktion PCOM geprüft werden, ob es andere
Mittel zur Kommissionierung gibt, die zeitgemäßer sind, um beispielsweise Komponenten für die Montage zu kommissionieren durch beispielsweise SAP WM oder EWM. Ist
allerdings eine Automatisierung durch WM und EWM zu aufwendig, kann ein schlan-
ker Prozess durchaus mit der JIT-Aktion PCOM dargestellt werden. Eine Integration
von SAP WM oder EWM ist im SAP-Standard für das JIT-Inbound nicht durchgehend
vorhanden. Bei der Kommissionierung über SAP WM oder EWM muss ein ausfall-
sicherer Prozess sichergestellt werden. Die Integration von SAP JIT in das EWM über
die SD-Auslieferung kann zwar durchgeführt werden, allerdings kann vom EWM keine
Rückmeldung an das SAP JIT gesendet werden.

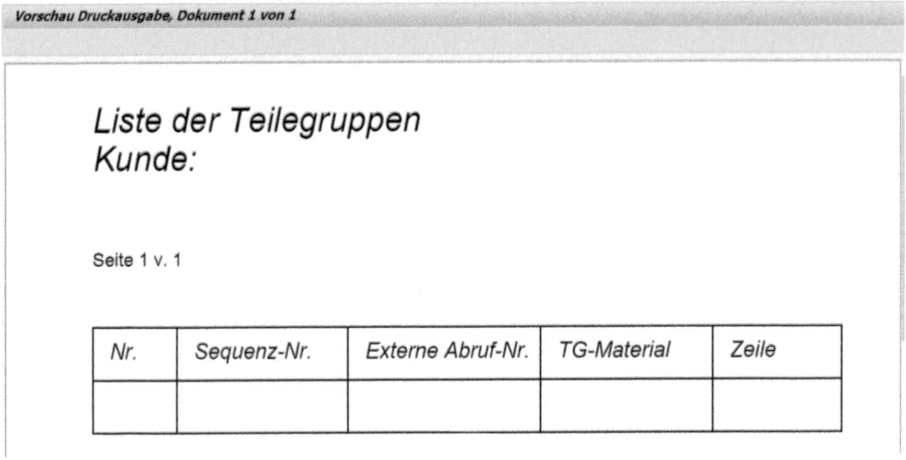

Vorschau Druckausgabe, Dokument 1 von 1

Liste der Teilegruppen
Kunde:

Seite 1 v. 1

Nr.	Sequenz-Nr.	Externe Abruf-Nr.	TG-Material	Zeile

Abb. 3.33 Beispieldruck der JIT-Aktion PICK – Formular JIT_MR_001_PDF

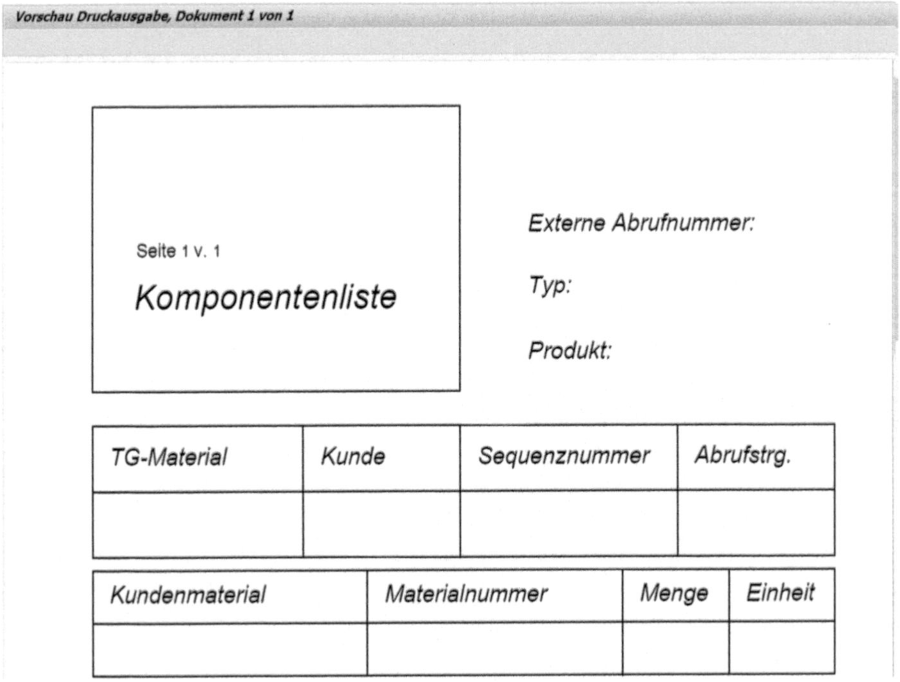

Vorschau Druckausgabe, Dokument 1 von 1

Seite 1 v. 1

Komponentenliste

Externe Abrufnummer:

Typ:

Produkt:

TG-Material	Kunde	Sequenznummer	Abrufstrg.

Kundenmaterial	Materialnummer	Menge	Einheit

Abb. 3.34 Beispieldruck der JIT-Aktion PCOM – Formular JIT_ML_001_PDF

Beim Abdruck von Rack- bzw. Gestelllisten gibt es häufig Vorgaben vom OEM oder interne Vorgaben. Hierbei kann ein Formular entwickelt werden, das über das JIT-Customizing der Standardaktion PICK zugeordnet wird. Genauso kann für die JIT-Aktion PCOM vorgegangen werden, wenn kundenindividuelle Formulare gestaltet werden.

Erweiterung JIT03_03 mit den folgenden Userexits unterstützt die kundenindividuelle Abwicklung:

- Userexit EXIT_SAPLJIT03_003: Steuerung der Druckparameter und JIT-Übergabeparameter für den Druck der Komponentenliste.
- Userexit EXIT_SAPLJIT03_004: Steuerung der Druckparameter und JIT-Übergabeparameter für den Druck der Kommissionierliste.
- Userexit EXIT_SAPLJIT03_014: Änderung der Druckdaten zur Übergabe an den Spool.

Außerdem gibt es Erweiterung JIT11_01 für den Druck der Komponentenliste mit Userexit EXIT_SAPLJIT11_001, der die Komponentenermittlung bzw. -einschränkung beeinflussen kann. Durch diese Erweiterung ist es möglich, komplexe Herleitungen von beispielsweise Stücklistenauflösungen und -einschränkungen vorzunehmen.

3.4.15   Aktion HUPP: Handling Unit in Produktion erzeugen

Die JIT-Aktion HUPP erzeugt eine Handling Unit (=HU) für jeweils eine Teilegruppe in einem Prozess für MAB, PAB oder interne Abrufe. Für die HU werden alle Abrufkomponenten verpackt, die in der Teilegruppe enthalten sind. Werden bei der Aktionsausführung mehrere Teilegruppen selektiert, werden n-Handling Units erzeugt, eine je Teilegruppe. Die erzeugte HU kann anschließend in der Produktion und auch im Versand verwendet werden. Bei der Erstellung der SD-Auslieferung über die JIT-Aktion DELI wird die Handling Unit mit in die SD-Auslieferung übernommen.

Bei der Ausführung der JIT-Aktion HUPP wird die gleiche Logik ausgeführt wie bei der JIT-Aktion CRHU, allerdings wird für die Aktion HUPP kein Profil für interne Abrufe benötigt. Die Handling Unit Nummer wird auf Teilegruppenebene (Tabelle JITIT) gespeichert und kann für die Selektion in den JIT-Transaktionen verwendet werden, zum Beispiel Transaktion JITM oder JITF.

Es wird eine Packvorschrift benötigt. Bei der Verwendung von Packvorschriften ist darauf zu achten, dass für interne Abrufe und produktionssynchrone Abrufe (PAB) eine Packvorschrift auf dem Teilegruppenmaterial hinterlegt werden muss. Das Teilegruppenmaterial muss dann entsprechend dem Teilegruppentyp zugeordnet sein. Alle Abrufkomponenten zu einer Teilegruppe bzw. zu einem Teilegruppenmaterial werden nach der Packvorschrift des Teilegruppenmaterials behandelt. Bei einem Mengenabrufprozess (MAB) ist keine Packvorschrift für das Teilegruppenmaterial und keine Zuordnung zum Teilegruppentyp notwendig. Die Packvorschriften bei MAB müssen zur Abrufkomponente gepflegt werden.

Damit die JIT-Aktion HUPP ausgeführt werden kann, muss ein Handling Unit Profil im SAP JIT definiert sein. Dieses ist unter Abschn. 3.4.47 beschrieben. Das HU-Profil ist dem Teilegruppentyp unter den JIT-Stammdaten zugeordnet. Außerdem muss im Teilegruppentyp das dazugehörige Werk eingetragen werden.

Ist die SAP-Standardlogik für das Verpacken nicht ausreichend, dann kann Erweiterung JIT03_02 und Userexit EXIT_SAPLJIT12_003 verwendet werden, da die Aktion HUPP die gleiche Logik anwendet wie die Aktion CRHU. Allerdings muss dann auch für die Aktion HUPP ein Steuerungsprofil für interne Abrufe angegeben werden, da in diesem angegeben werden muss, dass die HU-Erzeugung über einen Userexit stattfinden soll (Einstellung C – Erstellung von Handling Units durch Customer-Exit).

Das Löschen der Handling Unit kann über die JIT-Aktion DEHU erfolgen.

3.4.16 Aktion DEHU: Auspacken und Löschen Handling Unit

Die JIT-Aktion DEHU führt das Auspacken der Abrufkomponenten aus der Handling Unit und das anschließende Löschen der HU durch. Die Referenz der Handling Unit auf Teilegruppenebene wird auf initial gesetzt.

Die Abrufkomponenten, die aus der Handling Unit ausgepackt wurden, werden in den „von Lagerort" (Bewegungsart 311) zurück umgelagert. Der „von Lagerort" ist im Steuerungsprofil für Handling Units hinterlegt, vergleiche Abschn. 3.4.47.

3.4.17 Aktion CRHU: Handling Unit für int. Abrufe erzeugen

Die JIT-Aktion CRHU führt die gleiche Logik aus wie die JIT-Aktion HUPP. Daher wird für jede Teilegruppe eine Handling Unit erzeugt und die HU-Nummer auf Teilegruppenebene (Tabelle JITIT) gesichert. Weitere Funktionen und Hinweise zur Aktion CRHU sind somit bei der JIT-Aktion HUPP, Abschn. 3.4.15 nachzuschlagen. Elementarer Unterschied der JIT-Aktionen HUPP und CRHU ist, dass bei der Aktion CRHU kein Handling Unit Profil benötigt wird. Die relevanten Informationen für die Bildung der Handling Unit werden aus dem Steuerungsprofil für interne Abrufe gelesen. In diesem kann die HU-Erzeugung über beispielsweise den SAP-Standard erfolgen (H Erstellung von Handling Units gemäß Packvorschrift) mit einem hinterlegten Packdialogprofil, beispielsweise 0007 für freies Verpacken.

Ist der SAP-Standard zum Verpacken der Abrufkomponenten nicht ausreichend kann Erweiterung JIT03_02 und Userexit EXIT_SAPLJIT12_003 genutzt werden. Hierfür muss bei Steuerungsprofil für interne Abruf das Auswahlfeld HU-Erzeugung mit C Erstellung von Handling Units durch Customer-Exit belegt sein.

3.4.18   Aktion SWCG: Teilegruppe austauschen (interner Abruf)

Die Ausführung der Aktion SWCG benötigt verschiedene Voraussetzungen, um Teilegruppen zu tauschen. Für die Durchführung der Aktion müssen zwei Teilegruppen bei der Ausführung selektiert werden, die verschiedenen JIT-Abrufen zugeordnet sein müssen. Bei den unterschiedlichen Abrufen muss für die Teilegruppe jeweils die Aktion SWCG in der Abrufsteuerung zugelassen sein und eine der Teilegruppen muss das Kennzeichen „Übergabe an Prod." gesetzt haben – klassischerweise der interne Abruf, da dieser bereits produziert sein sollte, um diesen im Prozess mit dem Kundenbedarf zu tauschen. Die Abrufkomponenten in der Teilegruppe des Kundenbedarfs müssen den gleichen Abrufkomponenten aus der Teilegruppe des internen Abrufs entsprechen. Dabei ist nicht die Materialnummer entscheidend, sondern das JIT-Material und somit der Primärschlüssel aus der Tabelle JITMA. Es muss der gleiche JIT-Lieferplan für das Material hinterlegt sein. Eine Belieferung der Teilegruppe über eine SD-Auslieferung darf nicht erfolgt sein. Eine Ausführung der Aktion SWCG ist sonst nicht möglich.

Über das Steuerungsprofil für interne Abrufe kann anschließend angegeben werden, ob eine Teilegruppe dem Abruftyp „I" für interne Abrufe entsprechen muss und ob ein Teilegruppentausch nur vorgenommen werden darf, wenn die Teilegruppe bereits produziert wurde. Die Einstellungen sind optional und sind in Abschn. 3.4.46 zum Steuerungsprofil für interne Abrufe beschrieben. Beim Teilegruppentausch wird über die Aktion SWCG auch geprüft, ob ein Eintrag in der Druckaufbereitung des SAP JIT hinterlegt ist, siehe Abschn. 3.4.50, um den Teilegruppentausch als Information entweder auszudrucken oder eine SAP Express-Mail zu versenden. Über die Steuerung des Druckmodus können weitere Szenarien definiert werden. Soll kein Druck oder keine Information über die SWCG erfolgen, muss dennoch ein Eintrag in der SAP JIT Druckaufbereitung hinterlegt und der Druckmodus auf „N kein Druck" eingestellt werden. Die Einstellung erfolgt mit dem SAP-Benutzernamen und der Priorität = D (Normal).

3.4.19   Aktion WIN: Einlagern in TG-Puffer (interner Abruf)

Die JIT-Aktion WIN führt eine Umlagerung der Abrufkomponenten für interne Abrufe (Abruftyp = I) mit der Bewegungsart 311 durch. Prozessseitig kann es sinnvoll sein mit internen Abrufen zu arbeiten und bestimmte Varianten oder Grundausstattungen vorzuproduzieren. Dies ist stark von den Anforderungen an den Prozess abhängig. Eine Abrufsteuerung für interne Abrufe muss zuvor die Produktion ansteuern und eine Rückmeldung aus der Produktion durchführen, damit die Komponenten auf Lager liegen. Im Anschluss daran können die Abrufkomponenten in ein Pufferlager über die Aktion WIN und der Bewegungsart 311 umgelagert werden.

Für die Verwendung der Aktion WIN wird ein Steuerungsprofil für interne Abrufe benötigt, das das Werk und das Pufferlager (= Ziellagerort der Umlagerung) hinterlegt, in das die Abrufkomponenten mit der Bewegungsart 311 eingelagert werden sollen. Der

Quelllagerort wird aus dem Empfangslagerort der Fertigungsversion des Teilegruppenmaterials gezogen. Wird vor der Einlagerung in das Pufferlager beispielsweise eine Umlagerung der Komponenten über die Aktion BFLU durchgeführt, wird die Abrufkomponente in den Empfangslagerort der Fertigungsversion des Teilegruppenmaterials umgelagert, siehe Abschn. 3.4.25 zur JIT-Aktion BFLU. Dieser Empfangslagerort dient der Aktion WIN als Quelllagerort für die Umlagerung in das Pufferlager.

Somit muss dem Teilegruppentyp in den JIT-Stammdaten (Transaktion JITV) sowohl das Steuerungsprofil für interne Abrufe als auch das Teilegruppenmaterial und die dazugehörige Fertigungsversion hinterlegt werden.

3.4.20 Aktion WOUT: Auslagern aus TG-Puffer (interner Abruf)

Die JIT-Aktion WOUT ist das Gegenstück zur Aktion WIN und lagert die Abrufkomponenten zurück in den Empfangslagerort aus der Fertigungsversion des Teilegruppenmaterials (Bewegungsart 311). Es läuft die Logik ab, die auch über die Aktion WIN aufgerufen wird, nämlich über Baustein JIT03_DO_TRANSFER_BUFFER. Daher gelten die gleichen Bedingungen wie für die JIT-Aktion WIN.

3.4.21 Aktion PSWC: Druck Teilegruppentausch (Pufferabruf)

Die JIT-Aktion PSWC läuft als Teil der verketteten Aktion SWCG ab, die zuerst einen Teilegruppentausch durchführt und im Anschluss die gewechselten Teilegruppen ausdruckt. Dies kann als Kommissionierliste für die nachfolgende Aktion gelten. Klassischerweise läuft im Anschluss die Aktion WOUT ab, um die getauschten Teilegruppe aus dem Pufferlager auszulagern. Die Aktion WOUT führt die Umlagerung aus dem Pufferlager durch. Soll kein Teilegruppentausch durchgeführt werden und ausschließlich die Abrufkomponenten ausgedruckt werden, kann die Aktion PSWC auch isoliert ablaufen. Bei letzterem Fall muss darauf geachtet werden, dass die Aktion nicht als interne Aktion abläuft, wenn der Benutzer die Aktion starten soll. Im SAP-Standard ist die Aktion PSWC eine interne Aktion, da diese nach dem Teilegruppentausch ausgeführt wird.

In den SAP JIT Einstellungen für den Druckbereich ist für die Aktion das SAP Script Formular JIT_SW001 hinterlegt. Dieses wird in Abb. 3.35 dargestellt.

Über eine kleine Anpassung im Customizing zur Druckaufbereitung, siehe Abschn. 3.4.50 kann das PDF-Formular JIT_SW001_PDF für die JIT-Aktion PSWC verwendet werden. Der Druckmodus muss auf „A" Aufbereitung durch Adobe umgestellt werden.

Beispieldruck der JIT-Aktion PSWC mit PDF-Formular, siehe Abb. 3.36.

Die SAP-Standardabwicklung kann auch bei der Aktion PSWC über einen Userexit erweitert werden. Userexit EXIT_SAPLJIT03_003 kann die Druckparameter und JIT-Übergabeparameter für den Druck des Teilegruppentausches beeinflussen.

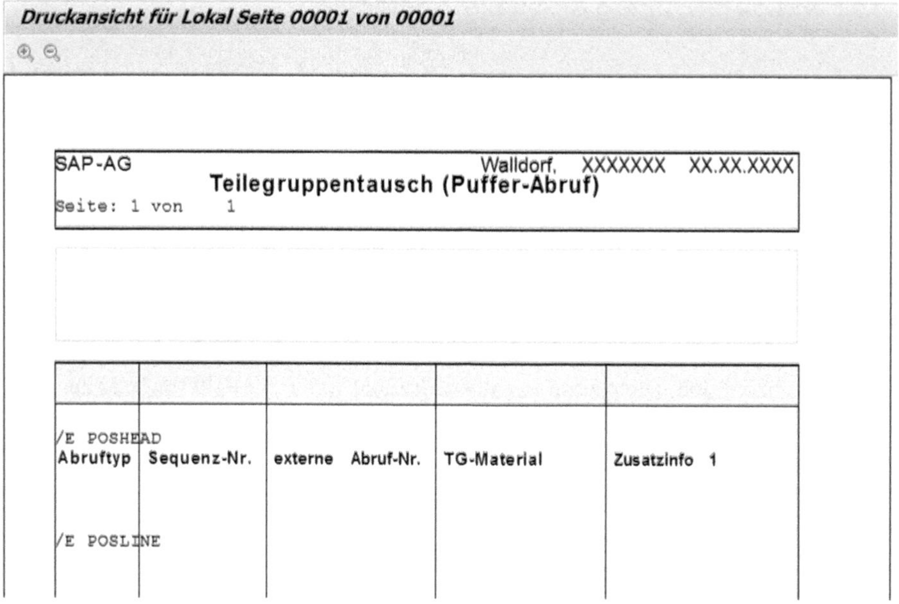

Abb. 3.35   Beispieldruck der JIT-Aktion PSWC – Formular JIT_SW001

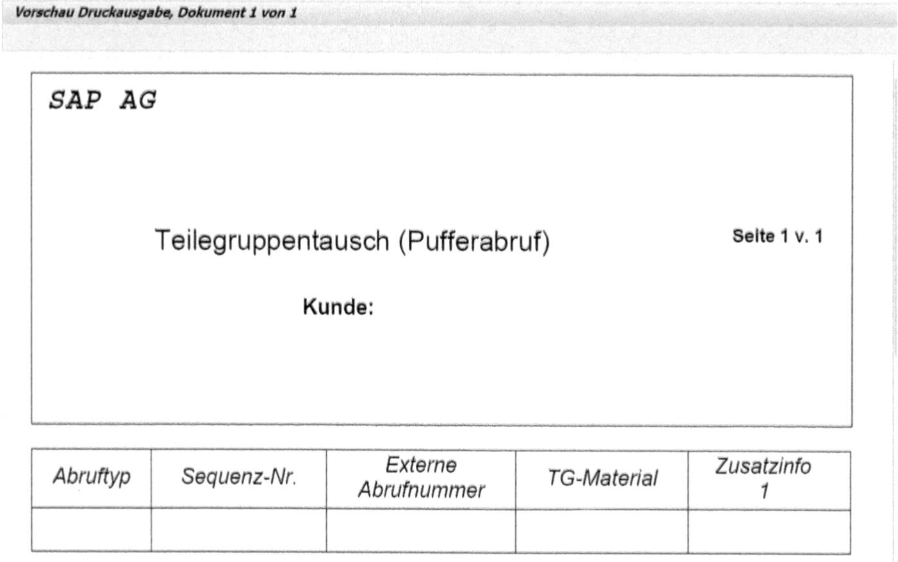

Abb. 3.36   Beispieldruck der JIT-Aktion PSWC – Formular JIT_SW001_PDF

3.4.22 Aktion PIN: Übergabe an die Produktion

Die JIT-Aktion PIN setzt das Kennzeichen „Übergabe an die Produktion erfolgt" auf der Ebene der Teilegruppe. Zuvor wird allerdings die JIT-Aktionslogik der Aktion MODI ausgeführt. Das heißt bei Empfang einer Sequenznachricht per EDI kann direkt über die Aktion PIN der gesamte JIT-Abruf geändert und die Produktion gestartet werden. Ist der Abruf noch nicht im System angelegt, wird der JIT-Abruf über die Aktion PIN angelegt.

Außerdem steht die Erweiterung JIT04_04 mit dem Userexit EXIT_SAPLJIT04_004 zur Verfügung, hierüber kann zum Zeitpunkt der Übergabe an die Produktion Gruppierungs- und Sortierungsinformationen auf der Teilegruppe gesetzt werden.

Die JIT-Aktion PINW kann ebenfalls verwendet werden, um die Übergabe an die Produktion durchzuführen. Die Aktion kann den Userexit EXIT_SAPLJIT04_004 ausführen und setzt das Kennzeichen „Übergabe an die Produktion erfolgt". Die Aktion PINW enthält im Gegensatz zur Aktion PIN keine Logik für eine MODI. Eine Änderung der Teilegruppen und Abrufkomponenten bzw. Anlage des JIT-Abrufs ist nicht über die Aktion PINW möglich.

Die JIT-Aktion PINW ist im Auslieferungsstand des SAP-Standards unter Umständen nicht enthalten. Wenn dies der Fall ist, muss diese im Aktionscustomizing ergänzt werden. Erst dann kann die Aktion PINW verwendet werden.

3.4.23 Aktion NIO: Fehlteilmeldung (Statuswechsel)

Für die Aktion NIO ist in der Aktionsverarbeitung kein weiterer Funktionsbaustein hinterlegt. Dies bedeutet, dass die Aktion einen reinen internen Wechsel des Bearbeitungsstandes durchführt.

Prozessseitig wird die Aktion NIO verwendet, wenn eine Rückmeldung – beispielsweise von einem MES-System – verarbeitet wurde und die Montage der Teilegruppe „nicht in Ordnung" war. Über die Aktion NIO wird der interne Bearbeitungsstand gemäß Abrufsteuerung verändert und ein Kommissionier- bzw. Montage- oder Nacharbeitsprozess kann eingeleitet werden.

3.4.24 Aktion SCRA: Komponentenliste nachdrucken (Ausschuss)

Die JIT-Aktion SCRA erzeugt gemäß dem Customizing aus der JIT-Druckaufbereitung im SAP-Standard eine SAP Express-Mail (Druckmodus = T). Als Druckparameter muss hierzu kein Formular, aber ein SAP-Benutzer hinterlegt werden, der die Express-Mail erhält.

Der SAP-Benutzer (zum Beispiel der Produktionsleiter) erhält über das Express-Mail eine Information, dass eine Teilegruppe aus der Produktion als „nicht in Ordnung" zurückgemeldet wurde (=Ausschuss) und dass eine neue Produktion mit besonderer

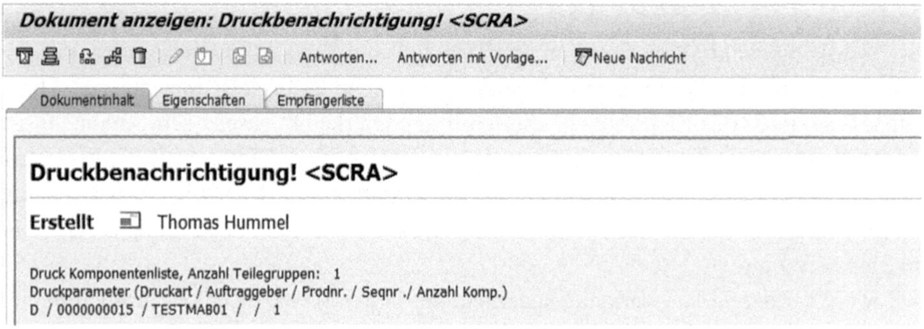

Abb. 3.37 Ausschnitt aus der Express-Mail zur Aktion SCRA

Priorität eingeleitet werden muss. Somit muss die Aktion SCRA so in die Abruf-steuerung eingestellt werden, dass zuvor eine Produktion durchgeführt wurde und dass entsprechend eine neue Kommissionierung der Komponenten stattfindet. Je nach defi-niertem Prozess muss die Komponentenliste nachgedruckt werden. Die Aktion SCRA enthält nicht das automatische Nachdrucken der Komponentenliste. Die Aktion PCOM muss dann entsprechend in der Abrufsteuerung berücksichtigt werden.

Das von der Aktion SCRA erzeugte Express-Mail ist in Abb. 3.37 zu sehen.

3.4.25 Aktion BFLU: Rückmeldung durchführen

Mit der JIT-Aktion BFLU können zwei im SAP-Standard definierte Warenbewegungen durchgeführt werden. Einerseits die Umlagerung von Abrufkomponenten von einem Lagerort zu einem anderen Lagerort andererseits die Rückmeldung in der Serienfertigung.

Bei der Umlagerung der Komponenten wird die Bewegungsart 311 verwendet und der Lagerort wird aus der Fertigungsversion des Teilegruppenmaterials gezogen. Voraus-setzung hierfür ist, dass zum Teilegruppenmaterial eine Fertigungsversion angelegt wurde und dass diese in den JIT-Stammdaten in der Transaktion JITV zum Teilegruppen-typ hinterlegt wird.

Bei der Rückmeldung in der Serienfertigung werden diverse Informationen aus dem Serienfertigungsprofil aus dem SAP-Modul PP ermittelt. Es kann dabei gesteuert wer-den, mit welcher Bewegungsart die Aktion BFLU den Wareneingang bucht. Gleich-zeitig wird angegeben mit welcher Stornobewegungsart ein Materialbeleg aus der Serienfertigung storniert wird. Weitere wichtige Einstellungen sind beispielsweise der Umgang mit Leistungsbuchungen. Diese können über das Serienfertigungsprofil kom-plett deaktiviert werden, wenn die Leistungsbuchung über einen anderen Prozess oder ein anderes System stattfindet. Außerdem wird über das Serienfertigungsprofil gesteuert, wie der Abbau von Planaufträgen durchgeführt wird. Der Lagerort wird wiederum aus der Fertigungsversion der Abrufkomponente gezogen. Voraussetzung hierfür ist, dass zur Abrufkomponente eine Fertigungsversion und ein Produktkostensammler angelegt wurden. Sowohl in der Fertigungsversion als auch im Materialstammsatz zur Abrufkomponente muss das Kennzeichen „Serienfertigung erlaubt" gesetzt sein. Beim Einsatz der Rückmeldung in der Serienfertigung für die JIT-Aktion BFLU wird die klassische Rückmeldung analog zur Transaktion MFBF durchgeführt. Die BFLU-Rückmeldung erfolgt allerdings materialnummernbezogen und es kann kein Planauftrag im JIT mit angegeben werden.

Sowohl bei der BFLU-Variante Rückmeldung in der Serienfertigung als auch bei der Umlagerung der Abrufkomponenten wird im JIT immer eine Änderung des internen Bearbeitungsstandes durchgeführt. Auf Fehler gelaufene Warenbewegungen können in der Transaktion JITB angezeigt und nachverbucht werden. Dies hat den Vorteil, dass der JIT-Prozess nicht unterbrochen wird.

Die Definition, welche BFLU-Variante im Prozess eingesetzt wird, erfolgt über die Transaktion JITL, siehe Abschn. 3.11.14. In dieser Transaktion wird werks- und materialnummernbezogen die Warenbewegungsart hinterlegt. Zur Rückmeldung in der Serienfertigung kann außerdem ein Kennzeichen gesetzt werden, ob die Komponenten retrograd verbucht werden sollen. In der Transaktion JITL müssen alle Materialien hinterlegt werden zu denen eine Warenbewegung durchgeführt werden soll. Fehlt in der Transaktion JITL eine Materialnummer, die als Abrufkomponente in der Teilegruppe enthalten ist, wird keine Fehlermeldung ausgegeben. Der JIT-Prozess läuft weiter und eine Bestandsdifferenz wurde erzeugt, z. B. bei der Rückmeldung in der Serienfertigung wurde kein Bestandszugang für die Abrufkomponente erzeugt. Für die vereinfachte Pflege der Transaktion steht deshalb dem Benutzer ein „Materialabgleich" zur Verfügung. Diese Funktion vergleicht die vorhanden JIT-Materialstammdaten aus der Tabelle JITMA und prüft, ob bereits Einträge in der Transaktion JITL (Tabelle JITPP) vorhanden sind. Die nicht vorhandenen Einträge in der Tabelle JITPP schlägt der „Materialabgleich" dem Benutzer vor. Diese können im Anschluss übernommen werden und die gewünschte Warenbewegungsart kann hinterlegt werden.

Die JIT-Materialstammdatentabelle wird immer dann mit neuen Einträgen gefüllt, wenn zum JIT-Kunden und Material ein JIT-Lieferplan angelegt oder geändert wurde (z. B. von einem abgesagten zu einem nicht abgesagten JIT-Lieferplan). Ein JIT-Lieferplan wird über das Customizing der SD-Verkaufsbelegart mit dem Belegtyp „JIT-Lieferplan" gekennzeichnet, siehe Abschn. 3.3.2. Falls Einträge aus den JIT-Materialstammdaten aus der Tabelle JITMA reorganisiert werden sollen, kann die Transaktion JITR verwendet werden, siehe Abschn. 3.11.8.

Soll eine Materialbewegung weder als Umlagerung noch als Rückmeldung in der Serienfertigung erfolgen, kann in der Transaktion JITL auch eine Rückmeldung über Userexit definiert werden. Im Userexit können diverse Rückmeldeszenarien definiert werden.

In der Implementierung ist darauf zu achten, dass die Warenbewegungsart in der Transaktion JITL immer werks- und materialbezogen gepflegt wird. Das bedeutet, dass für ein Werk nur eine Warenbewegungsart je Material definiert werden kann. Es kann für ein Werk für die gleiche Materialnummer deshalb nicht eine Umlagerung, Rückmeldung in der Serienfertigung oder eine Warenbewegung per Userexit erfolgen. Des Weiteren ist bei einer Implementierung einer Warenbewegung per Userexit darauf zu achten, dass Fehlermeldungen in der Transaktion JITB gespeichert werden (beispielsweise Funktionsbaustein JIT01_INSERT_JITBACKFTMP) und der Prozess nicht angehalten wird, siehe auch Abschn. 3.11.15.

Außerdem ist darauf zu achten, dass im JIT-Umfeld nur mit einer Fertigungsversion gearbeitet werden kann. Es gibt keine Möglichkeit im SAP-Standard zu einer Abrufkomponente oder einem Teilegruppenmaterial mehrere Fertigungsversionen anzulegen und über das JIT diese Fertigungsversionen flexibel auswählbar zu machen. Damit kann man schlussfolgern, dass über die JIT-Aktion BFLU im SAP-Standard nicht auf zwei oder mehrere verschiedene Lagerorte gebucht werden kann.

Zur JIT-Aktion BFLU stehen drei Userexits aus der Erweiterung JIT03_08 zur Verfügung:

- EXIT_SAPLJIT03_008 – JIT: Materialbewegung durchführen. Dieser Userexit wird verwendet, wenn weder die Umlagerung der Abrufkomponenten noch eine Rückmeldung in der Serienfertigung verwendet werden soll. Voraussetzung ist, dass in der Transaktion JITL die Materialnummern mit Warenbewegungsart „Z" gekennzeichnet sind. Die Bestandsbuchung muss entsprechend für die Z-Rückmeldung inklusive Fehlerhandling programmiert werden.
- EXIT_SAPLJIT03_009 – JIT: Modifikation der Rückmeldedaten. Dieser Userexit wird verwendet, wenn die Fertigungsversion über Userexit ermittelt wird oder wenn der Lagerort übersteuert werden soll. Außerdem kann der Rückmeldezeitpunkt angepasst werden.
- EXIT_SAPLJIT03_010 – JIT: Customer-Exit für Datenanpassung Serienfertigungsrückmeldung. Dieser Userexit wird verwendet, um die Rückmeldung in der Serienfertigung zu beeinflussen. In diesem Userexit stehen allerdings keine JIT-spezifischen Daten zur Verfügung.

In den aufgelisteten Userexits ist es nicht möglich Einfluss auf Stücklistenkomponenten zu nehmen. Falls dies erforderlich, kann bei der Rückmeldung in der Serienfertigung ein BAdI aus dem SAP PP-Umfeld verwendet werden: BADI RM_BFLUSH_GOODSMVT Methode MODIFY_GOODSMVT_AFTER_DIALOG. Da auf den BAdI bei sämtlichen Rückmeldungen in der Serienfertigung abgesprungen wird und dieser nur bei JIT-Bewegungen verwendet werden soll, muss dies entsprechend durch Programmierung eingeschränkt werden. Außerdem ist bei Beeinflussung von Komponenten darauf zu achten, dass geprüft wird, ob eine Materialbuchung durchführbar ist. In diesem Programmpunkt haben diverse Prüfungen bereits stattgefunden und deswegen empfiehlt es sich mit Funktionsbaustein BAPI_GOODSMVT_CREATE einen Simulationslauf durchzuführen.

Fehlermeldungen sollten wie bereits angesprochen, in der Transaktion JITB abgelegt werden – Funktionsbaustein JIT01_INSERT_JITBACKFTMP.

Soll die JIT-Aktion BFLU im Hintergrund ausgeführt werden, kann auch die Aktion BFLP verwendet werden. Diese führt die gleiche Logik aus, kann aber die Rückmeldungen parallelisiert durchführen.

Eine weitere Variante die Logik der JIT-Aktion BFLU auszuführen, ist über die JIT-Aktion BFDL (Rückmeldung und Lieferung anlegen). Diese enthält die Logik der Aktion BFLU und DELI. Als Ergebnis erhält man eine Umlagerung der Komponenten, eine Rückmeldung in der Serienfertigung oder eine Z-Bestandsbewegung und eine SD-Auslieferung.

Im Design des JIT-Prozesses sollte beachtet werden, dass nicht nur der Geradeausprozess definiert wird, sondern auch die Stornomöglichkeiten besprochen werden. Muss die Buchung der Aktion BFLU bei der Rückmeldung in der Serienfertigung storniert werden, kann die Standardtransaktion MF12 verwendet werden. Eine Stornierung einer Umlagerung kann über die Transaktion MIGO erfolgen.

3.4.26 Aktion POUT: Fertigmeldung aus der Produktion

Die JIT-Aktion POUT führt im SAP-Standard eine Änderung des internen Bearbeitungsstandes durch und setzt auf Teilegruppenebene das Kennzeichen „Fertigmeldung aus der Produktion" (Feld RUECK). Wenn eine kundenspezifische Fertigmeldung ausgeführt werden soll, steht die Erweiterung JIT04_04 mit Userexit EXIT_SAPLJIT04_005 zur Verfügung. Der Userexit wird dazu verwendet, um Gruppierungs- und Sortierungsinformationen nach der Produktion auf der Teilegruppe zu sichern.

3.4.27 Aktion DELI: Lieferung anlegen

Mit der JIT-Aktion DELI wird eine SD-Auslieferung mit Belegfluss zum JIT-Lieferplan erstellt. Die Selektion der relevanten JIT-Lieferpläne als Vorgängerbeleg erfolgt durch die selektierten Teilegruppen und der darin zugeordneten Abrufkomponenten. Da jede Abrufkomponente bei EDI-Eingang einem eindeutigen JIT-Lieferplan zugeordnet werden musste, ist der JIT-Lieferplan je Abrufkomponente bekannt.

Das Ausführen der JIT-Aktion DELI setzt das SAP-Standard SD-Customizing voraus wie beispielsweise das Customizing der SD-Lieferart und der Kopiersteuerung von JIT-Lieferplan auf die SD-Auslieferung. Für das Customizing müssen keine JIT-Spezifika bedacht werden. Die JIT-Aktion DELI erzeugt eine SD-Auslieferung über den SAP-Standard Funktionsbaustein RV_DELIVERY_CREATE. Das bedeutet, dass sämtliche Regeln für einen Liefersplit genauso eintreten, wenn die JIT-Aktion DELI ausgeführt wird. Außerdem gelten sämtliche Informationen, die rund um die SD-Auslieferung beachtet werden muss, von der Reduzierung der offenen Menge im JIT-Lieferplan bis hin zu Fortschrittszahlen.

Werden mehrere Teilegruppen und Abrufkomponenten für die Ausführung der JIT-Aktion DELI selektiert und es tritt kein Liefersplit ein, werden alle Abrufkomponenten in die SD-Auslieferung übernommen. Die Menge der Abrufkomponenten wird gemäß der Menge aus den Teilegruppen summiert. Nach erfolgreicher Durchführung der JIT-Aktion DELI wird die Lieferungsnummer auf Teilegruppenebene (Tabelle JITIT) gespeichert und das Kennzeichen „Teilegruppe geliefert" wird aktiviert. Über das Kennzeichen kann in Standardtransaktionen wie beispielsweise dem JIT-Monitoring JITM selektiert werden. Außerdem wird die Produktionsnummer auf der Lieferungstabelle LIPS im Feld KANNR gesichert. Dies bewirkt, dass in der Auslieferungstransaktion VL02N oder VL03N die Schaltfläche „JIT-Abrufe anzeigen" verwendet werden kann.

Für die Liefererstellung gibt es den Userexit EXIT_SAPLJIT03_015 in der Erweiterung JIT03_10. Durch eine Erweiterung können die Daten angepasst werden bevor eine Lieferung erstellt wird. Dies kann sinnvoll sein, wenn zusätzliche Informationen in der SD-Auslieferung gesichert und auf dem Lieferschein abgedruckt werden sollen. Die JIT-Aktion DELI kann auch angewendet werden, wenn SD-Auslieferungen in der EWM übertragen werden sollen. Über einen EWM-geführten Lagerort wird entschieden, wann die SD-Auslieferung in das Warehouse Management System übertragen wird. Eine Rückmeldung vom EWM an das SAP JIT ist im SAP-Standard nicht enthalten. JIT spezifische Daten können allerdings über den RFC-Baustein JIT08_GET_PRODN_IN_DELIVERY und dem Importparameter der SD-Auslieferung aus dem EWM ermittelt werden, um Teilegruppeninformationen, Sequenznummer, Produktionsnummer und andere Daten abzuspeichern und für eine Rückmeldung zu verwenden. Bei der Implementierung eines SAP JIT Prozesses mit einem SAP EWM ist zu prüfen, ob ein Lagerprozess im EWM sinnvoll ist und nicht zu Verlängerung von Durchlaufzeiten führt.

3.4.28 Aktion DELR: Lieferungspositionen über VL02N löschen

Die JIT-Aktion DELR wird für das Löschen von SD-Auslieferungen verwendet und wird über die VL02N ausgeführt. Wenn in der VL02N die Auslieferung für JIT-Materialien über das „Mülltonnen"-Symbol gelöscht wird, wird der interne Bearbeitungsstand der Teilegruppe gemäß Abrufsteuerung verändert.

Die Auslieferung wird gelöscht und die Lieferungsnummer auf Ebene der Teilegruppe wird auf initial gesetzt. Ist die JIT-Aktion nicht in der Abrufsteuerung hinterlegt, kann die SD-Auslieferung nicht gelöscht werden.

3.4.29 Aktion DELD: Herausnehmen Teilegruppe aus Lieferung

Die JIT-Aktion DELD ermöglicht das Herausnehmen der Abrufkomponenten einer Teilegruppe aus einer SD-Auslieferung. Voraussetzung für den Einsatz der Aktion DELD ist eine bestehende SD-Auslieferung, die über die JIT-Aktion DELI erstellt wurde. Wenn die Lieferung nicht Warenausgang gebucht ist, können die Abrufkomponenten der gewünschten

Teilegruppe aus der SD-Auslieferung gelöscht werden. Die SD-Auslieferungsnummer auf Teilegruppenebene (Tabelle JITIT) und das Kennzeichen „Teilegruppe geliefert" (Feld DCREA) werden wieder auf initial gesetzt. Werden über die Aktion DELD alle Positionen aus einer SD-Auslieferung entfernt, wird die gesamte SD-Auslieferung gelöscht.

3.4.30 Aktion DELU: Hinzufügen von Teilegruppe zu Lieferung

Mithilfe der JIT-Aktion DELU können Abrufkomponenten aus Teilegruppen zur vorhandenen SD-Auslieferungen hinzugefügt werden. Hierbei muss sowohl die Teilegruppe selektiert werden, für die die Abrufkomponenten hinzugefügt werden sollen, als auch die Teilegruppe, die bereits beliefert wurde. Anschließend werden die Abrufkomponenten zur vorhandenen SD-Auslieferung hinzugefügt, das Kennzeichen „Teilegruppe beliefert" und die SD-Auslieferungsnummer wird auf Teilegruppenebene gesetzt.

Das Hinzufügen von Komponenten zu einer SD-Auslieferung obliegt den Regeln zur Liefererstellung. Liegt beispielsweise ein Liefersplit vor, kann auch mittels Aktion DELU keine Komponenten hinzugefügt werden.

Das Ergänzen von Abrufkomponenten in eine SD-Auslieferung ist nur möglich, wenn die SD-Auslieferung noch nicht Warenausgang gebucht wurde.

3.4.31 Aktion VL10: MAB-Lieferung aus VL10 erzeugen

Die JIT-Aktion VL10 ist eine verkettete Aktion, die die Aktion DELS ausführt und SD-Auslieferungen zu den Abrufkomponenten anlegt. Diese JIT-Aktion kann nicht für einen klassischen JIS-Prozess verwendet werden, sondern steht ausschließlich für Mengenabrufe zur Verfügung. Der JIT-Abruf muss gemäß JIT-Stammdaten als Abruftyp=D Mengenabruf gekennzeichnet sein. Erst dann kann die JIT-Aktion VL10 verwendet werden.

Die JIT-Aktion VL10 ist eine interne Aktion und wird über die Transaktion JITK – Mengenabrufe (Abrufsicht) ausgeführt. Dieses Programm ist ein Versandmonitor für versandfällige Mengenabrufe, um mit der JIT-Aktion VL10 SD-Auslieferungen anzulegen.

Die Transaktion JITK bietet diverse Einstellungsmöglichkeiten, die in einem separaten Abschn. 3.11.7 beschrieben sind. Bei der Verarbeitungslogik der JIT-Aktion DELS wird der Funktionsbaustein RV_DELIVERY_CREATE aufgerufen, der die SD-Auslieferungen erzeugt. Außerdem wird eine Änderung des internen Bearbeitungsstandes gemäß Abrufsteuerung vorgenommen. Notwendige Erweiterungen des SAP-Standards können über den gleichen Userexit wie für die JIT-Aktion DELI durchgeführt werden, siehe gegebenenfalls Abschn. 3.4.27.

3.4.32 Aktion DLSP: Lieferung vom EDL an Kunde

Mithilfe der JIT-Aktion DSLP kann die EDL-Entnahme im SAP-System angelegt werden, wenn die Lieferung vom externen Dienstleister an den Kunden erfolgt. Der Prozess und notwendige Voraussetzungen sind in Abschn. 3.3.3 hinterlegt. Die EDL-Entnahme verwendet über die Aktion DSLP die SAP-Standard Verkaufsbelegart ED. Diese ist im Quellecode hart codiert. Das bedeutet, eine entsprechende Z-Verkaufsbelegart kann nicht verwendet werden. In der Verkaufsbelegart ED ist hinterlegt, dass beim Anlegen der EDL-Entnahme sofort eine dazugehörige SD-Auslieferung erzeugt wird. Die SD-Auslieferung zur EDL-Entnahme hat den Warenempfänger des JIT-Kunden.

Des Weiteren muss zuvor sichergestellt sein, dass die Partnerrolle SP für Spediteur im Debitor bzw. Business Partner und im EDL JIT-Lieferplan hinterlegt ist, da der externe Lieferant als Spediteur geführt wird. Im Debitor bzw. Business Partner muss eine Verknüpfung zum Kreditor bzw. Business Partner vorhanden sein, damit für den SD-Transport der Spediteur gefunden werden kann. Der SD-Transport hat als Spediteur den externen Dienstleister. Sämtliche Dokumente und EDI-Nachrichten können aus dem SD-Transport erzeugt werden.

Die JIT-Aktion DLSP kann manuell vom Benutzer ausgeführt werden oder über EDI, wenn der externe Dienstleister die Entnahme meldet – die Nachricht muss dann in ein SEQJIT03-IDOC gemappt werden.

3.4.33 Aktion GOIS: Warenausgang buchen

Durch die JIT-Aktion GOIS können die erstellten SD-Auslieferungen Warenausgang gebucht werden. Dabei werden über die ausgewählten Teilegruppen die SD-Auslieferungen aus der Tabelle JITIT der Teilegruppe selektiert und über den SAP-Standard Funktionsbaustein WS_DELIVERY_UPDATE_2 Warenausgang gebucht. Es wird die Bewegungsart für den Warenausgang aus dem SAP-Standard Customizing ermittelt. Diese entspricht der Bewegungsart 601. Wird die Warenausgangsbuchung erfolgreich ausgeführt, wird das Kennzeichen „Warenausgang gebucht" auf Teilegruppenebene aktiviert. Über das Kennzeichen kann in Standardtransaktionen wie beispielsweise dem JIT-Monitoring (Transaktion JITM) selektiert werden.

Eine Warenausgangsbuchung ist nicht immer über die JIT-Aktion GOIS notwendig. Dies ist abhängig wie der JIT-Prozess abgebildet wird. Ist keine weitere Logik über SAP JIT notwendig und die SD-Auslieferungen sollen per Hintergrundprogramm Warenausgang gebucht werden, kann ebenfalls der SAP-Standard mit den Transaktionen VL02N oder VL06G ausgeführt werden. Bei einem anderen Anwendungsfall kann zuerst die SD-Auslieferung in einen SD-Transport aufgenommen werden und bei Abschluss des Transports wird über das Aktivitätsprofil die SD-Auslieferung Warenausgang gebucht. Im Anschluss nach dem Warenausgang können die relevanten Lieferpapiere und EDI-Nachrichten über die SAP-Standard Nachrichtensteuerung erzeugt werden.

3.4.34 Aktion GOCC: Warenausgangsbuchung stornieren

Die JIT-Aktion GOCC wird verwendet, um die Warenausgangsbuchung zur stornieren. Zur Teilegruppe wird die entsprechende SD-Auslieferung selektiert und der Warenausgang wird analog der Transaktion VL09 storniert.

Nach erfolgreicher Stornierung wird das Kennzeichen „Warenausgang gebucht" auf Ebene der Teilegruppe auf initial gesetzt.

3.4.35 Aktionen MTCH und UDMT: Lieferquitt. auf abgeglichen setzen bzw. zurücknehmen

Die JIT-Aktion MTCH wird im JIT-Prozess verwendet, wenn der JIT-Kunde eine Lieferquittierung mit dem Zulieferer durchführt. Eine Lieferquittierung wird auch als Tagessammelieferschein verstanden und hat zur Folge, dass auf die bereits erstellte SD-Auslieferung beim Zulieferer durch ein Lieferquittierungs-IDOC vom JIT-Kunden eine externe SD-Faktura erstellt wird. Eine detaillierte grafische Ansicht ist in Abschn. 3.8.14 hinterlegt.

Da die erstellte SD-Faktura von einem IDOC von einem Kunden erstellt wird, spricht man in diesem Fall von einer externen Faktura. Im Customizing wird hierfür die Fakturaart FX (Faktura ext.Vorgang) verwendet. Die Lieferquittierungs- bzw. Tagessammelieferscheinnachricht muss vom EDI-Manager in ein IDOC vom Nachrichtentyp DELCON (Basistyp GSVERF03) gemappt werden. Lieferquittierungen werden zum Beispiel in den Formaten VDA4913 sowie ANSI 861 empfangen. Liegt ein eingehendes Mapping vor und werden Lieferquittierungen an das SAP-System gesendet, können diese mit dem Vorgangscode DLCN im SAP-Standard verarbeitet werden. In den Partnervereinbarungen über die Transaktion WE20 sind die folgenden Einstellungen für JIT-Inbound am Kunden (Partnerart KU) notwendig, siehe Tab. 3.11.

Die IDOC-Verarbeitung überprüft, ob für die im IDOC übermittelten Abrufkomponenten und Produktionsnummern ein logistischer Mengenabgleich durchgeführt werden kann (=eine SD-Auslieferung zur Abrufkomponente, Produktionsnummer in richtiger Menge wurde erstellt). Ist dies der Fall wird eine FX-Faktura angelegt. Alle relevanten Informationen zum Lieferquittierungsprozess werden in den DELCON*-Tabellen abgelegt. Konnte kein kompletter logistischer Abgleich durchgeführt werden, wird das ebenfalls in den DELCON*-Tabellen protokolliert.

Eine Überprüfung des logistischen Abgleichs kann für den Anwender über die Transaktion DLC2 durchgeführt werden. Dieser Report zeigt dem Anwender, welche Positionen bestätigt und nicht bestätigt wurden. Der manuelle Abgleich der Lieferquittierung findet über die Transaktion DLCN statt. Dabei sieht man anhand von Ampelfarben, für welche JIT-Abrufe und Abrufkomponenten, eine Lieferquittierung bereits durchgeführt wurde und für welche nicht. Über die Buttons „Abgleichen" oder „Abgleich zurück" kann vom Anwender bestätigt werden, ob eine Lieferquittierung für die Abrufe durchgeführt

Tab. 3.11 Partnervereinbarung für JIT-Inbound – DELCON Verarbeitung

Nachrichtentypen	Vorgangscode	Funktionsbaustein
DELCON	DLCN	IDOC_INPUT_DELCON

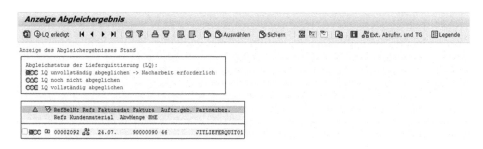

Abb. 3.38 Ausschnitt aus der Transaktion DLCN

wurde. Über den Button „Abgleich anzeigen" kann in die Detailansicht gesprungen werden und die Lieferquittierung kann manuell erledigt werden, siehe Abb. 3.38.

Die Buttons „Abgleichen" und „Abgleich zurück" führen in der Transaktion DLCN JIT-Aktionen aus, um den Fortschritt im JIT-Prozess fortzuschreiben. Bei Button „Abgleich" wird die JIT-Aktion MTCH ausgeführt. Betrachtet man die Funktionslogik der JIT-Aktion MTCH, dann fällt auf, dass die Aktionslogik lediglich ein Update der Teilegruppentabelle enthält. Das Feld „AbgleichLieferqitt", technisch AGTSL wird gesetzt. Über das JIT-Monitoring mit der Transaktion JITM kann nach allen JIT-Abrufen selektiert werden, bei denen bereits eine Lieferquittierung stattgefunden hat. Über den SAP-Standard SD-Belegfluss kann die FX-Faktura betrachtet werden.

Der Button „Abgleich zurück" führt die JIT-Aktion UDMT aus. Hierbei wird ähnlich zur JIT-Aktion MTCH keine weitere Ausführungslogik durchgeführt. Lediglich das Kennzeichen „AbgleichLieferquitt" auf Ebene der Teilegruppe wird zurückgenommen. Die eigentliche Verarbeitungslogik zur Anlage der FX-Faktura findet in der IDOC-Verarbeitung des DELCON-IDOCs oder in der manuellen Lieferquittierung über die Transaktion DLCN statt.

Damit die Verarbeitung der Lieferquittierung durchgeführt werden kann, müssen Nummernkreisintervalle mithilfe der Transaktion OJIT20 bzw. SNRO mit dem entsprechenden Nummernkreisobjekt angelegt werden, siehe Abschn. 3.1.

Der sogenannte Tagessammellieferschein kann allerdings auch als eingehende Transportnachricht verstanden werden. Die Transportnachricht legt beim Zulieferer die SD-Auslieferung zum JIT-Lieferplan an. Im Anschluss kann die SD-Auslieferung fakturiert werden. Dieser Fall ist nicht über SAP-Standard abdeckbar, vergleiche Abschn. 3.3.4.

3.4.36 Aktion WFLW: Workflow-Ereignis auslösen

Die JIT-Aktion WFLW löst ein Workflow-Ereignis mit dem Baustein SAP_WAPI_ CREATE_EVENT aus und kann im SAP-Standard nicht ohne weitere Entwicklungsanpassung verwendet werden. Das aus der Aktion erzeugte Ereignis kann einen Workflow starten, der von einem Workflowentwickler zuvor erstellt werden muss. Eine Standardverwendung des JIT-Workflow-Ereignisses durch die Aktion WFLW existiert nicht.

Möchte man einen SAP-Standard Workflow für die JIT-Abwicklung ohne weitere Anpassung verwenden, so kann eine E-Mail-Benachrichtigung bei auf Fehler gelaufenen SEQJIT-IDOCs eingerichtet werden. Der SAP-Standard Workflow kann dabei allerdings nicht abhängig von einer IDOC-Statusmeldung oder beispielsweise einer externen Statusinformation einen E-Mailversand starten. Eine E-Mail wird immer dann erzeugt, wenn das IDOC auf Fehler gelaufen ist. Der nachfolgend beschriebene SAP-Standard Workflow ist für die JIT-Abwicklung ohne weitere Anpassung anwendbar (Voraussetzung: die relevanten Einstellungen für SAP WF wurden eingestellt), siehe auch Abb. 3.39.

In der Transaktion OJITI muss bei der Ereigniskopplung der Baustein WS 01100003 aktiviert werden. In den Details ist erkennbar (Menü→ Springen→ Objekt anzeigen), dass die Verteilerliste JIT_ERROR verwendet wird. Diese muss mit der Transaktion SO23 angelegt und n-verschiedenen E-Mailadressen zugeordnet werden, vergleiche Abb. 3.40.

In der Transaktion SOST können die erzeugten E-Mails betrachtet werden bevor sie aus dem SAP-System versendet werden. Damit der E-Mailversand funktioniert, müssen Basistätigkeiten zur Einrichtung des E-Mailversandes abgeschlossen sein, beispielsweise über Transaktion SCOT.

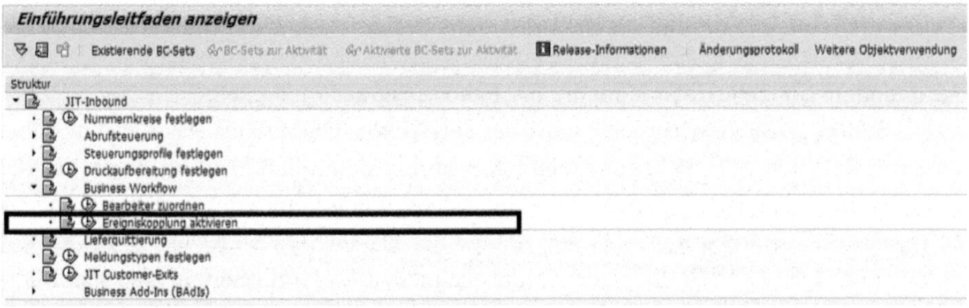

Abb. 3.39 SAP-Standard Workflow für SEQJIT-Eingangsfehler aktivieren

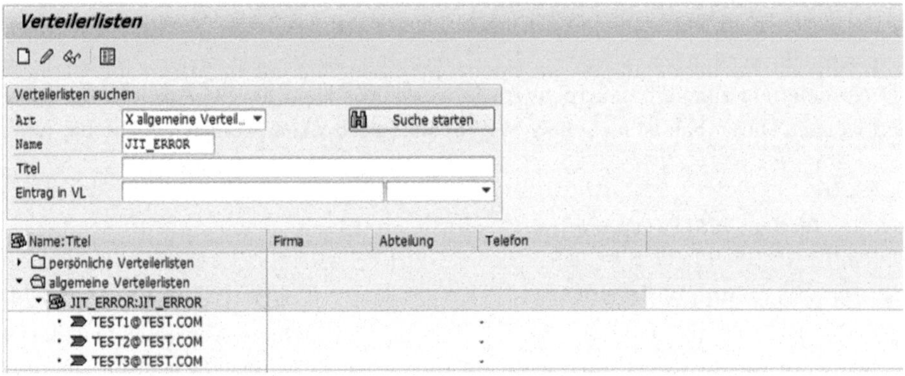

Abb. 3.40 Verteilerliste JIT_ERROR mit der Transaktion SO23 anlegen

3.4.37 Aktion FINI: Teilegruppe abschließen

Für die Aktion FINI ist in der Aktionsverarbeitung kein weiterer Funktionsbaustein hinterlegt. Dies bedeutet, dass die Aktion einen reinen Wechsel des internen Bearbeitungsstandes durchführt. Prozessseitig wird die Aktion FINI verwendet, um die Teilegruppe im Prozess abzuschließen.

3.4.38 Aktion STAT: JIT-Abrufe in BW fortschreiben

Die JIT-Aktion STAT ist im Customizing als interne Aktion markiert und wird automatisch ausgeführt, wenn JIT-Daten durch BW-Extraktoren aus dem ERP-System in ein BW-System übermittelt werden. Die folgenden InfoSources stehen im Standard zur Verfügung, siehe Abb. 3.41.

InfoSources:

- „Stammdaten Produktionssynchrone Abrufe": technischer Name 0IS_AU_JIT-IO
- „PAB: Abrufumfang und Teilegruppe": technischer Name 0IS_AU_JIT_1
- „PAB: Abrufkomponenten": technischer Name 0IS_AU_JIT_2

Der InfoCube „Produktionssynchrone Abrufe", technischer Name 0AUJITC01 kann als Grundlage für die Ausarbeitung eines BW-Modells verwendet werden, vergleiche Abb. 3.42.

Sind die Daten an das BW übertragen, können diese mit diversen Selektionen ausgewertet werden, z. B. Anzahl der JIT-Abrufe über einen gewissen Zeitraum oder pro JIT-Kunden. Anzahl der Teilegruppen, Anzahl der Abrufkomponenten pro Teilegruppe,

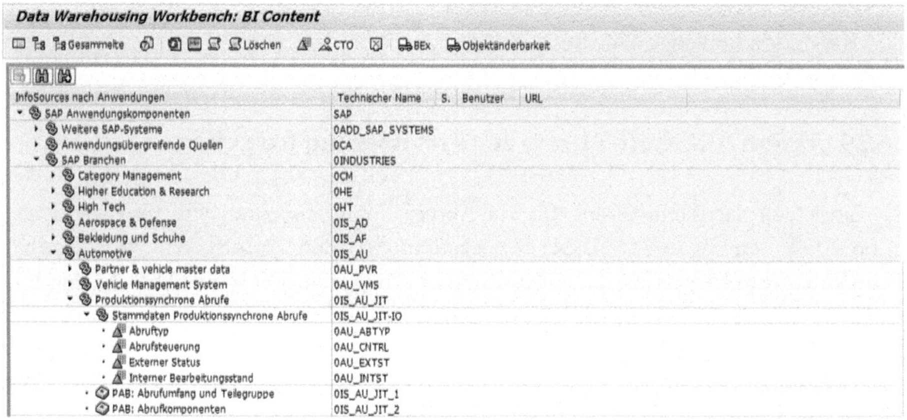

Abb. 3.41 InfoSources zum SAP JIT – Transaktion RSA1

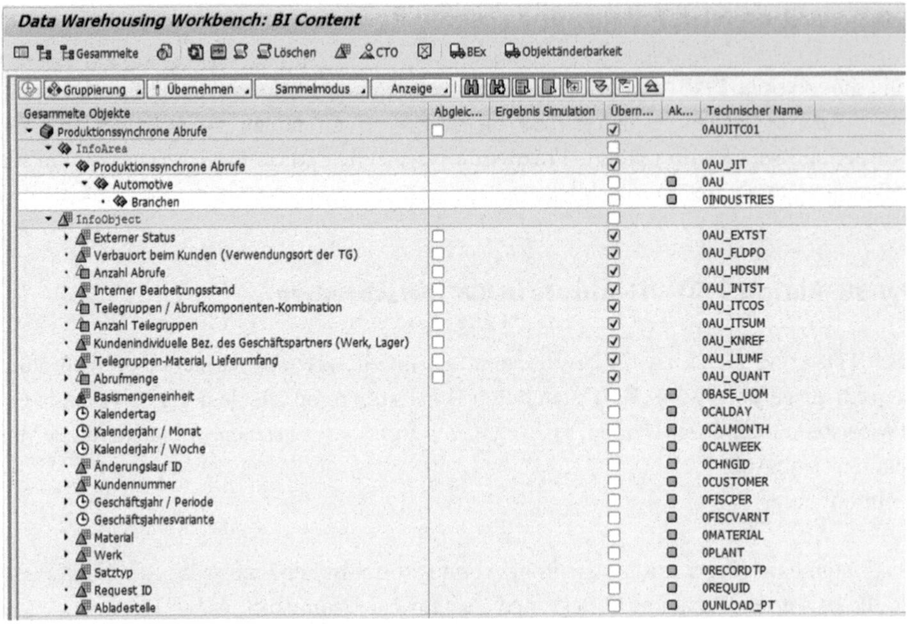

Abb. 3.42 InfoCube zum SAP JIT – Transaktion RSA1

Anzahl der Nachbestellungen, Häufigkeit bestimmter Varianten und viele andere
Möglichkeiten.

Beim Durchlauf der Extraktion wird die JIT-Aktion STAT ausgeführt und der
BW-Status im Feld „BW-Extraktion" auf Teilegruppenebene fortgeschrieben:

- Initial: keine Daten fortgeschrieben
- 1: Abrufumfang und Teilegruppe fortgeschrieben
- 2: Abrufkomponenten fortgeschrieben
- 3: BW-Extraktion abgeschlossen

3.4.39 Aktion ARCH: JIT-Abrufe zur Archivierung freigeben

Das Einrichten der Archivierung für JIT-Abrufe im JIT-Inbound wird über die Transaktion JITY durchgeführt. Diese Transaktion ist der Aufruf der SAP-Standard
Archivierungstransaktion SARA für das Archivierungsobjekt JIT_SJCALL. In den Einstellungen zum Archivierungsobjekt (Transaktion AOBJ) sind das Schreibprogramm
RJITARCH01 und das Löschprogramm RJITARCH02 hinterlegt. Zum Löschprogramm
ist zudem hinterlegt, dass für den Testablauf die Selektionsvariante „SAP_TEST" und
für den Produktivmodus die Variante „SAP_PRODUCTIVE" verwendet wird. Beim
ersten Aufsetzen der Archivierung ist darauf zu achten, dass zum Löschprogramm

RJITARCH02 die jeweiligen Selektionsvarianten angelegt werden. Die weitere Einrichtung der Archivierung unterscheidet sich nicht von den Einstellungen zu anderen Archivierungsprozessen mit der Transaktion SARA. Deswegen wird in diesem Kapitel auf die rein JIT-spezifischen Einstellungen eingegangen.

Damit eine Archivierung durchgeführt werden kann, muss eine Archivierungsvariante für das Schreibprogramm angelegt werden. Diese Selektionsvariante kann abhängig von diversen Parametern definiert werden, wann ein JIT-Abruf zur Archivierung ansteht, siehe Abb. 3.43.

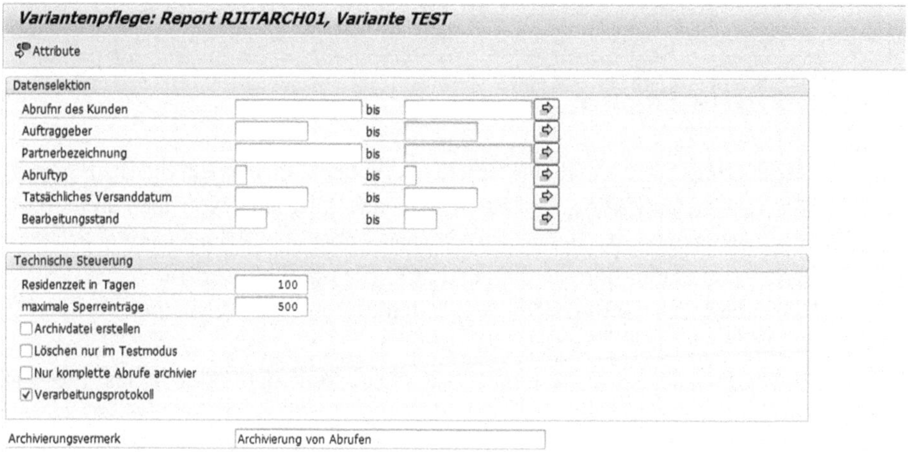

Abb. 3.43   Archivierung von JIT-Abrufen (Inbound)

Die Archivierung kann nur für Abrufe durchgeführt werden, für die in der Abrufsteuerung die Aktion ARCH ausführbar ist. Die Aktion ARCH hat keine weitere Funktion, sondern führt einen Wechsel des internen Bearbeitungsstandes durch und setzt das Kennzeichen „TG archiviert" auf Teilegruppenebene (technischer Name: CGARC). Wenn eine Archivierung durchgeführt wurde, können die JIT-Abrufe nicht mehr verändert werden, z. B. über eine JIT-Aktion. Wenn dennoch JIT-Abrufe bearbeitet werden sollen, dann muss die Archivierung zurückgesetzt werden. Hierfür steht der Report RJITARCHNO zur Verfügung. Dieser Schritt sollte nur durchgeführt werden, wenn es zu keinen Inkonsistenzen im JIT-Prozess führt.

3.4.40 Aktion REOR: JIT-Abrufe reorganisieren (löschen)

Die Aktion REOR beschreibt die Reorganisation oder anders bezeichnet das Löschen von JIT-Abrufen. Sowohl interne Abrufe, Mengen- oder produktionssynchrone Abrufe können über die JIT-Aktion REOR komplett gelöscht werden. Alle Datenbankeinträge inkl. JIT-Referenznummern werden unwiderruflich gelöscht. Die Aktion löscht auch dazugehörige JIT-Outbound Abrufe. Sollen nur JIT-Outbound Abrufe gelöscht werden, muss die JIT-Outbound Aktion OREO verwendet werden, siehe Abschn. 3.8.24. Es wird kein Wechsel des internen Bearbeitungsstandes durchgeführt, da die JIT-Abrufe gelöscht werden.

Prozessseitig ist der Zulieferer zum Löschen von JIT-Abrufen gezwungen, wenn der OEM rollierende Produktionsnummern übermittelt. SAP JIT würde ohne gelöschte JIT-Abrufe erkennen, dass der JIT-Abruf bereits im System ist und gebaut wurde. Die Abrufsteuerung könnte ein Update des JIT-Abrufs verhindern. Damit rollierende Produktionsnummern verarbeitet werden können, muss ein Prozess zur Archivierung und Löschen von JIT-Abrufen definiert werden.

3.4.41 Verkettete Aktionen

In der Abrufsteuerung ist es möglich, verkettete Aktionen anzugeben und ausführen zu lassen. Unter verketteten Aktionen versteht man das Ausführen von mehreren Aktionen über eine Rahmenaktion. Beispielsweise kann über die Rahmenaktion PINP im SAP-Standard verkettet die Aktionen PIN und PCOM ausgeführt werden.

Im SAP-Standard sind die folgenden verketteten Aktionen zur Verfügung:

- PINP: Produktionsübergabe, Komp.liste drucken. Verkettete Aktion aus PIN und PCOM.
- POUP: Fertigmelden Prod., Komm.liste drucken. Verkettete Aktion aus POUT und PICK.
- SWCG: Teilegruppe austauschen (interner Abruf). Verkettete Aktion aus SWCG und PSWC.
- VL10: MAB-Lieferung aus VL10 erzeugen. Verkettete Aktion für die Aktion DELS.

Mit der Möglichkeit verkettete Aktionen im Customizing zu definieren, kann man über eine Z-Rahmenaktion sowohl Standard- als auch Z-Aktionen verkettet ausführen.

3.4.42 Sortiervarianten

Sortiervarianten werden dazu verwendet, um JIT-Abrufe, Teilegruppen oder weitere JIT-Daten zu sortieren bevor eine Aktionsausführung oder ein Monitoring durchgeführt wird. Über die Transaktion OJIT5 können Sortiervarianten angelegt werden. Die Einstellung zu den Sortiervarianten ist nicht im Customizing Menübaum der Transaktion OJITI hinterlegt. Abb. 3.44 zeigt die SAP-Standard Sortiervariante, um Abrufe nach Sequenznummer aufsteigend zu sortieren.

Über die SAP-Standardeinstellungen können bis zu vier Prioritäten angegeben werden, wie eine Sortierung durchgeführt werden soll. Dabei werden diverse JIT-Daten

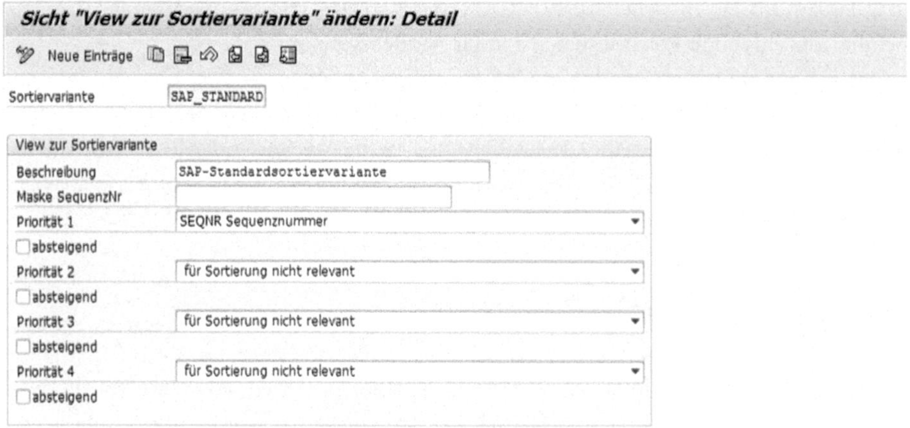

Abb. 3.44 SAP-Standard Sortiervariante

zur Sortierung zur Verfügung gestellt wie beispielsweise die Sequenznummer oder der Gruppierungsbegriff (=Gestellnummer). Über das Kennzeichen „absteigend" kann angegeben werden, ob auf- oder absteigend sortiert werden soll. Die folgenden Felder können über den SAP-Standard sortiert werden:

- PRODN: externe Abrufnummer
- SEQNR: Sequenznummer
- PDATE: geplanter Versandzeitpunkt
- GRPIN: Gruppierungsbegriff
- GRIND: Gruppierungsindex
- EXDAT: Zeitpunkt zum externen Status
- INDAT: Zeitpunkt zum internen Bearbeitungsstand
- USERS: Customer-Exit

Für das Feld SEQNR Sequenznummer kann eine Besonderheit bei der Sortierung eingesetzt werden. Im Feld „Maske SequenzNr" kann hinterlegt werden, welche Stellen für die Sortierung relevant sind. Der Hersteller kann in der Sequenznummer weitere Informationen verschlüsseln wie beispielsweise die Montagelinie. Eine Sequenznummer mit Maskierung könnte beispielsweise die 014711 sein. Der Wert 01 würde in diesem Beispiel der Montagelinie entsprechen und die restlichen Ziffern der Sequenznummer, die dann sortiert werden soll. Die Maskierung lautet für dieses Beispiel --NNNN. Alle Werte, für die eine Sortierung relevant ist, werden mit „N" markiert. Nicht zu berücksichtigende Werte erhalten das Zeichen „-". Welche Stelle für die Sequenznummer relevant ist, ist immer kundenspezifisch zu betrachten.

Sind SAP-Standard Einstellungen nicht ausreichend, da beispielsweise nach einem Z-Feld sortiert werden soll, muss ein Userexit ausprogrammiert werden. In der

Erweiterung JIT03_01 steht Userexit EXIT_SAPLJIT03_001 zur Verfügung, über den sowohl Kopf- als auch Positionsdaten sortiert werden können.

Das Sortierprofil wird in den SAP-Standardtransaktionen in den Einstellungen mit angegeben, beispielsweise in der Transaktion JITF und JITM auf dem Selektionsbildschirm beim Klick auf die Schaltfläche „Einstellungen". Beim Ausführen der Transaktionen mit Sortierprofil werden die JIT-Abrufe bzw. Teilegruppen entsprechend dem Sortierprofil in der Ausgabe sortiert angezeigt bzw. sortiert an die Aktionsverarbeitung übergeben.

3.4.43 Barcode-Qualifier festlegen

In Abschn. 3.4.4 wurde die Verwendung von Scanner basierten Transaktionen im SAP JIT, die Transaktionen JIT6RF und JIT7RF kurz erläutert. Die Transaktionen führen eine Fortschrittserfassung analog der Transaktionen JIT6 und JIT7 durch, sind allerdings für die Ansicht auf einem RF-Gerät optimiert.

Der Einstieg in die Programme für die Transaktionen JIT6, JIT6RF, JIT7 und JIT7RF erfolgt über das Erfassungsobjekt, der Barcode der vom RF-Gerät gescannt wird. Das Programm muss nach der Eingabe interpretieren, um welches Erfassungsobjekt es sich handelt. Das erste Zeichen des Erfassungsobjektes steht für den Barcode-Qualifier. Die restlichen Zeichen beziehen sich auf das Objekt im SAP JIT. Im Prozess kann es sinnvoll sein, verschiedene Erfassungsobjekte für die Fortschrittsmeldung zu erfassen, beispielsweise die Produktionsnummer, die Sequenznummer oder die Gruppierungsnummer.

Beispiel: Wenn die Sequenznummer 0047 gescannt werden soll, muss im Customizing zu den JIT Barcode-Qualifier ein Attribut zur Erkennung der Sequenznummer hinterlegt werden, beispielsweise ein S. Wird dies nicht gemacht und das Erfassungsobjekt 0047 wird im Programm eingegeben, versucht die Logik die 0 als Barcode-Qualifier zu interpretieren. Das Erfassungsobjekt inkl. Barcode-Qualifier ist in diesem Beispiel: S0047. Das Customizing zu SAP JIT Barcode-Qualifier kann über die Transaktion OJITI aufgerufen werden, siehe Abb. 3.45.

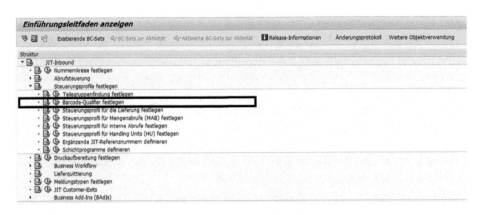

Abb. 3.45 Barcode-Qualifier festlegen (Inbound)

Im SAP-Standard kann für die folgenden JIT-Felder ein Qualifier angelegt werden. Der Qualifier ist einstellig alphanumerisch:

- PRODN: Externe Abrufnummer (Produktionsnummer, Kundenbezogen)
- SEQNR: Sequenznummer des Kunden
- GRPIN: Gruppierungsinformation Abruf/Teilegruppe
- MATNR: Materialnummer (bei diskreten Abrufen)
- JINUM: Interne Nummer des Abrufs
- POSID: Interne Nummer der Teilegruppe

Es ist zu beachten, dass in den Transaktionen JIT6, JIT6RF, JIT7 und JIT7RF bei einigen verwendeten Erfassungsobjekten die zusätzliche Angabe des JIT-Kunden notwendig ist, damit die eindeutige Ermittlung des JIT-Abrufs im System durchgeführt werden kann.

Die Einstellung für Barcode-Qualifier ist nur relevant, wenn ein Prozess mit Barcodeerfassung verwendet wird. Wenn eine Kundenentwicklung zur Barcodeerfassung verwendet wird, ist je nach Ausprägung der Kundenentwicklung, diese Einstellung obsolet.

3.4.44 Steuerungsprofil für Lieferungen festlegen

In jedem JIT-Prozess, in dem eine SD-Auslieferung erstellt wird, muss ein Lieferungsprofil im JIT angelegt werden. Dieses wird ebenfalls mit der Transaktion OJITI unter dem Menüpunkt Steuerungsprofile eingestellt → Steuerungsprofile für die Lieferung festlegen, siehe Abb. 3.46.

Das Lieferungsprofil wird in den JIT-Grunddaten zum JIT-Kunden über die Transaktion JITV zugeordnet und hat diverse Einstellungsmöglichkeiten:

- Kommissionierrelevant: Definition, ob die Lieferung kommissionierrelevant ist.
- HU-Erzeugung: Erzeugung von Handling Units gemäß Packvorschriften oder Userexit in der Auslieferung. Ist der SAP-Standard ausreichend, wählt man die Erstellung von Handling Units per Packvorschrift. Im Lieferungsprofil muss das gewünschte Packdialogprofil angegeben werden. Reicht der SAP-Standard nicht aus, stehen mehrere Userexits zur Verfügung. Im Lieferungsprofil muss die Einstellung zur Erstellung von Handling Units gemäß Userexit ausgewählt werden. Es stehen drei Userexits in der Erweiterung JIT03_02 zur Verfügung. Möchte man Handling Units im JIT definieren, wählt man Userexit EXIT_SAPLJIT03_002. Sind Steuerungsparameter, zum Beispiel Gruppierungs- und Reihenfolgeinformation der Teilegruppe in einem Mengenabrufprozess für EXIDV2 (=zweite externe Referenz) in der Handling Unit zu beeinflussen, wird der Userexit EXIT_SAPLJIT03_013 verwendet. Arbeitet man mit internen Abrufen und erzeugt Handling Units in der Lieferung, wird Userexit EXIT_SAPLJIT12_003 ausprogrammiert.

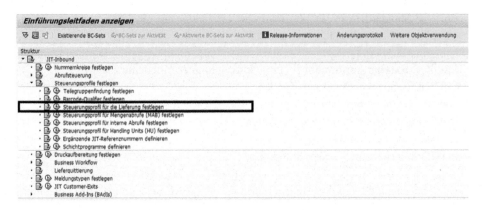

Abb. 3.46 Steuerungsprofile für Lieferungen festlegen

- Art des logistischen Abgleichs: Arbeitet man mit einem Lieferquittierungsprozess und der JIT-Aktion MTCH – Voraussetzung der Kunde schickt eine EDI-Nachricht zur Lieferquittierung (Nachrichtentyp DELCON Basistyp GSVERF03), hinterlegt man im Feld „ArtLogistAbgl", ob ein manueller oder automatischer Abgleich der JIT-Abrufe durchgeführt werden soll. Über das DELCON-IDOC wird eine externe Faktura erzeugt. Ein Abgleich der gelieferten JIT-Abrufe mit den zurückgemeldeten Mengen aus dem DELCON-IDOC erfolgt über die Transaktion DLCN für den manuellen Abgleich und Transaktion DLC2 für den Vergleich Lieferquittierung mit den JIT-Abrufen. Weitere Informationen sind in Abschn. 3.4.35 hinterlegt.
- Auswahl offener Lieferungen: Festlegung, welche SD-Auslieferung als offen gilt und bei der durch die JIT-Aktion DELU weitere Abrufkomponenten zu einer offenen SD-Auslieferung hinzugefügt werden können. Voraussetzung für den Einsatz der JIT-Aktion DELU ist, dass die SD-Auslieferung noch nicht Warenausgang gebucht wurde.
- Art der Referenznummer und Referenznummer in der Lieferung: Angabe auf welcher Ebene die Produktionsnummer in das Lieferavis-IDOC übernommen werden soll. In das Kopfsegment E1EDL51, in das Positionssegment E1EDL52 oder in das Kopf- und Positionssegment. Der Qualifier für die Produktionsnummer wird PRN genannt. Alternativ kann neben der Produktionsnummer auch die Gruppierungsnummer und/oder Gruppierungsindex verwendet werden (zum Beispiel bei einem MAB-Prozess).
- Art der Referenznummer und Referenznummer in der Faktura: Angabe auf welcher Ebene die Produktionsnummer in das Faktura-IDOC übernommen werden soll. In das Kopfsegment E1EK02, in das Positionssegment E1EDP02 oder in das Kopf- und Positionssegment. Der Qualifier für die Produktionsnummer wird PRN genannt. Alternativ kann neben der Produktionsnummer auch die Gruppierungsnummer und/oder Gruppierungsindex verwendet werden (zum Beispiel bei einem MAB-Prozess).
- Statusupdate bei Warenausgang: Definition, ob bei der Warenausgangsbuchung ein Wechsel des internen Bearbeitungsstandes erfolgen soll. Wird über klassische

Transaktionen wie VL02N oder VL06G Warenausgang gebucht, wird im Hintergrund die JIT-Aktion GOIS ausgeführt und der JIT-Abruf wird verändert. Ist das Kennzeichen nicht gesetzt, kann Warenausgang gebucht werden, ohne dass eine Änderung des JIT-Abrufs vorgenommen wird.

3.4.45 Steuerungsprofil für Mengenabrufe (MAB) festlegen

Das Mengenabrufprofil steuert hauptsächlich das Verhalten des MAB-Lieferungsmonitors, Transaktion JITK, und muss bei einem MAB-Prozess dem JIT-Kunden zugeordnet werden. Das Customizing findet unter der Rubrik Steuerungsprofile statt, siehe Abb. 3.47.

Die folgenden Einstellungen stehen zur Verfügung:

- Mengenänderung: Das Feld Mengenänderung gibt an, ob in der Transaktion JITK eine Mengenänderung für den Versand durch den SAP-Benutzer durchgeführt werden darf und in welchem Umfang. Wenn die Eingabe „C Mengenänderung zulässig" eingegeben wird, wird gleichzeitig die Menge der Abrufkomponente abgeändert und eine Restmenge steht nicht zur Verfügung. Wenn nach der Mengenänderung eine zu liefernde Restmenge existieren soll, muss der Eintrag „S Mengenänderung zulässig mit Teilmengensplittung" ausgewählt werden.
- Split Bearbeitungsstand: Wenn im Feld Mengenänderung „Mengenänderung zulässig mit Teilmengensplitting" angegeben ist, kann die Restmenge nach der Mengenänderung auf einen neuen internen Bearbeitungsstand gesetzt werden.
- Warn- und Alarmstufen: Die Warnstufe gelb bzw. die Alarmstufe rot geben Schwellenwerte an, wann in der Transaktion JITK eine Position als gelb oder rot angezeigt wird. Als Basiszeit wird das geplante Versanddatum/-zeit verwendet. JITK zeigt dann eine Liste der versandfälligen Vorgänge mit entsprechender gelber bzw. roter Ampel.

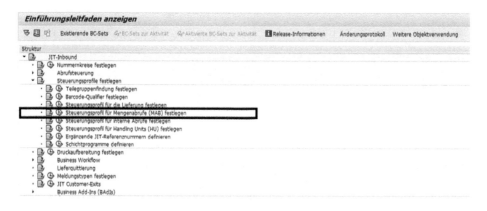

Abb. 3.47 Steuerungsprofile für Mengenabrufe (MAB) festlegen

- Abrufrelevanz: Die Abrufrelevanz steuert die per EDI einlaufenden Nachrichten (nicht die Transaktion JITK), wenn die gleiche Produktionsnummer übertragen wird. Wird in dem Feld beispielsweise angegeben „4 nur relevant für TG ohne Liefererstellung", dann würden neue Abrufe nur verarbeitet werden, wenn eine Liefererstellung noch nicht stattgefunden hat. Wenn eine Liefererstellung stattgefunden hat, dann wird der neue Abruf ignoriert. Die Einstellung sollte in der Praxis sehr sensibel verwendet werden.
- Splitebene MAB: Das Auswahlfeld „Splitebene MAB" steuert die Lieferzusammenführung bzw. den Liefersplit für SD-Auslieferungen mit der Transaktion JITK. So kann beispielsweise eingestellt werden, dass ein Split immer je externer Abrufnummer stattfinden soll.
- MAB-Identebene und RefNr.-Prüfung: Die MAB-Identebene steuert die Darstellung und den Aufbau des MAB-Versandmonitors. Das Kennzeichen „RefNr. Prüfung" wird aktiviert, wenn bei der Liefererstellung das System zuerst Abrufe prüfen soll, die die gleiche Referenz aufweisen und die zusammen ausgeliefert werden sollen. Als Referenz für die Prüfung kann beispielsweise die externe Abrufnummer oder die Gruppierungsinformation gewählt werden.
- ATP Prüfung: Im Auswahlfeld „ATP-Prüfung" wird definiert, ob und in welchem Umfang eine Verfügbarkeitsprüfung bei einem MAB-Prozess angewendet werden soll.

Das nachfolgende Bild in Abb. 3.48 zeigt eine Beispieleinstellung zum Customizing des Mengenabrufprofils. Dieses dient nur als Beispiel, da sich die Einstellungen an den Anforderungen des jeweiligen MAB-Prozess orientieren müssen.

Das Mengenabrufprofil muss nur definiert werden, wenn ein MAB-Prozess verwendet wird. Bei einem Prozess für produktionssynchrone Abrufe (PAB) oder interne Abrufe muss kein MAB-Profil definiert werden und das Feld in den JIT-Stammdaten für Mengenabrufprofile bleibt leer.

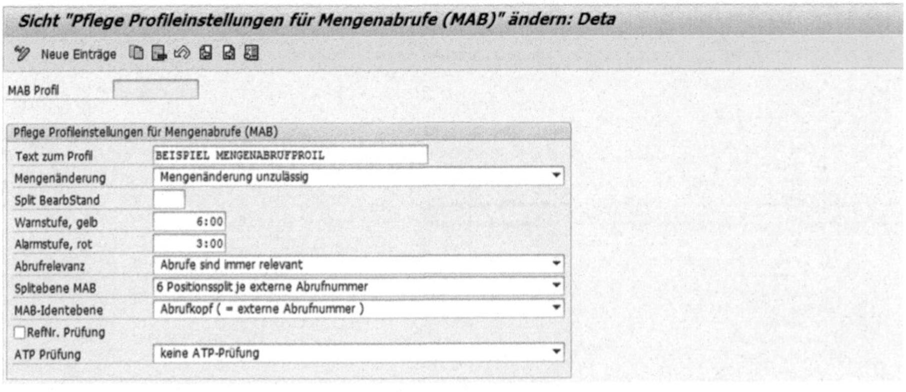

Abb. 3.48 Beispielcustomizing für ein Mengenabrufprofil

3.4.46 Steuerungsprofil für interne Abrufe

Das Steuerungsprofil für interne Abrufe definiert diverse Parameter, um interne Abrufe (Abrufe vom Abruftyp I), in einer Handling Unit zu verpacken, in ein Pufferlager über eine Umlagerung (Bewegungsart 311) einzulagern oder um einen Teilegruppentausch mit Kundenbedarfen durchzuführen. Das Customizing kann unter folgendem Menüpfad gefunden werden, siehe Abb. 3.49.

Die Parameter für das Steuerungsprofil für interne Abrufe teilen sich für mehrere JIT-Aktionen auf. So muss das Packdialogprofil nur eingestellt werden, wenn eine Handling Unit für interne Abrufe erzeugt werden soll. Dann ist auch die Angabe der HU-Erzeugung notwendig. Die HU-Erzeugung kann entweder im SAP-Standard oder über einen Userexit durchgeführt werden. Bei letzterem muss die Einstellung der HU-Erzeugung auf – Erstellung von Handling Units durch Customer-Exit festgelegt sein, dann wird die Erweiterung JIT03_02 und Userexit EXIT_SAPLJIT12_003 durchlaufen (Aktionen HUPP und CRHU).

Die Einstellungen für das Werk und das Pufferlager werden ausschließlich benötigt, wenn eine Einlagerung der Teilegruppen des internen Abrufs über eine Umlagerung mit Bewegungsart 311 in ein Pufferlager erfolgen soll (Aktionen WIN und WOUT). Die weiteren Parameter im Steuerungsprofil für interne Abrufe beziehen sich auf den Teilegruppentausch mit der Aktion SWCG:

- Tausch nur int.A.: Kennzeichen „Tausch nur int.A." wird aktiviert, wenn ein Tausch der Teilegruppen nur mit einer Teilegruppe eines internen Abrufs ermöglicht werden soll.
- Nur fertiggem. TG: Kennzeichen „Nur fertiggem. TG" wird gesetzt, wenn die zu tauschende Teilegruppe das Kennzeichen Fertigmeldung aus der Produktion haben muss. Das Kennzeichen wird über die JIT-Aktion POUT gesetzt.

Abb. 3.49 Steuerungsprofile für interne Abrufe festlegen

- Statustausch: Kennzeichen „Statustausch" wird markiert, wenn bei den zu tauschenden Teilegruppen auch der interne Bearbeitungsstand getauscht werden soll. Dies macht Sinn, da der interne Abruf in einem Pufferlager mit einem abweichenden internen Bearbeitungsstand liegen kann und dann für den Kundenbedarf getauscht wird.
- Int. Nr. tausch: Kennzeichen „int. Nr. tausch" wird aktiviert, wenn beim Teilegruppentausch auch die Primärschlüssel der Teilegruppentabelle getauscht werden sollen (Tabelle JITIT Feld POSID). Dies macht dann Sinn, wenn für die Prozesssteuerung die POSID eine Relevanz hat, beispielsweise wenn ein externes System wie ein MES-System sich auf das Feld POSID referenziert. Bei dem Tausch mit POSID wird auch der interne Bearbeitungsstand mit getauscht. Wird das Kennzeichen nicht aktiviert, werden die technischen Schlüssel aus der Teilegruppe nicht getauscht.
- Zusatzaktion Tausch: Im Auswahlfeld „Zusatzaktion Tausch" kann eine JIT-Aktion hinterlegt werden, die mit der Aktion SWCG ausgeführt wird. Prozessual kann es sinnvoll sein, dass für getauschte Teilegruppen eine Rücklagerung der Komponenten aus dem Pufferlager stattfinden soll, dann wird die JIT-Aktion WOUT im Feld hinterlegt.

Das folgende Beispiel in Abb. 3.50 zeigt Einstellungen für ein Steuerungsprofil für interne Abrufe, bei denen keine Handling Units erzeugt werden, allerdings eine Ein- und Auslagerung in und aus dem Pufferlager stattfinden und ein Teilegruppentausch durchgeführt werden kann.

Ein Steuerungsprofil für interne Abrufe muss dem Teilegruppentyp in den JIT-Stammdaten (Transaktion JITV) zugeordnet werden). Es ist nur relevant, wenn mit internen Abrufen oder mit der Erzeugung von Handling Units gearbeitet wird. Vergleiche hierzu auch Abschn. 3.4.15 und 3.4.17.

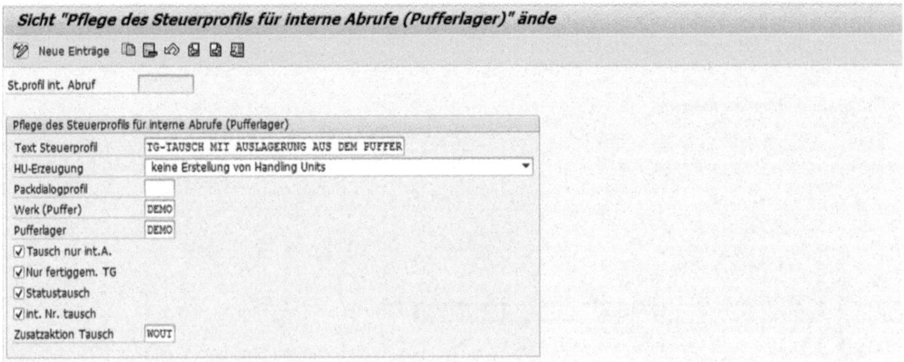

Abb. 3.50   Beispieleinstellung für das Steuerungsprofil für interne Abrufe

3.4.47 Steuerungsprofile für Handling Units (HU) festlegen

Das Steuerungsprofil für Handling Units wird immer dann benötigt, wenn über JIT-Aktionen Handling Units erzeugt werden sollen. Die Zuordnung des Profils erfolgt auf der Ebene des Teilegruppentyps in den JIT-Stammdaten unter der Transaktion JITV. Dabei muss auch das relevante Werk mit angegeben werden. Das Profil kann unter der Transaktion OJITI und folgendem Menüpfad angelegt werden, siehe Abb. 3.51.

Die Mindestausprägung eines Steuerungsprofils für Handling Units beinhaltet das Packdialogprofil, einen von Lagerort und einen nach Lagerort, siehe Beispiel nachfolgend in Abb. 3.52.

Das Handling Unit Profil gibt an wie im SAP-Standard verpackt werden soll. Einstellungen für die Packvorschriftfindung (Transaktion POF1) und Packvorschriften (Transaktion POP1) müssen für alle Materialien vorhanden sein, die verpackt werden

Abb. 3.51 Steuerungsprofile für Handling Units (HU) festlegen

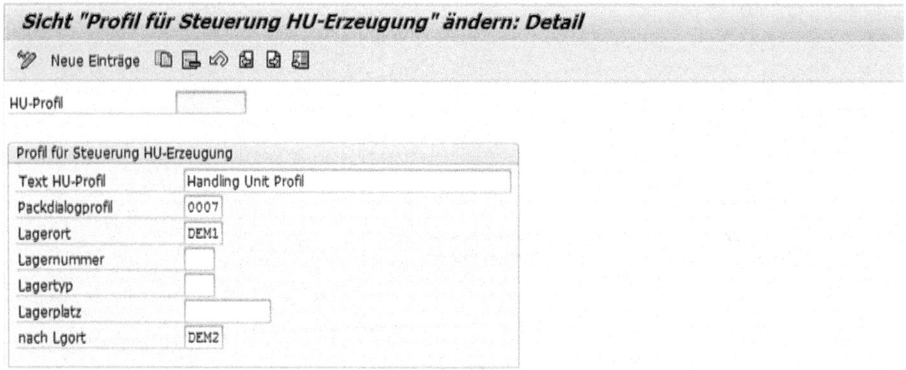

Abb. 3.52 Beispielhafte Darstellung des Handling Unit Profils

sollen (=JIT-Aktion HUPP für einen MAB-Prozess). Ansonsten läuft die JIT-Aktion für die Erzeugung von Handling Units auf Fehler. In diesem Beispiel wird das Packdialogprofil 0007 für freies Verpacken verwendet. In der Transaktion POF1 muss für die Findungsart STOC (Lager-Packvorschrift) ein entsprechender Datensatz vorhanden sein. Die weitere Findung verläuft über den SAP-Standard zur Packvorschrift, die zuvor in der Transaktion POP1 angelegt wurde.

Des Weiteren muss ein „von Lagerort" und ein „nach Lagerort" im Steuerungsprofil für Handling Units angegeben werden, da die zu verpackenden Materialien vom „von Lagerort" in den „nach Lagerort" umgelagert werden (Bewegungsart 311). Der „nach Lagerort" muss ein Handling Unit verwalteter Lagerort sein. Über die Angabe weiterer Daten wie die Lagernummer, Lagertyp und Lagerplatz kann die Handling Unit auch in nicht IM-geführte Lagerorte eingelagert werden.

Weiterführende Informationen zum Verpacken über eine JIT-Aktion und für welche Materialien eine Packvorschrift angelegt werden müssen, sind in Abschn. 3.4.15 und 3.4.17 hinterlegt.

3.4.48 Ergänzende JIT-Referenznummern definieren

Im JIT-Customizing mit der Transaktion OJITI kann unter dem Menüpunkt Steuerungsprofile sogenannte „Ergänzende JIT-Referenznummern" definiert werden, siehe Abb. 3.53.

Bei JIT-Referenznummern handelt es sich um Zusatztexte, die frei für den JIT-Prozess angewendet werden können. Die JIT-Referenznummern werden in der Tabelle JITTE gespeichert und können über das Layout in den klassischen JIT-Transaktionen mit eingeblendet werden. So sind die JIT-Referenznummern in den Transaktionen JIT1, JIT2, JIT3, JITM und weiteren Transaktionen sichtbar. Dabei ist wichtig zu wissen, dass auf

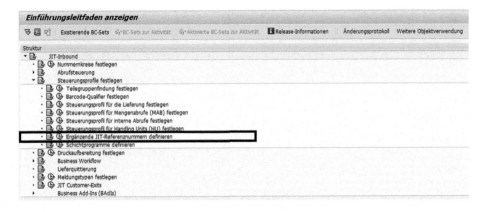

Abb. 3.53 Ergänzende JIT-Referenznummern definieren

den Dynpros nur drei JIT-Referenznummern je Ebene – aus Platzgründen – angezeigt werden, obwohl weitere JIT-Referenznummern existieren können.

Bei der Definition der JIT-Referenznummer muss im Customizing angegeben werden, auf welcher Ebene der Text zugeordnet werden soll: auf der Kopf-, der Teilegruppen-, der Abrufkomponentenebene, auf keiner oder allen Ebenen. Die Auswahl der Ebene der JIT-Referenznummer ergibt sich aus der Verwendung des Textes im Prozess. Möchte man beispielsweise ein neues Kennzeichen „MES-Priorität" verwenden, kann es sinnvoll sein, dieses auf Teilegruppenebene anzuwenden. Zusatztexte zur Abrufkomponente aus der EDI-Nachricht vom Kunden sollten auf Komponentenebene hinterlegt werden.

JIT-Referenznummern können entweder durch ein EDI-Mapping, durch den SAP-Benutzer über die Transaktion JIT2 oder über eine Zusatzentwicklung gefüllt und geändert werden. Das Ergebnis wird in der Texttabelle zum JIT-Abruf und abhängig der Speicherungsebene (z. B. auf Teilegruppenebene) abgelegt: Tabelle JITTE. Die Customizingtabelle für JIT-Referenznummern wird sowohl für JIT-Inbound als auch für JIT-Outbound verwendet. Eine Definition einer JIT-Referenznummer, die nur für JIT-Inbound oder nur für JIT-Outbound relevant ist, ist möglich. Die Einstellung hat zur Folge in welchen Transaktionen das neue Feld angezeigt wird. Wird beispielsweise die In/Outbound-Relevanz „1 nur Inbound-relevant" ausgewählt, so werden die zusätzlichen Felder nicht in den Outbound-Programmen wie beispielsweise der Transaktion JITOM angezeigt.

3.4.49 Schichtprogramme definieren

Der Menüpunkt Schichtprogramme definieren unter den JIT-Steuerungsprofilen entspricht der Transaktion OP4A und der gleichen Einstellung aus dem Produktionsumfeld für die Kapazitätsplanung. Es sind keine speziellen JIT-Einstellungen notwendig und deswegen wird nicht weiter auf diesen Menüpunkt eingegangen, siehe Abb. 3.54 und 3.55.

Die Einstellungen sollten von einem SAP PP-Experten durchgeführt werden.

Abb. 3.54 Schichtprogramme für die Kapazitätsplanung definieren

Abb. 3.55 Schichtprogramme für die Kapazitätsplanung definieren – OJITI

3.4.50 Druckaufbereitung festlegen

Die Druckaufbereitung für das SAP JIT kann mit der Transaktion OJITI unter folgendem
Menüpunkt aufgerufen werden, siehe Abb. 3.56.

Der Druckmodus wird im SAP JIT abhängig von der Aktion definiert. Hierbei können
sowohl SAP-Standardaktionen als auch entwickelte Aktionen verwendet werden. Mit der
Einstellung des Druckmodus kann definiert werden, wie die Nachricht erzeugt werden
soll, zum Beispiel über ein Adobe Formular, ein Smartform oder andere Druckmodi.
Außerdem kann hinterlegt werden, ob eine Nachricht nur benutzerspezifisch nach dem
SAP-Benutzernamen ausgegeben werden soll.

Mit dem Prioritätskennzeichen kann angegeben werden, wenn beispielsweise Nachbestellungen zuerst gedruckt werden sollen.

Zu jeder Einstellung des Druckmodus sind weitere Druckparameter zu hinterlegen,
wenn eine Ausgabe der Nachricht erfolgen soll. Die Parameter können abhängig vom
Werk, der Fertigungslinie und des externen Status gültig sein und dadurch das Ausgabe-
gerät, das Formular (bei Druckmodus S SAP Script Formular), Dateiname, den Nach-
richtenempfänger (bei Druckmodus T SAP Express-Mail) und den Formularnamen

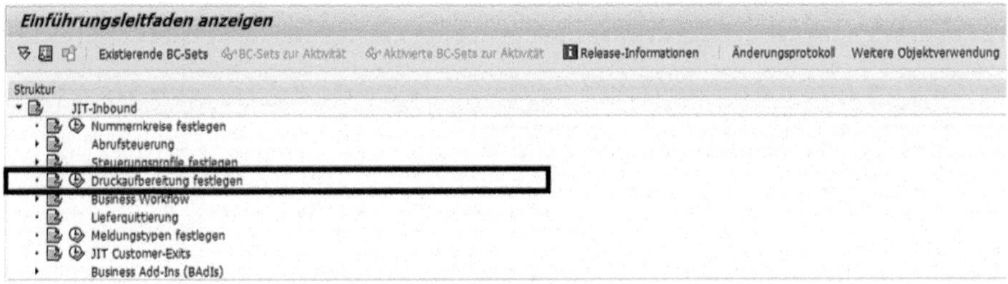

[Screenshot: Einführungsleitfaden anzeigen]

Abb. 3.56 Druckaufbereitung im SAP JIT festlegen

(bei Druckmodus O Smartforms oder A Aufbereitung durch Adobe) ermitteln. Sind die SAP-Standard Daten nicht für den Druck ausreichend, dann kann der SAP-Standard über Userexits erweitert werden. Dies ist in Abschn. 3.4.14 beschrieben.

3.4.51 Meldungstypen festlegen

Im EDI-Monitor für eingehende JIT-Abrufe wird eine Reihe von Systemmeldungen ausgegeben, die wichtige Informationen für die Anwender enthalten.

Das System gibt diese Meldungen sowohl im EDI-Monitor als auch bei der Dialogverarbeitung von JIT-Abrufen aus. Über das Customizing der Meldungstypen kann das Verhalten einer Reihe von vorgegebenen Meldungstypen beeinflusst werden. In Abb. 3.57 ist der Menüpunkt aus der Transaktion OJITI zu sehen, der für diese Einstellung relevant ist.

Abb. 3.57   Meldungstypen festlegen

Beispiel: Bei EDI-Eingang kann für Mengenabrufe kein MAB-Profil gefunden werden. In der SAP-Standardeinstellung wird im Dialog eine Warnmeldung ausgegeben und bei einer Hintergrundverarbeitung keine Protokollierung durchgeführt. Das Customizing kann für diesen Vorgang auf eine Fehlermeldung umgestellt werden, dann bricht die EDI-Verarbeitung mit einer Fehlermeldung ab oder bei der Dialogverarbeitung wird die Fehlermeldung angezeigt.

Es ist zu beachten, dass in der Liste der Meldungstypen keine Meldungen gelöscht oder hinzugefügt werden können.

3.4.52 Zusammenfassung

Die in Abschn. 3.4 beschriebenen Inhalte geben einen Überblick über die Funktionalitäten und die Aktivitäten im Customizing zum JIT-Inbound. Diese verstehen sich als eine Art Baukasten, der je nach Prozess- und Kundenanforderungen flexibel verwendet werden kann. Ist eine Implementierung im SAP-Standard nicht möglich, können die entsprechenden und genannten Userexits für eine Erweiterung verwendet werden.

Steht keine SAP-Standard JIT-Aktion für die Abrufsteuerung bereit, kann eine Zusatzaktion im Z-Namensraum entwickelt werden. Zusätzlich ist zu beachten, dass das SAP JIT zwar mit einer Abrufsteuerung arbeitet, allerdings auch Zusatzreports mit dem Ausführen von JIT-Aktionen programmiert werden können, um den JIT-Abrufumfang und Prozess verändern zu können.

3.5   JIT-Outbound Einführung

Im weiteren Verlauf der Kapitel werden die JIT-Outbound Funktionalitäten und Customizingaktivitäten beschrieben. Bereits Abschn. 2.3 und 3.1 geben einen Einstieg in die Thematik JIT-Outbound und gelten als Voraussetzung für die weiteren Kapitel.

3.6   Voraussetzungen für die Einführung von JIT-Outbound

Die Funktionalität des JIT-Outbound wird für die Weitergabe von produktionssynchronen Abrufen an einen weiteren Zulieferer verwendet, wenn dieser die Auslieferung in Sequenz zurück an den ersten Zulieferer durchführen muss. Ebenfalls kann die JIT-Outbound Funktionalität verwendet werden, wenn Abrufe beim Zulieferer an verschiedene eigene Werke in Sequenz verteilt werden sollen. Die Auslieferungen erfolgen in Sequenz von den Partnerwerken zum Hauptwerk und im Anschluss erfolgt die Auslieferung zum Hersteller. In letzterem Fall ist das Partnerwerk als Kreditor/Business Partner anzulegen.
Das Schaubild in Abb. 3.58 visualisiert diese Beispiele.

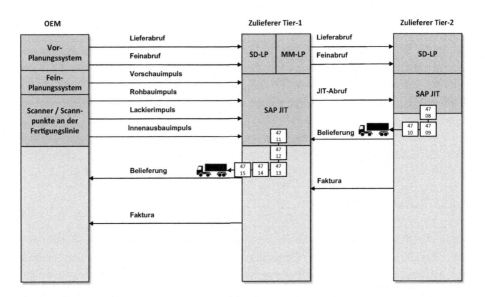

Abb. 3.58 JIT-Outbound bei mehreren Lieferanten

Das Schaubild verdeutlicht den Fall, wenn Tier-1 Zulieferer die Produktion bei Tier-2 Zulieferer durchführen lässt. Für Tier-2 Zulieferer kann auch ein internes Zuliefererwerk verwendet werden.

Tier-1 Zulieferer verwendet SAP JIT-Inbound, um produktionssynchrone Abrufe (PAB) aus der Sequenznachricht vom OEM anlegen zu können. Aus den PAB werden mittels JIT-Outbound SEQJIT03-IDOCs erzeugt, die weiter an den Tier-2 Zulieferer gegeben werden. Der Tier-2 Zulieferer verwendet wiederum die Funktionalitäten des JIT-Inbound, um entsprechende Abrufe im System anlegen zu können und den weiteren Prozess über die Abrufsteuerung darzustellen.

Aus dem vorherigem Beispiel ist ersichtlich, dass für den Einsatz von JIT-Outbound eine funktionierende JIT-Inbound Steuerung notwendig ist. Dies bedeutet, dass alle Pflichtbestandteile wie beispielsweise der JIT-Kunde, JIT-Lieferpläne und das relevante Customizing vorhanden sein müssen, vergleiche Abschn. 3.3 und 3.4.

Eine Ausnahme bildet das Erzeugen von Mengenabrufe (MAB). MABs benötigen als Voraussetzung keine JIT-Inbound Funktionalitäten. Mit der Transaktion PK23 kann beispielsweise ein Mengenabruf manuell angelegt werden. Bei der Erzeugung des Abrufes wird gleichzeitig das SEQJIT03-IDOC generiert und sowohl der Abruf als auch der Absprung zum SEQJIT-IDOC können über die Transaktion JITOM aufgerufen werden, dem JIT-Outbound Monitoring. Die Erstellung des Mengenabrufs benötigt mehrere Voraussetzungen, die sich nicht sonderlich von den Voraussetzungen des produktionssynchronen JIT-Outbound Abrufes unterscheidet. Die Voraussetzungen zur Erzeugung von MABs und PABs im JIT-Outbound werden in Abschn. 3.7 beschrieben.

3.7 JIT-Outbound Stammdaten

Bei der Abwicklung von JIT-Outbound sind mehrere Voraussetzungen in Form von Stammdaten notwendig. Ein Kreditor bzw. Business Partner ist notwendig, um im Prozess festzulegen, wer der Partner ist, der die Produkte produzieren und beliefern soll. Gleichzeitig werden Einkaufslieferpläne (=MM-Lieferpläne) benötigt, um die Produkte beim Partner zu bestellen und die Wareneingänge zu verbuchen. Ohne MM-Lieferpläne ist die Abwicklung von JIT-Outbound nicht möglich. Regelkreise sorgen dafür, um die logistische Versorgung mit JIT-Outbound sicherzustellen und diverse Steuerungsparameter einzusetzen.

Abschließend wird die Nachrichtensteuerung verwendet, um SEQJIT03-IDOCs an den Kreditor bzw. Business Partner zu versenden. Die relevanten Stammdaten sind in den nachfolgenden Unterkapiteln beschrieben.

3.7.1   Der Kreditor/Business Partner

Der Kreditor/Business Partner im JIT-Outbound kann ein Lieferant sein, der als 2-tier Lieferant die Fertigprodukte in Sequenz produziert und an den 1-tier Lieferanten zurücksendet. Im Anschluss werden die Produkte vom 1-tier Lieferanten an den OEM in Sequenz ausgeliefert. Außerdem kann der Kreditor/Business Partner ein eigenes Werk des 1-tier Lieferanten sein, um die JIT-Abrufe über JIT-Outbound an eine andere Produktionsstätte zu verteilen. Dabei kann sowohl eine buchungskreisinterne als auch buchungskreisübergreifende Abrechnung über SAP MM abgebildet werden. Ist eine Verteilung der Bedarfe in eine andere Produktionsstätte relevant, so wird ein Kreditor/Business Partner für ein eigenes Werk angelegt. Die Verteilung der Bedarfe kann über klassische Einkaufslieferpläne oder über Umlagerungslieferpläne erfolgen. Technisch sind Umlagerungslieferpläne möglich, werden aber nicht empfohlen, siehe Abschn. 3.7.2. Beim Kreditor/Business Partner für Umlagerungslieferplänen ist darauf zu achten, dass der Stammdatensatz die Zuordnung zum Lieferwerk der Produktionsstätte besitzt. Das Werk wird über die Zusatzdaten Einkauf in der Kreditor/Business Partner Pflege zugeordnet und muss im SAP-System über das Customizing vorhanden sein. Außerdem muss im Kreditor/Business Partner die Partnerrolle LW verwendet werden, wenn mit Umlagerungslieferplänen gearbeitet wird.

Bei der Anlage der Stammdaten gibt es keine weiteren Spezifika, die für das JIT-Outbound zu beachten sind. Es gelten die Grundlagen aus dem Modul SAP MM.

3.7.2   Die MM-Lieferpläne

Die Abwicklung von JIT-Outbound erfordert zwingend die Verwendung von Einkaufslieferpläne (=MM-Lieferpläne). Sowohl bei der Anlage eines produktionssynchronen Regelkreises (=JIT-Regelkreis) als auch bei diversen JIT-Outbound Aktionen wird überprüft, ob ein gültiger MM-Lieferplan vorhanden ist. Für diesen Einkaufslieferplan werden über die SAP-Standard Bedarfsplanung (MRP) Bedarfsdecker aus den Bedarfen eines SD- oder JIT-Lieferplans generiert. Die Bedarfsdecker im Einkaufslieferplan sind MM-Lieferplaneinteilungen, die per MM-Lieferabruf-IDOC an den Kreditor/Business Partner versendet werden können.

Zudem wird der MM-Lieferplan für Warenbewegungsaktionen aus dem JIT-Outbound benötigt, um die Wareneingangsfortschrittszahl auf Lieferplaneinteilungsebene fortzuschreiben. Bei der Anlage des JIT-Regelkreises, siehe Abschn. 3.7.3, wird vom System abgefragt, ob zur Position des Einkaufslieferplans das Kennzeichen Produktionsversorgung gleich Z (Lieferplan für Produktionsabrufe) gesetzt ist. Nur wenn dieses Kennzeichen gesetzt ist, kann ein produktionssynchroner Regelkreis für die Abwicklung des JIT-Outbound angelegt werden und schlussendlich die Abwicklung mit JIT-Outbound verwendet werden. Mit dem Kennzeichen erwartet das System, dass der Wareneingang über beispielsweise eine JIT-Outbound Aktion stattfindet.

Außerdem muss im MM-Lieferplan die Partnerrolle LF gepflegt sein, wenn über das Produktionsabrufprofil angegeben wird, dass die Erstellung der Outbound Abrufe über die Partnerrolle LF stattfinden soll. Wird mit Umlagerungslieferpläne gearbeitet, kann auch alternativ die Partnerrolle LW für Lieferwerk, sowohl in den Einkaufslieferplänen, dem Kreditor/Business Partner als auch im Produktionsabrufprofil eingestellt werden. Weitere Informationen zum Produktionsabrufprofil sind in Abschn. 3.8.26 beschrieben. Vorteil des Umlagerungslieferplans ist, dass der Bedarf sofort im Lieferwerk angelegt wird. Wenn allerdings im Lieferwerk auch mit SAP JIT gearbeitet wird, wird JIT-Inbound eingesetzt, das zwingend JIT-Lieferpläne benötigt. Für eine klassische Abwicklung, beispielsweise für die SD-Auslieferstellung, werden Bedarfe im JIT-Lieferplan benötigt, die normalerweise aus einem Einkaufslieferplan erzeugt werden. Bei Umlagerungslieferplänen wird der Bedarf allerdings direkt für das Lieferwerk und nicht für SD-Lieferpläne erzeugt, sodass die Arbeit mit JIT-Inbound erschwert wird.

Die Verwendung von JIT-Outbound mit Umlagerungslieferplänen ist technisch möglich, wird für die Anbindung von eigenen Produktionsstätten allerdings nicht empfohlen. Die eigene Produktionsstätte wird als Kreditor/Business Partner angelegt und klassische Einkaufslieferpläne können für die Prozessabwicklung verwendet werden.

Der MM-Lieferplan wird über die Transaktion ME31L im System angelegt und dabei ist es unerheblich, welche MM-Vertragsart verwendet wird. Klassischerweise wird die Vertragsart LPA angewendet oder als Kopiervorlage für eine Z-Vertragsart benutzt. Bei der Pflege gibt es keine Besonderheiten für JIT-Outbound. Einteilungen zum MM-Lieferplan können entweder über die Bedarfsplanung erzeugt werden oder zum Test über die Transaktion ME38. Nach der Pflege des Einkaufslieferplans muss ein gültiger Orderbuchsatz zum Werk, Material, dem Kreditor/Business Partner und dem Einkaufslieferplan angelegt werden, da ansonsten keine Erzeugung von JIT-Outbound Abrufen möglich ist, siehe Abschn. 3.8.4.

3.7.3   Die JIT-Regelkreise

Sowohl die Pflege als auch die Anlage von JIT-Regelkreisen kann über die Transaktion PKMC stattfinden. Dabei muss nach der Eingabe des Werkes auf den Änderungsmodus der Transaktion gewechselt werden, damit die Schaltflächen zur Anlage oder zur Anlage mit Vorlage erscheinen. Anschließend kann ein JIT-Regelkreis mit Typ „Prd.synchroner Abruf" angelegt werden (Regelkreistyp S für JIT-Outbound), Abb. 3.59.

Für diesen Regelkreis ist es zwingend erforderlich, dass die folgenden Daten zugeordnet werden:

- der Produktionsversorgungsbereich, Transaktion PK05, der angibt, an welcher Stelle das Material in der Produktion bereitgestellt werden soll. Für JIT-Outbound bedeutet dies, dass die Materialien aus der Outbound Teilegruppe an diesen Produktionsversorgungsbereich befördert werden. Ohne Produktionsversorgungsbereich und ohne

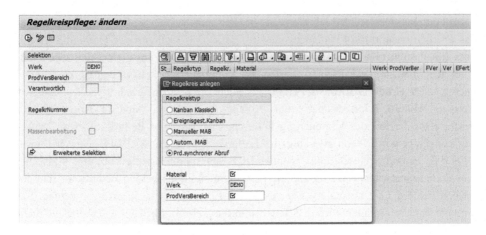

Abb. 3.59 Regelkreis vom Typ produktionssynchroner Abruf

JIT-Regelkreis ist eine Anlage eines JIT-Outbound Abrufs über die JIT-Outbound Aktion OCRE nicht möglich.

- die Fremdbeschaffungsstrategie, die zuvor im JIT-Outbound Customizing angelegt werden musste, um die Bewegungsart für den Wareneingang je Werk vorzugeben, siehe Abschn. 3.8.30.
- die Nummer inklusive Position für den Einkaufslieferplan, um anzugeben, auf welche Referenz der Wareneingang zum Abruf gebucht werden soll. Bei der Zuordnung des Einkaufslieferplans und der Position wird geprüft, ob das Kennzeichen Produktions-versorgung gleich Z (Lieferplan für Produktionsabrufe) und eine entsprechende Partnerrolle im Einkaufslieferplan gesetzt ist, die zum Produktionsabrufprofil passt. Nähere Informationen sind in Abschn. 3.7.2 hinterlegt.
- die Angabe der Nachrichtenkonditionssätze für die Abwicklung mit produktions-synchronen Abrufen, damit über das JIT-Outbound ein SEQJIT03-IDOC erstellt werden kann. Die Erstellung des IDOCs findet über die SAP-Standard Konditions-technik der Applikation PA (=Produktionsabruf) statt. Die Pflege der Konditions-sätze findet über den SAP-Standard, zum Beispiel Transaktion NACE statt. Bei der Anlage des JIT-Regelkreises wird geprüft, ob eine Nachrichtenfindung durchgeführt werden kann. Falls die Findung erfolglos abläuft, empfiehlt es sich zuvor die Nach-richtenkonditionssätze anzulegen. Damit die SEQJIT03-Nachricht erfolgreich aus-gegeben werden kann, muss in den Partnervereinbarungen (Transaktion WE20) ein entsprechender Datensatz vorhanden sein. Nähere Informationen zur Ausprägung der Partnervereinbarung sind in Abschn. 3.1 beschrieben. Der Nachrichtenkonditionssatz wird außerdem weiter in Abschn. 3.7.5 thematisiert. Bei der Anlage der JIT-Regel-kreise ist darauf zu achten, dass die Schaltfläche „Nachrichtenfindung" betätigt wird, um zu überprüfen, ob ein Nachrichtenkonditionssatz über die SAP-Standard Konditionstechnik gefunden werden kann.

- das Produktionsabrufsprofil, das zuvor über das JIT-Outbound Customizing angelegt werden musste und das angibt, auf welche Art der JIT-Outbound Abruf erstellt werden soll. Diese Einstellungen im SAP-Standard geben diverse Möglichkeiten vor, die in Abschn. 3.8.26 beschrieben werden.

Die folgende Abb. 3.60 visualisiert den prozessualen Hintergrund von JIT-Regelkreisen.

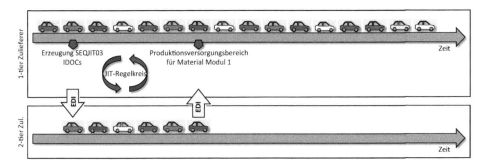

Abb. 3.60 Darstellung eines JIT-Regelkreises

In der Abb. 3.60 ist zu sehen, dass ein 1-tier Zulieferer JIT-Abrufe von einem OEM empfängt und über JIT-Inbound im System anlegt. Im Anschluss daran werden die Abrufe mittels JIT-Outbound und der Erzeugung eines SEQJIT03-IDOCs an einen 2-tier Zulieferer weitergegeben, der die Endmontage des Produkts durchzuführen hat. Damit die Erzeugung des SEQJIT03-IDOCs funktioniert, ist unter anderem ein JIT-Regelkreis zum Material notwendig. Die SEQJIT03-Nachricht kann beim 2-tier Zulieferer mit JIT-Inbound verarbeitet werden und die Endmontage wird gestartet. Nachdem das Produkt beim 2-tier Zulieferer montiert wurde, wird dieses wieder zurück an den 1-tier Lieferanten gesendet. Die Übertragung per EDI kann beispielsweise über die Nachrichtenart LAVA aus der SD-Auslieferung des 2-tier Lieferanten abgewickelt werden. Diese Nachricht kann beim 1-tier Lieferanten eine MM-Anlieferung anlegen, um den Wareneingang zum Material zu buchen. Das Material kann zum Produktionsversorgungsbereich des JIT-Regelkreises angeliefert werden, wenn weitere Produktionsschritte beim 1-tier Lieferanten notwendig sind. Am Ende der Prozesskette erfolgt die Auslieferung in Sequenz an den OEM.

JIT-Regelkreise werden als Stammdaten unter dem Modul SAP PP geführt. Es gibt keine weiteren Besonderheiten für die Abwicklung des JIT-Outbound und deswegen wird an dieser Stelle nicht weiter auf die PP spezifischen Ausprägungen eingegangen.

3.7.4 Die MAB-Regelkreise

Bei der Verwendung von Regelkreisen für Mengenabrufe (MAB) ist es nicht erforderlich JIT-Regelkreise anzulegen. Im Prozess muss je nach Prozessanforderung entschieden

werden, ob über den Regelkreis ein manueller MAB angelegt werden darf oder/und ob
der MAB automatisch angelegt wird. Bei der Regelkreisanlage über die Transaktion
PKMC muss der entsprechende Typ vorgegeben werden, siehe Abb. 3.61.

Der MAB-Regelkreis wird wie der JIT-Regelkreis zum Werk und zur Materialnummer angelegt. Zwingend erforderliche Daten für die Abwicklung sind nachfolgend
aufgelistet:

- der Produktionsversorgungsbereich, Transaktion PK05, der auch bei JIT-Regelkreisen
  mit angegeben werden muss.
- das Produktionsabrufprofil, das entscheidet auf welche Art ein JIT-Outbound Abruf
  erstellt und aufgebaut wird. Außerdem wird beim Mengenabruf über dieses Profil die
  Abrufsteuerung ermittelt. Beim produktionssynchronen JIT-Outbound wird die Abrufsteuerung aus dem JIT-Inbound übernommen.
- die Nachrichtenfindung, um die Erzeugung von Formularen und EDI-Nachrichten
  über Nachrichtenkonditionssätze zu überprüfen.

Die hier aufgelisteten erforderlichen Daten sind auch bei JIT-Regelkreisen relevant
und in Abschn. 3.7.3 detailliert beschrieben. Weitere wichtige Parameter werden im
MAB-Regelkreis je nach Anforderungen an den Prozess gesetzt, beispielsweise ob über
den Mengenabruf eine Nachschubstrategie per Fremdbeschaffung oder Umlagerung
stattfinden soll:

- Fremdbeschaffungsstrategie: über die Angabe der Nachschubstrategie für Fremdbeschaffung in der Transaktion OJITO wird definiert mit welcher Bewegungsart
  eingelagert wird und ob Verpackungen angewendet werden. Weitere Steuerungsmöglichkeiten wie der Regelkreisdruck sind einsetzbar. Wenn ein automatischer Wareneingang

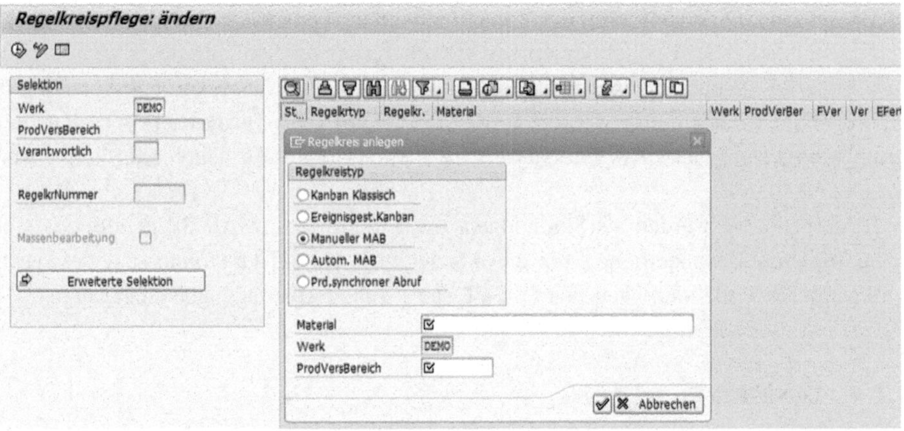

Abb. 3.61 Regelkreisanlage für Mengenabrufe

beim Erhalt eines Lieferavis gebucht werden soll, muss der Haken „Autom. WE" gesetzt sein.

- Umlagerungsstrategie: über die Angabe einer Nachschubstrategie für Umlagerungen in der Transaktion OJITO wird definiert mit welcher Bewegungsart und Steuerungsart umgelagert wird und ob Verpackungen angewendet werden. Weitere Steuerungsmöglichkeiten wie Bestandsfindungsregeln und der Regelkreisdruck sind vorhanden und einsetzbar. Wenn von einem Werk in ein anderes Werk umgelagert werden soll, muss der Haken „Von and. Werk" aktiviert sein, dann kann in der Regelkreispflege das abweichende Werk eingegeben werden.

Die Einstellungen für die Pflege der Fremdbeschaffungs- oder Umlagerungsstrategie ist im JIT-Outbound Customizingpfad durchzuführen, siehe Abb. 3.62.

Die Pflege eine Regelkreise vom Typ „Manueller MAB" unterscheidet sich nicht von der Pflege eines „Autom. MAB". Über die nachfolgende Schaltfläche kann auch der Regelkreistyp nachträglich nach der Anlage geändert werden, siehe Abb. 3.63.

MAB-Regelkreise werden als Stammdaten unter dem Modul SAP PP geführt. Es gibt keine weiteren Besonderheiten für die Abwicklung des JIT-Outbound und deswegen wird an dieser Stelle nicht weiter auf die PP spezifischen Ausprägungen eingegangen. Gleiches gilt auch für die Pflege von Nachschubstrategien. Wenn Steuerungsparameter für die Lagerverwaltung notwendig sind, werden diese automatisch in der Regelkreispflege unter der Transaktion PKMC eingeblendet, wenn ein nicht IM-spezifischer Lagerort im Produktionsversorgungsbereich, Transaktion PK05, zugeordnet wurde. Ist letzteres der Fall wird die Lagernummer automatisch in der Regelkreispflege angezeigt und Lagertyp sowie Lagerplatz können dem Regelkreis zugeordnet werden. Dies ist auch bei JIT-Regelkreisen möglich. Klassischerweise ist dies aber nur für MAB-Abrufe

Abb. 3.62 Nachschubstrategien für Mengenabrufe

Abb. 3.63 Wechsel des Regelkreistyps bei MAB-Regelkreisen

relevant, wenn ein WM-Transportauftrag über die JIT-Aktion OTCR erstellt wird, siehe Abschn. 3.8.17.

Weitere wichtige Informationen zum Umgang mit Mengenabrufe und weitere ermittlungsrelevante Parameter sind in Abschn. 3.8.35 beschrieben.

3.7.5   Nachrichtenkonditionssatz zur Erzeugung des SEQJIT IDOCs

Die Erzeugung von Nachrichten für den JIT-Outbound erfolgt über die SAP-Standard Konditionstechnik. Hierfür wird die Applikation PA und das Nachrichtenschema 0001 (Nachrichtenschemata MAbruf) verwendet, siehe Abb. 3.64 und 3.65.

Eine kundenspezifische Zuordnung von Nachrichtenschemata zum JIT-Outbound Prozess ist nicht möglich, da sowohl die Applikation PA als auch das Nachrichtenschema 0001 als Konstante in den Outbound Programmen verwendet wird. Dennoch ist es möglich das Nachrichtenschema 0001 mit diversen Nachrichtenarten zu erweitern. Die Einstellungen sind über die Nachrichtenfindung und der Transaktion OJITO aufrufbar, siehe Abb. 3.66.

Im SAP-Standard gibt es zwei Nachrichtenarten im Nachrichtenschema 0001 der Applikation PA, die zur Auswahl stehen:

Abb. 3.64   Applikation PA für die Erzeugung von JIT-Outbound Nachrichten

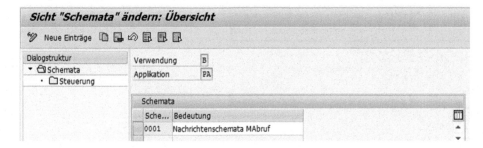

Abb. 3.65   Nachrichtenschema 0001 für die Applikation PA

Abb. 3.66 Definition der Nachrichtenfindung für JIT-Outbound

- MAED (MAbrufe (EDI)): die SAP-Standard Nachrichtenart MAED erzeugt ein IDOC vom Nachrichtentyp SEQJIT und Basistyp SEQJIT03. Über die Zugriffsfolge 0001 Werk/Abrufprofil/Lieferant können in der Praxis die gängigen Prozessvarianten abgebildet werden. Sind abweichende Zugriffe notwendig, kann eine neue und abweichende Zugriffsfolge eingestellt und der Nachrichtenart MAED zugeordnet werden. Außerdem kann das Nachrichtenschema 0001 um neue eigene Z-Nachrichtenarten erweitert werden, wenn es die Prozessanforderungen erfordern.
- MAFO (MAbruf Druckformular): die SAP-Standard Nachrichtenart MAFO gibt den Abruf als Druck aus. Dabei wird das Standardformular PAB_JIT_CALL verwendet, das im Verlauf dieses Kapitel exemplarisch dargestellt wird. Als Zugriffsfolge wird ebenfalls die 0001 für Werk/Abrufprofil/Lieferant angewendet. Die Nachrichtenart MAFO kann allerdings weder für einen PAB- noch einen MAB-Prozess angewendet werden, da die Tabelle PABHD und PABIT benötigt werden, die nur bei einem KANBAN-Prozess gefüllt werden. Im Einkaufslieferplan steht dann die Produktionsversorgungsart Y für Kanban-Mengenabrufe. Für Mengenabrufe steht neben der Nachrichtenart MAFO die Nachrichtenart OJPR zur Verfügung, um den Abruf mit dem Formular JIT_CALL (SAP Script) oder mit dem Formular JIT_CALL_PDF als PDF auszudrucken.

In einigen SAP-Systemen werden die Nachrichtenarten MAIN und OJIT für das JIT-Outbound ausgeliefert. Beide Nachrichtenarten sind nicht mehr in Verwendung und haben keine weitere Funktion. Sind weitere Nachrichtenarten notwendig, die sich beim Sendemedium weder auf die IDOC- noch auf die Formularerzeugung beziehen, können kundenspezifische Nachrichten angelegt werden. In der Praxis hat sich die Nachrichtenart MAED bewährt. Trotzdem muss bei einer Einführung die jeweiligen Anforderungen an den Prozess überprüft werden. Damit eine erfolgreiche Ausgabe der JIT-Outbound Nachrichten erfolgen kann, müssen wie es in der SAP-Konditionstechnik vorgeschrieben ist, Nachrichtenkonditionssätze angelegt werden, siehe Abb. 3.67. Hierbei gibt es keine Besonderheiten für das JIT-Outbound zu beachten.

Sowohl das Einstellen der Zugriffsfolgen, der Nachrichtenarten, das Prüfen oder Zuordnen des Nachrichtenschemas als auch die Pflege der Nachrichtenkonditionssätze

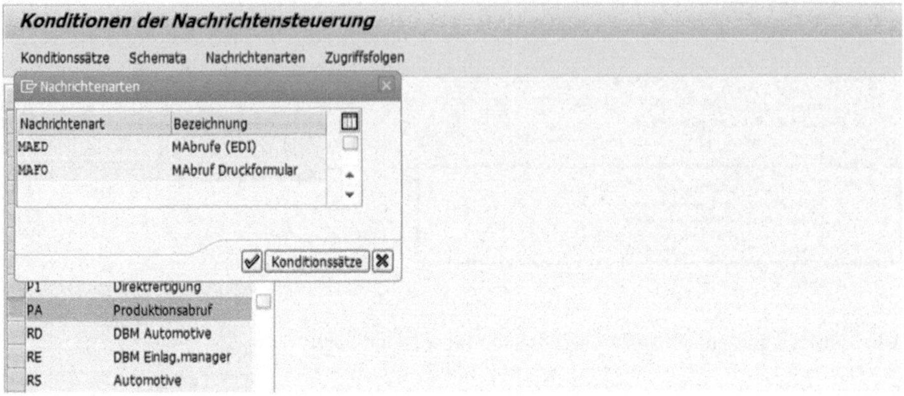

Abb. 3.67   Pflege der Konditionssätze für JIT-Outbound Nachrichten

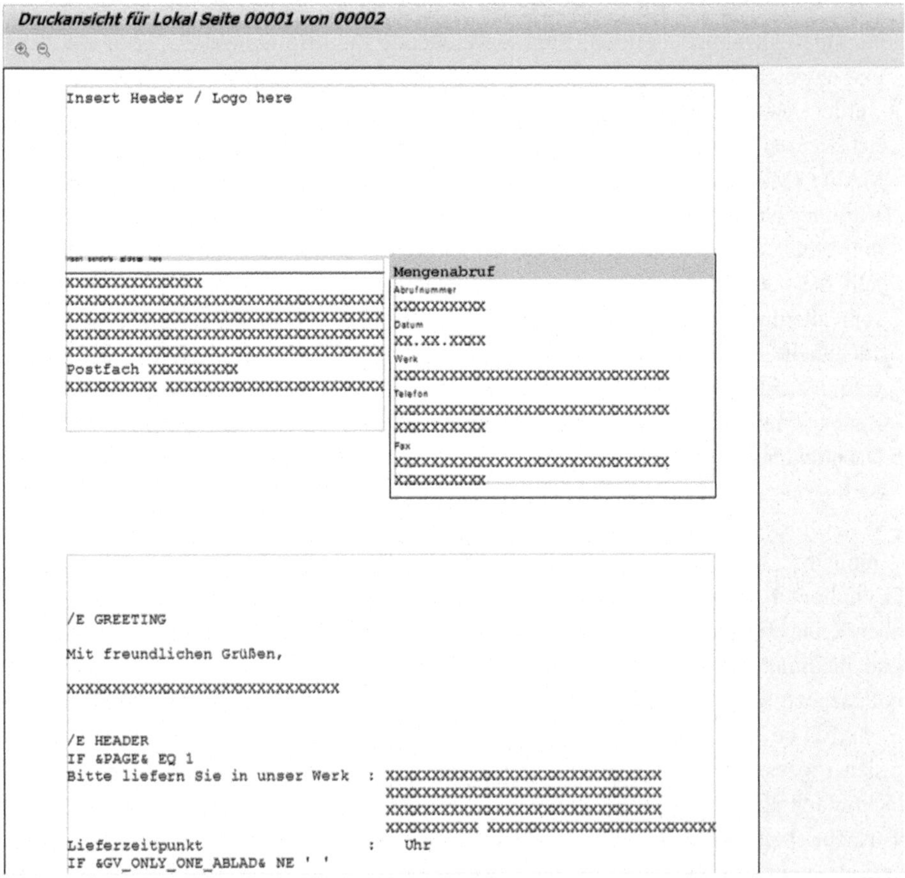

Abb. 3.68   Beispieldruck der Nachrichtenart MAFO – Formular PAB_JIT_CALL

ist über die Transaktion NACE möglich. Die Konditionssätze können auch über die Transaktionen PJNK1/PJNK2/PJNK3 gepflegt werden.

Bei der Verwendung von EDI-Nachrichten muss zusätzlich beachtet werden, dass die Partnervereinbarung über die Transaktion WE20 angelegt wird. Ein Eintrag für den Kreditor/Business Partner als Partnernummer und die Partnerart LI für Lieferant/Kreditor sind notwendig. Bei Umlagerungslieferplänen muss die Partnerrolle LW zusätzlich mit angegeben werden. Ein exemplarischer Eintrag für die Partnervereinbarung mit Nachrichtenart MAED ist in Tab. 3.3 in Abschn. 3.1 dargestellt.

Abb. 3.68 zeigt einen Beispieldruck der Nachrichtenart MAFO, die bei Kanban-Mengenabrufen eingesetzt werden kann.

Wie bereits beschrieben, wird die Nachrichtenart MAFO für einen klassischen KANBAN-Prozess angewendet, bei dem im MM-Lieferplan die Produktionsversorgungsart auf Y für Kanban-Mengenabrufe gesetzt werden muss.

3.7.6   Zusammenfassung

Der Abschn. 3.7 hat alle relevanten JIT-Stammdaten für JIT-Outbound beschrieben. Dabei wurde erkannt, dass ein Kreditor/Business Partner mit entsprechenden Einkaufslieferplänen zwingend für die Abwicklung vorhanden sein müssen. Einerseits muss klar definiert sein, wer der Sublieferant ist und wie dieser im System angelegt ist (=Kreditor/Business Partner). Andererseits muss je Abrufkomponente ein entsprechender MM-Lieferplan angelegt sein, um nicht nur die JIT-Abwicklung im Outbound versorgen zu können, sondern auch MM-Lieferabrufe oder andere steuernde Elemente mit dem Sublieferanten austauschen zu können.

Zudem muss je nach Anwendungsfall ein JIT-Regelkreis für produktionssynchrone Abrufe oder ein MAB-Regelkreis für Mengenabrufe angelegt sein. Beides benötigt als Voraussetzung einen Produktionsversorgungsbereich. Werden Nachrichten an den Unterlieferanten gesendet, ist die Anlage von Nachrichtenkonditionssätze unverzichtbar.

3.8   JIT-Outbound Customizing

Das Customizing zum JIT-Outbound wird mit der Transaktion OJITO aufgerufen. Dabei öffnet sich ein Customizing Menü, bei dem nahezu alle relevanten Einstellungen aufgelistet sind, siehe Abb. 3.69.

Die Erläuterungen zum Customizing des JIT-Outbounds fallen in manchen Textpassagen bewusst kürzer aus, um Wiederholungen aus den Erklärungen zum JIT-Inbound Customizing zu vermeiden. Gegebenenfalls kann das erforderliche JIT-Inbound Kapitel nachgeschlagen werden.

Abb. 3.69   Customizing Menü für das JIT-Outbound

3.8.1   Der interne Bearbeitungsstand

Der interne Bearbeitungsstand in der Abwicklung von JIT-Outbound Abrufen entspricht dem gleichen internen Bearbeitungsstand des JIT-Inbound Customizing. Es ist somit nicht relevant, ob der interne Bearbeitungsstand über die Transaktion OJITI oder OJITO eingestellt wird. Für beide Transaktionen werden die Werte in die Tabelle CJIT04 übernommen. Somit gelten für die Definition der internen Bearbeitungsstände die gleichen Bedingungen wie unter Abschn. 3.4.3 beschrieben. Die nachfolgende Abb. 3.70 zeigt die Customizingmöglichkeit aus dem JIT-Outbound Menü.

Inbound und Outbound Abrufe haben in der JIT-Abwicklung in der Regel den gleichen internen Bearbeitungsstand. Es kann allerdings vorkommen, dass der gleiche JIT-Abruf einen unterschiedlichen internen Bearbeitungsstand hat, wenn eine Aktion nur über den JIT-Outbound Abruf ausgeführt wurde. Dies kann zu Inkonsistenzen in der JIT-Abwicklung führen, da die jeweiligen Abrufe nicht mehr synchron laufen. Es ist daher empfehlenswert, die gewünschten Aktionen über das JIT-Inbound auszuführen. Weitere Informationen sind in Abschn. 3.8.2 zur Abrufsteuerung im JIT-Outbound hinterlegt.

Der externe Status wird im Gegenzug zum JIT-Inbound nicht im Outbound Umfeld verwendet, da über den Outbound Abruf keine externen Informationen anhand eines SEQJIT03-IDOCs und der externen Statusinformation empfangen werden. Aus diesem Grund gibt es keine Möglichkeit über das Outbound Customizing mit der Transaktion OJITO den externen Status zu customizen.

Abb. 3.70   Definition der internen Bearbeitungsstände über das JIT-Outbound Menü

3.8.2   Die Abrufsteuerung

Wie auch im JIT-Inbound Prozess findet sich unter dem Outbound Customizing mit der Transaktion OJITO die Möglichkeit die Abrufsteuerung für Outbound Abrufe einzustellen. Diese ist genauso wie beim Inbound Prozess das Herzstück der Outbound Abwicklung, da dadurch diverse JIT-Aktionen angesteuert werden und somit der Outbound Prozess definiert wird. Eine vorgegebene Abrufsteuerung für Outbound Abrufe gibt es genauso wenig wie eine vorgegebene Abrufsteuerung für Inbound Abrufe, da die Anforderungen an den Prozess entscheidend sind, wie die Abrufsteuerung eingestellt wird.

Das Customizing der Abrufsteuerung unter der Transaktion OJITO im JIT-Outbound unterscheidet sich nicht von dem Customizing vom JIT-Inbound mit der Transaktion OJITI. Für beide Transaktionen werden die Werte in die Tabelle CJIT07 übernommen. Somit ist es nicht relevant, ob das Customizing unter JIT-Inbound oder JIT-Outbound vorgenommen wird. Es gelten die gleichen Bedingungen, die in Abschn. 3.4.4 beschrieben sind. Für einen JIT-Inbound Prozess, bei dem auch eine Outbound Abwicklung benötigt wird, gibt es somit eine gemeinsame Abrufsteuerung.

Beim Ausführen von JIT-Aktionen für den JIT-Outbound Abruf wird daher ebenfalls ein Wechsel des internen Bearbeitungsstandes vorgenommen und das Aktionsprotokoll wird fortgeschrieben. Einzig allein die JIT-Aktion entscheidet, ob eine Outbound relevante Funktion ausgeführt wird. Das Customizing zur Abrufsteuerung über das JIT-Outbound Menü kann mit der Transaktion OJITO aufgerufen werden, siehe Abb. 3.71.

Einziger Unterschied zum Customizing der Abrufsteuerung über das Menü des JIT-Outbound ist der Wegfall der externen Abrufsteuerung. Da im JIT-Outbound Umfeld ohne externe Status gearbeitet wird, ist keine Definition der externen Abrufsteuerung notwendig.

Im JIT-Outbound Umfeld werden JIT-Outbound Abrufe aus dem JIT-Inbound angelegt oder geändert. Es werden SEQJIT03-IDOCs erzeugt und an einen Sublieferanten versendet. Der Sublieferant kann mittels Lieferavis eine bevorstehende Anlieferung ankündigen. Die Verbuchung des Lieferavis kann mittels fortschreitenden internen Bearbeitungsstandes nachvollzogen werden. Anschließend kann mittels

Abb. 3.71 Definition der Abrufsteuerung über das JIT-Outbound Menü

JIT-Outbound Aktion der Wareneingang zur Anlieferung gebucht werden. Die Integration zur SAP-Standardabwicklung mit Einkaufslieferplänen, Anlieferungen und Fortschreibung von Fortschrittszahlen ist durch die JIT-Outbound Aktionen gegeben. Um die Wareneingänge dem Sublieferanten zu bestätigen, können Lieferquittierungsnachrichten über das JIT gesendet werden. Im Anschluss daran kann das ERS-Verfahren (=automatische Wareneingangsabrechnung) im SAP MM stattfinden, wodurch beim Sublieferanten das SAP SD-Gutschriftsverfahren angestoßen wird.

Eine Ausführung der JIT-Outbound Aktionen kann entweder durch das JIT-Inbound erfolgen, indem eine EDI-Nachricht, ein externes System, ein Hintergrundprogramm oder ein Benutzer die gewünschte JIT-Outbound Aktion ausführt. So kann ein Benutzer beispielsweise die Wareneingangsbuchung über die JIT-Aktion OGRE über den JIT-Inbound Abruf ausführen. Dies hat den Vorteil, dass nicht nur der Bearbeitungsstand des JIT-Outbound Abrufes, sondern auch der des Inbound Abrufes aktualisiert wird. Wird der Wareneingang beispielsweise nur über den Outbound Abruf ausgeführt, wird der Bearbeitungsstand des Inbound Abrufes nicht aktualisiert und Abweichungen können entstehen. Eine Auflistung, welche JIT-Outbound Aktionen über das Inbound aufgerufen werden können, ist in der Tab. 3.12 in Abschn. 3.8.3 ersichtlich.

Außerdem existieren JIT-Outbound Aktionen, die ausschließlich über das JIT-Outbound ausgeführt werden können. Bei diesen Aktionen ist beim Customizing der Abrufsteuerung darauf zu achten, dass der JIT-Prozess mit den gewünschten Bearbeitungsständen am Ende des Prozesses wieder zusammenfließt. Ansonsten kann es schwierig werden, den JIT-Prozess (In- und Outbound Abrufe) korrekt abzuschließen und zu archivieren. Klassische Transaktionen, die manuell vom Benutzer bedient werden, sind:

- JITO6 – Barcodeerfassung: der Einstieg in die Transaktion erfolgt mit der JIT-Aktion, für die alle Abrufe selektiert werden, die im dazugehörigen internen Bearbeitungsstand sind. Das Erfassungsobjekt z. B. die interne Nummer der Teilegruppe oder die Gruppierungsnummer (=Gestellnummer) muss manuell eingetragen werden. Der Barcode-Qualifier gibt dabei an, welches Objekt das Erfassungsobjekt ist. Barcode-Qualifier sind in Abschn. 3.8.31 näher beschrieben. Mittels Transaktion JITO6 kann beispielsweise die Buchung des Wareneingangs mit der JIT-Aktion OGRE durchgeführt werden. Es existiert keine für Scanner optimierte Transaktion zur JITO6. Damit der interne Bearbeitungsstand sowohl des JIT-Inbound als auch des JIT-Outbound Abrufes aktualisiert wird, empfiehlt es sich, eine JIT-Inbound Transaktion für das Ausführen der JIT-Aktion OGRE zu verwenden. Es kann beispielsweise die Transaktion JIT6RF angewendet werden.
- JITOM – Monitoring JIT-Outbound: in das JIT-Monitoring für ausgehende Abrufe kann mit diversen Selektionsbedingungen eingestiegen werden. Nach der Selektion erhält man in der Ergebnisliste eine Auflistung aller gefunden JIT-Outbound Abrufe und Teilegruppen. Über den Button „Aktionen" werden alle JIT-Aktionen angezeigt, die für die selektierten Abrufe und dem internen Bearbeitungsstand zum Ausführen zur Verfügung stehen.

Das Ausführen der JIT-Aktion aus dem JIT-Cockpit (Transaktion JITOG) kann aus benutzerunfreundlicher Handhabung nicht empfohlen werden. Häufig verwendete Transaktionen sind zudem in Abschn. 3.11 beschrieben.

3.8.3 JIT-Outbound Aktionen

Die JIT-Outbound Aktion ist wie die JIT-Inbound Aktion das zentrale Element in der Abrufsteuerung, die den Prozess weiterführt und Funktionen ausführt. Das kann die Erstellung, die Änderung des JIT-Outbound Abrufes, die Buchung des Wareneingangs oder der Abschluss und die Archivierung des Abrufs sein. Die Integration in die SAP-Standard Module ist dabei stets gegeben, da in den Aktionen häufig Bausteine aus dem SAP-Standard verwendet werden. Diese werden im weiteren Verlauf der Kapitel erläutert. Aktionen für das JIT-Outbound können sowohl im Inbound Customizing über die Transaktion OJITI als auch über das Outbound Customizing über die Transaktion OJITO angelegt werden. Da die gleiche Customizingtabelle CJIT05 verwendet wird, ist es nicht entscheidend, welcher Menüpfad ausgewählt wird. Der folgende Menüpfad wird beim JIT-Outbound verwendet, siehe Abb. 3.72.

Für das Customizing der Relevanz für JIT In- und/oder Outbound oder die Steuerung als interne Aktion gelten die gleichen Bedingungen wie bei JIT-Inbound Aktionen. Diese sind näher in Abschn. 3.4.4 hinterlegt. Alle JIT-Aktionen werden im JIT-Outbound über den Funktionsbaustein JITOUT04_SET_ACTION_INTERN ausgeführt. Öffnet man den Funktionsbaustein über die Transaktion SE37 sieht man im Quellcode über CASE-Abfragen, welche JIT-Aktionen mit welchen Funktionsbausteinen aufgerufen werden. Am Ende der Implementierung erkennt man, dass bei Outbound Aktionen kein Userexit für kundeneigene Aktionen zur Verfügung steht, sondern ein BAdI – JITO_ACTION. Dieser ist über das Outbound Customizing unter Business Add-Ins mit der Transaktion OJITO aufrufbar und bietet folgende Funktionalitäten:

Abb. 3.72 Definition von Aktionen über das JIT-Outbound Menü

- BEFORE_ACTION: diese Methode wird verwendet, um eine Überprüfung VOR der eigentlichen Aktionsausführung im JIT-Outbound durchzuführen. Beispielsweise kann eine Überprüfung eingebaut werden, ob der JIT-Inbound und JIT-Outbound Abruf im gleichen internen Bearbeitungsstand stehen. Dies kann sinnvoll sein, wenn die Prozessanforderungen vorgeben, dass die Bearbeitungsstände nicht auseinanderlaufen dürfen. Falls die Bearbeitungsstände von JIT-Inbound und JIT-Outbound Abruf unterschiedlich sind, wird eine Fehlermeldung ausgeworfen und eine E-Mail an den JIT-Verantwortlichen gesendet, damit dieser analysieren kann wieso die Bearbeitungsstände unterschiedlich sind. Außerdem erfolgt eine manuelle Korrektur der Bearbeitungsstände vom JIT-Verantwortlichen.
- CUSTOMER_ACTION: diese Methode wird zur eigentlichen Aktionsausführung verwendet. Möchte man beispielsweise einen Lieferantenretourenprozess mit der Anlage einer Retourenbestellung anstoßen und eine Nachbestellung an den Sublieferanten senden, muss eine neue Z-Aktion programmiert werden.
- AFTER_ACTION: diese Methode wird verwendet, um eine Verarbeitung NACH der eigentlichen Aktionsausführung durchzuführen. Beispielsweise kann ein Wechsel des internen Bearbeitungsstandes des JIT-Inbound Abrufes angestoßen werden, wenn die JIT-Aktion nur über den Outbound Abruf ausgeführt werden kann. Sowohl der Inbound als auch der Outbound Abruf können dann immer synchron gehalten werden, wenn dies die Prozessanforderungen vorgeben.

Eine Erweiterung der SAP-Standard Aktionen ist immer dann sinnvoll, wenn SAP-Standard Aktionen nicht verwendet werden können, der Prozess optimiert wird und eine Abwicklung mit SAP JIT sinnvoll ist. Dabei ist es entscheidend, wie bereits in Abschn. 3.8.2 beschrieben, ob eine JIT-Outbound Aktion über das JIT-Inbound oder das JIT-Outbound ausgeführt wird, um die Bearbeitungsstände beider Abrufe synchron zu halten bzw. am Ende des Prozesses wieder zusammen fließen zu lassen.

Die nachfolgende Tab. 3.12 zeigt eine Übersicht der JIT-Outbound Aktionen, die über das JIT-Inbound mit beispielsweise der Transaktion JITF oder Transaktion JITM ausgeführt werden können. Wenn im Customizing zur JIT-Aktion der Haken „interne Aktion" gesetzt ist, ist die Aktion nicht für den Benutzer ausführbar. Die Tabelle spiegelt nicht die Customizingeinstellung der JIT-Aktionen mit der Kennzeichnung „In/Outbound-Relevanz" wider, sondern zeigt den Aufruf der jeweiligen Aktionen im Funktionsbaustein JIT04_SET_ACTION_INTERN. Die Aktionen können dadurch im JIT-Inbound als auch im JIT-Outbound aufgerufen werden, siehe Tab. 3.12.

Die nachfolgenden Kapitel beschreiben die vorhandenen SAP-Standard JIT-Aktionen im JIT-Outbound.

Tab. 3.12 JIT-Outbound Aktionen, die im JIT-Inbound ausgeführt werden können

Aktion	JIT-Inbound Aufruf	JIT-Outbound Aufruf
OCRE	X	X
OMOD	X	X
OAPP		X
OREP		X
OSDP	X	X
OSDD	X	X
OGRE	X	X
OCGR	X	X
OSHP		X
OCSH		X
ODLC	X	X
OCNF		X
ORDC	X	X
OTCR		X
OTCA		X
ODLI		X
OCDL		X
ORD		Keine Programmlogik vorhanden
OFIN	X	X
OARC		Wird über die Archivierung aufgerufen (RJITOUTARCH01F01)
OREO	X	X

3.8.4   Aktion OCRE: Outbound-Abrufe generieren

Die JIT-Aktion OCRE erzeugt einen JIT-Outbound Abruf aus einem JIT-Inbound Abruf und bildet die Basis, um ein SEQJIT03-IDOC zu generieren. Für die Erzeugung des JIT-Outbound Abrufs werden im Programm verschiedene Stammdaten abgefragt, die als Voraussetzung im System vorhanden sein müssen:

- Zu jedem Material in der JIT-Inbound Teilegruppe muss ein Regelkreis im entsprechenden Werk angelegt sein. Über die Transaktion PKMC kann der relevante Regelkreis eingestellt werden (Regelkreistyp S für JIT-Outbound). Über die Transaktion PK05 muss hierzu der notwendige Produktionsversorgungsbereich angelegt werden. Weitere Informationen sind in Abschn. 3.7.3 bzw. Abschn. 3.7.4 beschrieben.
- Im Regelkreis muss die Fremdbeschaffungsstrategie angegeben werden, die beschreibt, mit welcher Bewegungsart der Wareneingang gebucht wird. Die Fremdbeschaffungsstrategie wird im JIT-Outbound Customizing zum Werk angelegt, siehe Abschn. 3.8.30.

- Des Weiteren wird im Regelkreis angegeben, welches Produktionsabrufprofil herangezogen werden soll, das die grundlegenden Parameter enthält wie ein Produktionsabruf in Form eines SEQJIT03-IDOCs erzeugt wird. Die möglichen Einstellungen sind in Abschn. 3.8.26 beschrieben.
- Die Angaben der Einkaufsorganisation, des relevanten Kreditors/Business Partners und der Einkaufslieferplannummer sowie der Positionsnummer, auf der das abzurufende Material steht, vervollständigen die Angaben im Regelkreis.
- Außerdem ist darauf zu achten, dass ein gültiger Orderbuchsatz vorhanden ist, da die JIT-Aktion OCRE vor der Erzeugung des JIT-Outbound Abrufes eine Überprüfung auf das Orderbuch durchführt.

Als Grundlage für die Generierung des JIT-Outbound Abrufs wird die Teilegruppe des JIT-Inbound Abrufs verwendet. Dabei werden nicht nur die Materialien in die Outbound Teilegruppe geschrieben, sondern auch Abladestelle, Gruppierungsinformationen und das geplante Bedarfsdatum für die Outbound Teilegruppe. Das geplante Bedarfsdatum bildet sich aus dem geplanten Versanddatum der Inbound Teilegruppe. Eine spezielle Berechnung des Datums kann für Mengenabrufe über die Zeitdefinition und die Terminierungsprofile im JIT-Outbound Customizing erfolgen, siehe Abschn. 3.8.27 und 3.8.28.

In der Abrufsteuerung muss beachtet werden, dass die JIT-Outbound Aktion OCRE vom internen Bearbeitungsstand leer auf den gewünschten internen Bearbeitungsstand zugelassen wird, da ein Outbound Abruf erzeugt wird, der auf der Datenbank noch nicht vorhanden ist und dadurch den internen Bearbeitungsstand leer besitzt. Möchte man demnach über den JIT-Inbound Abruf im internen Bearbeitungsstand 1000 über die Aktion OCRE den JIT-Outbound erzeugen, so sind zwei Customizing Einträge notwendig. Ein Eintrag ab Bearbeitungsstand 1000 und ein Eintrag ab leer. Als Zielbearbeitungsstand wird der gewünschte Bearbeitungsstand eingesetzt, siehe Tab. 3.13.

Am Ende der Erstellung des JIT-Outbound Abrufs wird der Funktionsbaustein JITOUT04_ACTION_SEND_PREPARE aufgerufen, der das SEQJIT03-IDOC erzeugt. Dieser Baustein wird auch in den JIT-Aktionen OSDP und OCRS aufgerufen. Das bedeutet, dass die JIT-Aktion OCRE nicht nur den JIT-Outbound Abruf anlegt, sondern gleichzeitig auch das SEQJIT03-IDOC erzeugt. Dieses wiederum kann für einen neuen JIT-Inbound Prozess verwendet werden. Die folgende Darstellung in Abb. 3.73 zeigt das Ergebnis aus der JIT-Aktion OCRE.

Bei der Definition von JIT-Referenznummern ist darauf zu achten, dass kundenspezifische Ausprägungen nicht automatisch in das SEQJIT03-IDOC übernommen werden. Es gibt eine Reihe von SAP-Standard Referenznummern, die als Konstante im Programm hinterlegt sind und die in das SEQJIT03-IDOC übernommen werden.

Tab. 3.13 Exemplarisches Customizing der JIT-Aktion OCRE	BearbStAkt	Aktion	BearbStNeu
		OCRE	2000
	1000	OCRE	2000

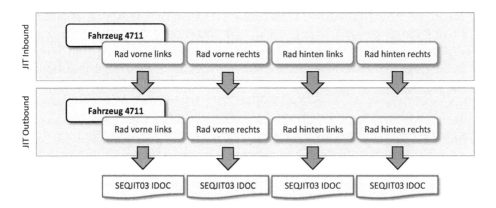

Abb. 3.73 Erzeugung des JIT-Outbound aus dem JIT-Inbound inklusive IDOC-Erstellung

Die Felder können nur befüllt werden, wenn die Information bei der IDOC-Erstellung vorliegt:

- Typ der Referenznummer „CC": die Regelkreisnummer wird in die Referenznummer geschrieben.
- Typ der Referenznummer „PV": eine abweichende Packvorschrift wird in die Referenznummer geschrieben.
- Typ der Referenznummer „CN": die Anzahl der Ladungsträger wird in die Referenznummer geschrieben.
- Typ der Referenznummer „BC": Chargenmerkmale werden in die Referenznummer geschrieben.
- Typ der Referenznummer „OP": der Teilegruppenschlüssel des JIT-Outbound Abrufes wird in die Referenznummer geschrieben, wenn das Feld GRPIN (=Gruppierungsinformation) befüllt ist. Ist das Feld Gruppierungsinformation nicht befüllt, wird der Outbound Teilegruppenschlüssel in das Feld GRPIN übermittelt.
- Typ der Referenznummer „SA": die Einkaufslieferplannummer wird in die Referenznummer geschrieben.
- Typ der Referenznummer „SI"=die Position im Einkaufslieferplan wird in die Referenznummer geschrieben.

Wenn doch kundenspezifische Informationen über JIT-Referenznummern in das SEQ-JIT03-IDOC übernommen werden sollen oder Anpassungen allgemein am IDOC vorgenommen werden müssen, so kann der BAdI JITO_IDOC (Anpassen der IDoc-Daten) Methode CHANGE_IDOC_JITCALL (Anpassen des JIT-Abruf-IDocs) ausprogrammiert werden. Dieser BAdI wird auch für das Anpassen von Lieferquittierungs-IDocs verwendet, siehe Abschn. 3.8.14 zur JIT-Aktion ODLC.

Das erzeugte SEQJIT03-IDOC unterscheidet sich nicht vom Aufbau von dem IDOC, das vom OEM an den Zulieferer gesendet wird. Deswegen gelten die Beschreibungen aus Abschn. 2.2, Abb. 2.3 auch für das erzeugte SEQJIT03-IDOC aus dem JIT-Outbound. Einzige Ausnahme ist das Feld JCPOS im Segment E1PSJCL, das über JIT-Outbound gefüllt wird. In diesem Feld wird aus der Tabelle JITOCO (Abrufkomponenten JIT-Outbound) die Abrufposition gespeichert.

Die JIT-Aktion OCRE kann nicht zweimal für den gleichen Abruf ausgeführt werden. Sobald ein JIT-Outbound Abruf erzeugt wurde, wird auf der Teilegruppe des JIT-Inbound das Kennzeichen „JIT-Abruf Outbound erzeugt" (Tabelle JITIT Feld OUTEX) gesetzt. Bei einem erneuten Ausführen der Aktion OCRE wird dieses Kennzeichen geprüft und die Aktion läuft mit der Meldung „JIT Outbound Abruf wurde bereits erstellt" auf Fehler. Der Haken „JIT-Abruf Outbound erzeugt" sollte mittels Transaktion JITE nicht zurückgenommen werden, um die JIT-Aktion OCRE erneut ausführen zu können, da ansonsten zum vorhandenen JIT-Outbound Abruf eine weitere Outbound Teilegruppe erzeugt werden würde. Dies würde nicht dem JIT-Inbound Abruf entsprechen. Für Änderung von JIT-Outbound Abrufen wird die Aktion OMOD ausgeführt.

Die JIT-Aktion OCRE wird auch bei der Erstellung von Mengenabrufen ausgeführt, z. B. über die Transaktion PK23. Über die Abrufsteuerung wird die JIT-Aktion OCRE und der interne Bearbeitungsstand ermittelt, in dem die Teilegruppe nach der Verarbeitung stehen muss.

3.8.5 Aktion OMOD: JIT-Outbound-Abruf modifizieren

Die JIT-Aktion OMOD steht für das Ändern von JIT-Outbound Abrufen bereit. Im Gegensatz zur JIT-Aktion MODI kann die Aktion OMOD keinen JIT-Outbound Abruf erzeugen, wenn noch kein Outbound Abruf existiert. Dies bedeutet, dass die JIT-Aktion OCRE zwingend vor der JIT-Aktion OMOD ausgeführt werden muss. Im Prozess macht der kombinierte Einsatz der Aktionen MODI und OMOD Sinn, wenn ein Abruf vom OEM an den 1-tier Zulieferer gesendet wird und dieser sofort weiter an den 2-tier Lieferanten bzw. an die Partnerproduktionsstätte weitergegeben wird. Mit Hilfe des JIT-Abrufes kann der 2-tier Lieferant bzw. die Partnerproduktionsstätte seine Bedarfsplanung optimieren, indem die Funktionalität der Transaktion JITH eingesetzt wird und Feinabrufe aus Sequenzabrufe erzeugt werden, siehe Abschn. 3.11.11. Sobald eine Aktualisierung des Abrufes vom OEM beim 1-tier Zulieferer empfangen wurde, da sich beispielsweise Materialien in der Teilegruppe verändert haben, so muss sowohl der JIT-Outbound aktualisiert werden als auch ein neues SEQJIT03-IDOC (=EDI-Nachricht) mit den neuen Informationen versendet werden. Das nachfolgende Schaubild in Abb. 3.74 verdeutlicht das Zusammenspiel von Anlage und Änderung von JIT-Abrufen, inklusive Erstellung von Feinabrufen aus JIT-Abrufen.

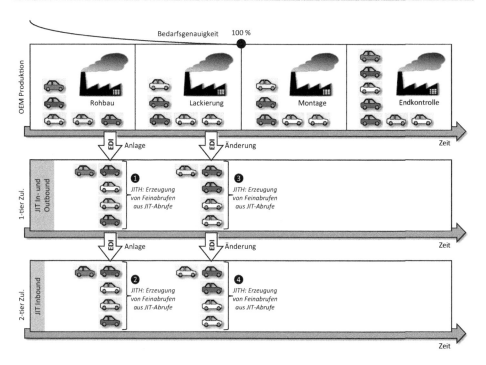

Abb. 3.74 Grafische Darstellung von Anlage und Änderung von JIT-Abrufen

Der 1-tier Zulieferer empfängt den JIT-Abruf vom OEM und verarbeitet diesen mit der JIT-Aktion CREA oder MODI im JIT-Inbound. Gleichzeitig wird über die JIT-Aktion OCRE oder OMOD – je nach Anwendungsfall – der JIT-Outbound Abruf erzeugt oder geändert. Dies stößt den IDOC-Versand (SEQJIT03) an den 2-tier Zulieferer an, der die Nachricht wiederum mit der JIT-Aktion CREA oder MODI im JIT-Inbound verarbeiten kann. Mithilfe der Transaktion JITH kann der JIT-Abruf dispositiv relevant gemacht werden, indem Feinabrufe aus dem JIT-Abruf (Inbound) erzeugt werden.

Beim Ablauf der Programmlogik für die Aktion OMOD werden ähnliche Prüfungen wie bei der Aktion OCRE durchgeführt. Zum Beispiel wird auch auf das Vorhandensein von JIT-Regelkreisen oder Einkaufslieferplänen geprüft. Außerdem wird der Abruf gemäß Produktionsabrufprofil geändert. Die detaillierten Beschreibungen sind in Abschn. 3.8.4 zur JIT-Aktion OCRE hinterlegt. Im Gegensatz zur JIT-Aktion OCRE wird mit der JIT-Aktion OMOD kein SEQJIT03-IDOC erzeugt. Falls eine erneute Erzeugung notwendig ist, so muss die JIT-Aktion OREP, siehe Abschn. 3.8.7 aufgerufen werden.

Die JIT-Aktion OMOD wird auch bei der Änderung von Mengenabrufen ausgeführt, z. B. über die Transaktion PJ02. Über die Abrufsteuerung wird die JIT-Aktion OMOD und der interne Bearbeitungsstand ermittelt, um zu überprüfen, ob eine Änderung der Teilegruppe zulässig ist.

3.8.6   Aktion OAPP: Teilegruppe zu Outbound-Abruf hinzufügen

Die Funktionalität der JIT-Aktion OAPP kann nicht über die Abrufsteuerung und die Transaktion JITOM ausgeführt werden. Bei der Ausführung über die Transaktion JITOM findet lediglich ein Wechsel des internen Bearbeitungsstandes statt – ohne Durchführung einer Programmlogik. Des Weiteren ist die Aktion nur innerhalb des JIT-Outbound Prozesses für Mengenabrufe einsetzbar.

Mit Hilfe der Transaktion PK23 und der JIT-Aktion OAPP werden einem vorhandenen Mengenabruf eine Teilegruppe hinzugefügt. Der vorhandene Mengenabruf muss das gleiche Material in der Teilegruppe besitzen und es dürfen noch keine Nachrichten wie beispielsweise SEQJIT03-IDOCs versendet worden sein. Außerdem muss die JIT-Aktion OAPP in der Abrufsteuerung im internen Bearbeitungsstand zulässig sein. Der von interne Bearbeitungstand muss dabei dem gleichen nach internen Bearbeitungsstand der JIT-Aktion OCRE entsprechen. Die nachfolgende Tab. 3.14 veranschaulicht die Customizingeinstellungen für die Abrufsteuerung.

Sind alle Bedingungen erfüllt, wird eine neue Teilegruppe einem Mengenabruf hinzugefügt. Die nachfolgende Abbildung verdeutlicht die Funktionalität der JIT-Aktion OAPP.

Sind die Bedingungen für die JIT-Aktion OAPP erfüllt, wird automatisch die JIT-Aktion OCRE ausgeführt und ein neuer Mengenabruf wird erzeugt, vergleiche Abb. 3.75.

Tab. 3.14 Exemplarisches Customizing der JIT-Aktion OAPP

BearbStAkt	Aktion	BearbStNeu
	OCRE	2000
2000	OAPP	2000

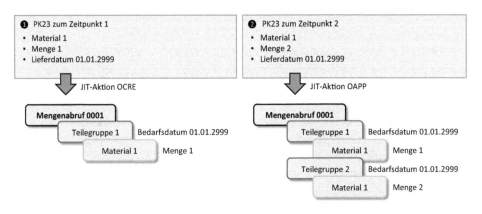

Abb. 3.75 Grafische Darstellung der JIT-Aktion OAPP

3.8.7 Aktion OREP: Outbound-Abruf senden: Nachr. erzeug. WH

Die JIT-Aktion OREP ist für die erneute Ausgabe eines SEQJIT03-IDOCs zuständig. Dies ist immer dann notwendig, wenn eine Änderung des JIT-Outbound Abrufes durchgeführt wurde und die Aktualisierung per EDI-Nachricht an den 2-tier Kreditor/Business Partner oder an eine andere Produktionsstätte des 1-tier Lieferanten weitergegeben werden soll.

Für die JIT-Aktion OREP läuft die gleiche Programmlogik ab wie für die Erzeugung des SEQJIT03-IDOCS mit der JIT-Aktion OSDP bzw. OCRE. Trotzdem muss bei einer wiederholten Verarbeitung die JIT-Aktion OREP verwendet werden, da beispielsweise beim Ausführen der JIT-Aktion OSDP für den JIT-Outbound geprüft wird, ob das IDOC bereits erstellt wurde.

Für das Erstellen der SEQJIT03-Nachricht werden die gleichen Bedingungen angewendet, die in Abschn. 3.8.4 zur JIT-Aktion OCRE beschrieben sind.

3.8.8 Aktion OSDP: Outbound-Abruf senden: Nachricht erzeug

Die JIT-Aktion OSDP führt die gleiche Funktionslogik wie die Aktion OREP aus. Mit der Ausnahme, dass geprüft wird, ob bereits eine IDOC-Erzeugung stattgefunden hat. Ist letzteres der Fall, so wird die Verarbeitung mit einer Informationsmeldung verlassen, dass bereits ein IDOC erzeugt wurde. Es wird kein neues SEQJIT03-IDOC generiert.

Da die IDOC-Erstellung automatisch bei der Anlage des JIT-Outbound Abrufes über die JIT-Aktion OCRE durchgeführt wird, wird die Aktion OSDP in der Praxis wenig eingesetzt. Ein Einsatz ist dann erforderlich, wenn ein JIT-Outbound Abruf angelegt wird – ohne Erzeugung eines SEQJIT03-IDOCs und dann im Nachgang das IDOC über die Aktion OSDP erstellt werden soll. Eine Unterdrückung des SEQJIT03-IDOCs ist möglich, wenn im Produktionsabrufprofil die Nachrichtenfindung deaktiviert wird. Weitere Informationen sind in Abschn. 3.8.26 zum Produktionsabrufprofil für PAB hinterlegt.

3.8.9 Aktion OSDD: Outbound-Abruf senden: Nachricht verarb

Die JIT-Aktion OSDD ist für die Verarbeitung von SEQJIT03-Nachrichten zuständig. Dabei wird geprüft, ob ein Nachrichtenkonditionssatz der Applikation PA in der Erstverarbeitung ansteht. Wird kein Datensatz gefunden, wird die JIT-Aktion mit einem Fehler beendet. Kann das Programm allerdings einen nicht verarbeiteten EDI-Konditionssatz ermitteln, so wird über die JIT-Aktion OSDD die Verarbeitung angestoßen.

Der Einsatz der JIT-Aktion OSDD ist immer dann sinnvoll, wenn über die JIT-Outbound Abruferzeugung mit der JIT-Aktion OCRE kein IDOC direkt versendet, sondern nur generiert wird. In der Konditionssatzpflege muss der Versandzeitpunkt „3 Versenden durch anwendungseigene Transaktion" eingestellt werden. Über die JIT-Aktion OSDD kann das tatsächliche Auslösen des IDOCs durchgeführt werden.

3.8.10 Aktion OGRE: Wareneingang zu JIT-Outbound buchen

Die JIT-Aktion OGRE bucht den Wareneingang auf Grundlage des zur Abruf-
komponente zugeordneten Einkaufslieferplans. Somit wird im MM-Lieferplan die offene
Menge reduziert und die WE-Menge sowie die Wareneingangsfortschrittszahl erhöht.
Die Bewegungsart für den Wareneingang wird in der Verarbeitung aus der Fremd-
beschaffungsstrategie für PAB ermittelt. Die Fremdbeschaffungsstrategie für PAB ist in
Abschn. 3.8.30 beschrieben. Der für die Buchung verwendete Lagerort wird aus dem
Produktionsversorgungsbereich ermittelt, der dem JIT-Regelkreis zugeordnet ist.

   Wird in der JIT-Outbound Abwicklung mit Umlagerungslieferplänen gearbeitet,
wird vom System erwartet, dass der Bestand im WK Transitbestand vorhanden ist
(WK = Werk). Ist dies nicht der Fall, wird eine entsprechende Fehlermeldung über die
JIT-Aktion OGRE ausgegeben. Ist der Wareneingang erfolgreich gebucht, wird auf
JIT-Outbound Abrufkomponentenebene der Wareneingangsstatus gesetzt. Dieser ist 1,
wenn der Wareneingang vollständig und ist 2, wenn der Wareneingang teilweise gebucht
wurde. In der Transaktion JITOM ist der Status zum Wareneingang über den Haken
„Wareneingang zum JIT Outbound gebucht" ersichtlich.

   Der erzeugte Materialbeleg zum Wareneingang kann ebenfalls über die Transaktion
JITOM aufgerufen werden, indem zur Teilegruppe die Schaltfläche „Materialbeleg"
gedrückt wird, siehe Abb. 3.76.

   In der Aktionsverarbeitung der JIT-Aktion OGRE wird zudem das lieferantenspezifische Lieferquittierungsintervall ausgelesen. Dieses wird im JIT-Outbound Customizing unter der Menüeinstellung „Nummernkreise festlegen" → „Lieferantenspezifische
Nummernkreise für Lieferquittierung" eingetragen. Abhängig vom Kreditor/Business
Partner kann ein Nummernkreisintervall zugeordnet werden, das auf das Nummernkreisobjekt JITO_DLCN verweist, siehe auch Abschn. 3.1. Das Customizing zur lieferantenspezifischen Lieferquittierungsnummer wird über die Transaktion OJITO aufgerufen,
siehe Abb. 3.77.

   Ist kein Eintrag in der Tabelle zum Kreditor hinterlegt, wird über die SAP-Standardverarbeitung der JIT-Aktion OGRE automatisch das Nummernkreisintervall 01 gezogen.
Nach jeder Wareneingangsverarbeitung wird der Nummernstand der Lieferquittierung
hochgezählt und entsprechend in den Referenztabellen für Outbound Lieferquittierungen
gesichert (Tabelle DLCNOHD, DLCNOCO, DLCNORF). Dies hat den Vorteil, dass zu
jeder Teilegruppe und Abrufkomponente im JIT-Outbound die jeweilige Wareneingangs-
meldung protokolliert wird. Zudem dienen die Tabellen um Lieferquittierungen mit der
JIT-Aktion ODLC zu versenden, siehe Abschn. 3.8.14.

Abb. 3.76 Absprung zum Materialbeleg über die Transaktion JITOM

Abb. 3.77 Pflege von lieferantenspezifischen Lieferquittierungsnummern

Der Wareneingangsprozess zur JIT-Outbound Teilegruppe kann ebenfalls durch die Verarbeitung eines Lieferavis eingeleitet werden, wenn der 2-Tier Lieferant EDI-Lieferscheine sendet und die Bestätigungspflicht im Einkaufslieferplan gesetzt ist. Der Unterlieferant sendet aus der SD-Auslieferung ein Lieferavis, das beispielsweise über die SAP-Standard Nachrichtenart LAVA (Lieferavis Ausgang) erzeugt wird (Nachrichtentyp DESADV und Vorgangscode DELV). Über die Eingangsverarbeitung wird eine MM-Anlieferung mit Bezug zum Einkaufslieferplan beim 1-Tier Zulieferer mit dem Vorgangscode DELS (Funktionsbaustein IDOC_INPUT_DESADV1) angelegt. Im Lieferavis muss dabei zwingend die Einkaufslieferplannummer und die Referenz zur JIT-Produktionsnummer (E1EDL52 Qualifier PRN für die Positionsebene) angegeben werden. Ohne die Angabe der MM-Lieferplannummer kann die Anlieferung nicht angelegt und ohne Angabe der Produktionsnummer kann kein Bezug zum JIT-Outbound Abruf hergestellt werden. Eingehende Lieferavis-IDOCs können über die Transaktion EMASN überwacht, geprüft und bearbeitet werden. Damit das Lieferavis dem Outbound Abruf zugeordnet wird, muss die JIT-Aktion OSHP ausgeführt werden. Dies wird in Abschn. 3.8.12 beschrieben. Der Wareneingang zur erzeugten Anlieferung kann entweder automatisch über das Fremdbeschaffungsprofil für PAB erfolgen, siehe auch Abschn. 3.8.30 oder manuell beispielsweise über die Transaktion BORGR. Es kann auch die JIT-Aktion OGRE verwendet werden, um für die Anlieferung den Wareneingang zu buchen.

Die JIT-Aktion OGRE kann auch für Mengenabrufe verwendet werden. Ebenso, wenn für diese Lieferavise empfangen und verarbeitet werden. Der Ablauf unterscheidet sich nicht von produktionssynchronen Abrufen. Sowohl für MAB als auch PAB kann auch alternativ die Transaktion PJWE für die Wareneingangsbuchung verwendet werden. Sowohl die JIT-Aktion OGRE als auch das Programm zur Transaktion PJWE rufen den Wareneingangsfunktionsbaustein JITOUT09_UPDATE_AFTER_GR auf.

Lieferavise können nicht für MM-Umlagerungslieferpläne verwendet werden, da diese im System ohne Lieferant, sondern mit Lieferwerk angelegt sind. Bei der Verbuchung des Lieferavis würden Fehler auftreten, dass bei der Anlage der Anlieferung die Pflichtrolle LF für Lieferant nicht gefüllt ist.

Die hier beschriebene Aktionslogik wird nur angewendet, wenn auf Abrufkomponentenebene im JIT-Outbound der Wareneingangsstatus noch nicht auf 1 (abgeschlossen) gesetzt ist.

3.8.11 Aktion OCGR: Wareneingang stornieren

Die JIT-Aktion OCGR ist für die Stornierung des Wareneingangs zuständig, der zum Beispiel über die Aktion OGRE erfolgt ist. Dabei wird auf Abrufkomponentenebene der Wareneingangsstatus initialisiert und somit der Haken „Wareneingang zum JIT-Outbound gebucht" zurückgenommen.

Auf Einteilungsebene des Einkaufslieferplans wird die Wareneingangsmenge sowie die Wareneingangsfortschrittszahl reduziert und die offene Menge erhöht. Die Bewegungsart für die Stornobewegung ermittelt sich aus dem Customizing zu Storno-/ Folgebewegungsarten aus dem Bewegungsartencustomizing unter „Bestandsführung und Inventur". Der erzeugte Materialbeleg mit der Stornobewegung wird dem JIT-Outbound Abruf zugeordnet. Auf einen Materialbeleg kann wie im Kapitel zur JIT-Aktion OGRE beschrieben abgesprungen werden. Sind mehr als ein Beleg zugeordnet, öffnet sich ein Pop-Up mit den zugeordneten Materialbelegen, siehe Abb. 3.78.

Abb. 3.78 Anzeige von mehreren Materialbelegen zum JIT-Outbound Abruf

Mit einem Doppelklick auf die gewünschte Zeile kann auf den Materialbeleg abgesprungen werden. Wurde der Wareneingang mit mehreren Belegen gebucht, öffnet sich beim Storno über die Aktion OCGR ein Pop-up-Fenster, bei dem ausgewählt werden muss, welcher Beleg storniert werden soll.

Bei einem Storno der Wareneingangsbuchung werden ebenfalls die Referenztabellen für Outbound Lieferquittierungen bereinigt. Lieferquittierungen können daher nicht mehr an den Kreditor/Business Partner versendet werden.

Die JIT-Aktion OCGR kann nur ausgeführt werden, wenn Wareneingangsbelege zum Abruf vorhanden sind.

Ein Storno der Wareneingangsbuchung ist nicht über die JIT-Aktion OCGR möglich, wenn vom Sublieferanten ein Lieferavis empfangen und mit einer Anlieferung gearbeitet wird. Beim Ausführen der JIT-Aktion OCGR bei Anlieferungen, wird die Fehlermeldung ausgegeben, dass die Transaktion VL09 für die Stornierung verwendet werden muss.

3.8.12 Aktion OSHP: Avis zum Outbound-Abruf verarbeiten

Die JIT-Aktion OSHP ist als interne Aktion im Customizing definiert und kann damit nicht von einem Benutzer manuell über die Transaktion JITOM ausgeführt werden. Bei der Verarbeitung eines Lieferavis vom Sublieferanten wird eine Anlieferung mit

Bezug zum Einkaufslieferplan angelegt und versucht eine Zuordnung zu einem JIT-Abruf (Outbound) zu erstellen, siehe Abschn. 3.8.10. Der JIT-Abruf muss in einem internen Bearbeitungsstand sein, bei dem die JIT-Aktion OSHP ausgeführt werden darf. Ansonsten kann das Avis nicht dem Abruf zugeordnet werden.

Die JIT-Aktion OSHP führt keine weitere betriebswirtschaftliche Logik aus, sondern setzt auf Teilegruppenebene des JIT-Outbound Abrufes das Kennzeichen „Lieferavis zum JIT-Outbound erhalten" und ermöglicht den Absprung aus der Transaktion JITOM auf die Anlieferung, siehe Abb. 3.79. Es erfolgt ein Wechsel des internen Bearbeitungsstandes gemäß der Abrufsteuerung.

Abb. 3.79   Absprung auf die Anlieferung aus der Transaktion JITOM

Alle Verknüpfungen von Mengenabrufen als auch den produktionssynchronen Abrufen zum Lieferavis werden in der Tabelle PABASN gespeichert.

Der Wareneingang kann entweder automatisch über das Fremdbeschaffungsprofil für PAB aus Abschn. 3.8.30, manuell über beispielsweise die Transaktion BORGR oder die Transaktion PJWE erfolgen. Zudem kann die JIT-Aktion OGRE verwendet werden, um den Wareneingang zur Anlieferung zu buchen, vergleiche Abschn. 3.8.10.

3.8.13 Aktion OCSH: Aus Anlieferung löschen

Die JIT-Aktion OCSH ist ebenfalls als interne Aktion gekennzeichnet und kann damit nicht manuell über die Transaktion JITOM ausgeführt werden. In der Verarbeitung der Aktion OCSH wird die gleiche Programmlogik durchlaufen wie bei der JIT-Aktion OSHP.

Wenn eine bestehende Anlieferung über ein neues Lieferavis aktualisiert oder storniert wird, wird automatisch der Funktionsbaustein für die Aktion OSHP aufgerufen und die Zuordnung des Lieferavis sowie das Kennzeichen „Lieferavis zum JIT-Outbound erhalten" werden korrigiert. Im Umkehrschluss bedeutet dies, dass die JIT-Aktion OCSH in der Abrufsteuerung im gewünschten internen Bearbeitungsstand erlaubt sein muss, wenn die Anlieferung verändert wird, zum Beispiel auch, wenn die Anlieferung gelöscht werden soll.

3.8.14 Aktion ODLC: Outbound-Abrufe: Lieferquitt. Senden

Die JIT-Aktion ODLC ist im Customizing als interne Aktion markiert und somit nicht durch den Benutzer in den klassischen JIT-Transaktionen JITM oder JITOM ausführbar. Die Aktion wird über die Transaktion ODLC aufgerufen oder es kann der Absprung

Abb. 3.80 Absprung in die Transaktion ODLC über die Transaktion JITOM

von der Transaktion JITOM auf die Transaktion ODLC genutzt werden. In der Transaktion JITOM muss über die Teilegruppe mit der Schaltfläche „Lieferquitt." auf die Funktionalität abgesprungen werden, siehe Abb. 3.80.

Damit die Funktionalität der JIT-Aktion ODLC verwendet werden kann, muss die Aktion in der Abrufsteuerung für den jeweiligen internen Bearbeitungsstand zugelassen sein. Außerdem muss der Wareneingang zur Teilegruppe gebucht sein. Die Aktion wird für folgenden betriebswirtschaftlichen Vorgang verwendet, siehe Abb. 3.81.

Der hier aufgezeigte Lieferquittierungsprozess zeigt grob fünf relevante Schritte, die zum besseren Verständnis weiter beschrieben werden:

- Der OEM sendet einen JIT-Abruf, der als SEQJIT03-Format mit der JIT-Aktion CREA im JIT-Inbound beim 1-tier Zulieferer verarbeitet wird. Über die JIT-Aktion OCRE wird im JIT-Outbound ein JIT-Outbound Abruf erzeugt und ein weiteres SEQ-JIT03-IDOC an den 2-tier Zulieferer versendet.
- Über das SEQJIT03-IDOC vom 1-tier Zulieferer wird beim 2-tier Zulieferer ein JIT-Abruf erstellt. Es folgen weitere JIT-Inbound spezifische Prozesse, die hier nicht

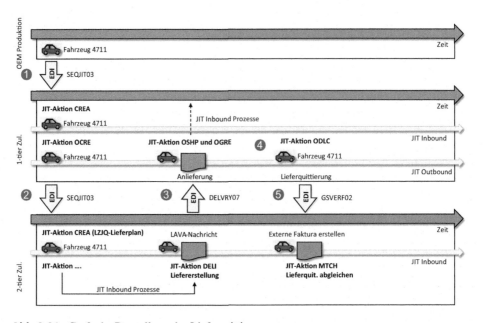

Abb. 3.81 Grafische Darstellung des Lieferquittierungsprozesses

weiter erläutert werden, da sie für das Prozessverständnis der JIT-Aktion ODLC nicht relevant sind.

- Bei der Erstellung der Auslieferung beim 2-tier Zulieferer wird über die Nachrichtenart LAVA ein DELVRY07-IDOC erzeugt (Lieferavis), das beim 1-tier Zulieferer automatisch eine Anlieferung generiert. Die Anlieferung beim 1-tier Zulieferer hat Bezug zum JIT-Abruf, da diese Daten im Lieferavis mit übermittelt wurden. Über die JIT-Aktion OSHP wird das Lieferavis dem Abruf zugeordnet. Die JIT-Aktion OGRE verbucht den Wareneingang und erzeugt einen Materialbeleg.
- Der erzeugte Materialbeleg ist die Grundlage für die JIT-Aktion ODLC, damit das GSVERF03-IDOC für die Lieferquittierung erzeugt werden kann. Die Lieferquittierung bestätigt den Wareneingang beim 1-tier Zulieferer und ermöglicht im Anschluss die Erstellung der Rechnung beim 2-tier Zulieferer.
- Die Lieferquittierungsnachricht erzeugt beim 2-tier Zulieferer automatisch eine externe Faktura. Voraussetzung ist allerdings, dass als JIT-Lieferplanart die Belegart LZJQ verwendet wird. Über die JIT-Aktion MTCH kann abgeglichen werden, welche Fahrzeuge geliefert und welche abgeglichen wurden.

Über die Beschreibung der einzelnen Schritte ist ersichtlich, dass der 1-tier Zulieferer über die JIT-Aktion ODLC die Wareneingänge bestätigen und diese als IDOC an den Sublieferanten versenden kann. Arbeitet der Sublieferant mit SAP JIT kann über das Lieferquittierungs-IDOC automatisch eine externe Faktura angelegt werden. Weitere Ausführungen zur Lieferquittierung sind auch in Abschn. 3.3.4 zu JIT-Lieferplänen mit Lieferquittierung und Abschn. 3.4.35 zu den JIT-Aktion MTCH und UDMT hinterlegt.

Im ODLC-Monitor (Transaktion ODLC) können drei Hauptfunktionalitäten ausgeführt werden:

- Lieferquittierung abschließen: ist die Bearbeitung einer Lieferquittierung abgeschlossen, kann über die Schaltfläche „Abschliessen" der Prozess zur Lieferquittierungsnummer abgeschlossen werden. In der Transaktion ODLC wird der Lieferquittierungsstatus „1" gesetzt.
- IDOC für die Lieferquittierung versenden: ein IDOC vom Nachrichtentyp DELCON, Basistyp GSVERF03 wird als Bestätigung für den Wareneingang an den Sublieferanten erstellt und versendet. Ist die Erstellung erfolgreich, wird ein Wechsel des internen Bearbeitungsstandes durchgeführt und das Kennzeichen „Lieferquittierung verschickt" wird auf Teilegruppenebene gesetzt. In der Transaktion ODLC wird der Lieferquittierungsstatus „2" gesetzt. Eine Lieferquittierung kann nicht doppelt versendet werden. Wenn dies über das Programm versucht wird, wird eine Fehlermeldung ausgegeben, dass die Lieferquittierung bereits versendet wurde.
- Lieferquittierung löschen: der durch den Wareneingang automatisch erzeugte Datensatz für die Lieferquittierung kann über die Schaltfläche „Löschen" reorganisiert werden. Wenn die Daten gelöscht sind, können sie nicht wiederhergestellt werden, siehe Abb. 3.82.

Abb. 3.82 Löschen der
Lieferquittierung zum JIT-
Outbound

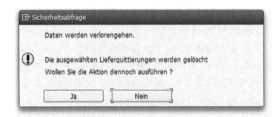

Eine Lieferquittierung kann auch manuell erfasst werden, indem mit der Transaktion ODLCM die Kreditor-/Business Partnernummer, der Auftraggeber und die Partner-bezeichnung eingegeben werden. Anschließend kann zum Material die Menge inkl. Basis-mengeneinheit eingegeben werden, die zu einer gewünschten Abrufnummer quittiert werden soll. Es wird für die Transaktion ODLC ein neuer Eintrag mit Typ „M" für manu-elle Anlage generiert (Tabelle DLCNOHD, DLCNOCO, DLCNORF). Falls eine Liefer-quittierung hinzugefügt werden soll und gleichzeitig auch eine Wareneingangsbuchung stattfinden muss, so wird die JIT-Aktion ORDC ausgeführt, siehe Abschn. 3.8.16.

Über die Transaktion und Aktion ODLC kann wie gewohnt das DELCON-IDOC vom Basistyp GSVERF03 erzeugt werden. Die folgenden Einstellungen bei der Ausgangs-verarbeitung in der Partnervereinbarung werden benötigt, um das IDOC erfolgreich zu versenden (Partnerart LI, Partnerrolle LF), vergleiche Tab. 3.15. Es ist keine Angabe der Applikation oder des Vorgangscodes notwendig.

Tab. 3.15 Partnervereinbarung für JIT-Outbound – DELCON Verarbeitung

Nachrichtentyp	Basistyp	Applikation	Nachrichtenart	Vorgangscode	Funktionsbaustein
DELCON	GSVERF03				

Die Erstellung der IDOCs erfolgt über die Transaktion ODLC mit dem Funktions-baustein JITOUT07_IDOC_CREATE_DELCON. Die Partnervereinbarung ausgehend wird benötigt, um das IDOC an den entsprechenden Empfänger zu versenden. Sind Anpassungen am DELCON-IDOC notwendig, so kann der BAdI JITO_IDOC mit der Methode CHANGE_IDOC_DELIVERY_CONFIRM verwendet werden.

Lieferquittierungsprozesse sind nicht für Mengenabrufe konzipiert. In der Transaktion ODLC werden nur produktionssynchrone Abrufe angezeigt, die weiterverarbeitet werden können.

3.8.15 Aktion OCNF: Bestätigen von JIT-Outbound-Abrufen

Die JIT-Aktion OCNF ist nicht mehr in Verwendung. Zwar ist diese im Customizing der JIT-Aktionen enthalten und die relevante Logik kann aufgerufen werden. Allerdings ist die entscheidende Stelle im ABAP-Code auskommentiert. Die Aktion würde ein Kennzeichen auf der JIT-Outbound Teilegruppe (Feld CONFR) setzen.

Somit kann geschlussfolgert werden, dass die JIT-Aktion OCNF nicht mehr eingesetzt wird.

3.8.16 Aktion ORDC: Material zu Lieferquitt. hinzufügen

Die JIT-Aktion ORDC wird immer dann ausgeführt, wenn eine Abrufkomponente manuell zu einer Lieferquittierung hinzugefügt werden soll. Das Hinzufügen zur Lieferquittierung führt über die Aktion ORDC mehrere Schritte aus:

- die JIT-Aktion ORDC muss über das JIT-Inbound ausgeführt werden, da für das Hinzufügen die bisherigen Abrufkomponenten ermittelt werden.
- für den Benutzer öffnet sich ein Pop-Up, welches verschiedene Funktionstasten zum Hinzufügen, Ändern und Löschen von Daten besitzt, siehe Abb. 3.83. Der Benutzer fügt manuell das Material, die Menge, die Mengeneinheit, Kreditor, Werk und Produktionsversorgungsbereich hinzu.
- für das eingegebene Material wird eine eigene JIT-Outbound Teilegruppe gebildet, bei der kein SEQJIT03-IDOC erzeugt wird.
- es erfolgt eine Wareneingangsbuchung zum Einkaufslieferplan und eine Zuordnung des Materialbelegs zur Outbound Teilegruppe. In der JIT-Aktion ORDC wird die Aktion OGRE ausgeführt. Es gelten somit alle Bedingungen für die JIT-Aktion OGRE.
- über die Wareneingangsbuchung wird ein Eintrag in den Lieferquittierungstabellen erzeugt (Tabelle DLCNOHD, DLCNOCO, DLCNORF), siehe auch Abschn. 3.8.10. Da die Einträge manuell vom Benutzer generiert wurden, wird in der Transaktion ODLC zum Versand der Lieferquittierungsnachrichten der Lieferquittierungstyp „M" angezeigt.

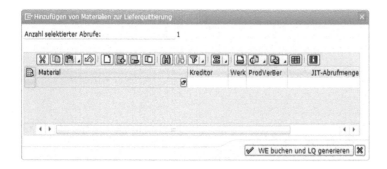

Abb. 3.83 Pop-up beim Hinzufügen von Materialien zur Lieferquittierung

Lieferquittierungsprozesse sowie die Funktionalität der JIT-Aktion ORDC sind nur für PAB-Prozesse verfügbar. Beim Abspeichern der Einträge aus dem Pop-up der Aktion ORDC wird überprüft, ob der zugeordnete JIT-Regelkreis vom Typ „S" für produktionssynchrone Abrufe ist.

Wird für den Prozess ein manuelles Hinzufügen einer Lieferquittierung ohne Wareneingangsbuchung benötigt, so wird die Transaktion ODLCM ausgeführt. Dies wird in Abschn. 3.8.14 beschrieben.

3.8.17 Aktion OTCR: TA zu JIT-Outbound erzeugen

Die JIT-Aktion OTCR wird klassischerweise für Mengenabrufe verwendet und legt zu jeder Teilegruppe einen WM-Transportauftrag an. Es gibt allerdings keine Restriktionen die Aktion auch für produktionssynchrone JIT-Outbound Abrufe zu verwenden.

Der WM-Transportauftrag für JIT-Outbound Abrufe wird verwendet, wenn eine Teilegruppe an einen internen Lagerortlieferanten oder von Werk an Werk umgelagert werden soll. Dabei wird für das JIT-Outbound der Lagerortlieferant aus dem JIT-Customizing unter dem folgenden Menüpfad zum Werk und Lagerort ermittelt, siehe Abb. 3.84.

Die relevanten Einstellungen für die Umlagerung werden in der Nachschubstrategie für Umlagerungen hinterlegt. Die Umlagerungsstrategie wird zum Werk angelegt und kann dabei beispielsweise hinterlegen, mit welcher Bewegungsart eine Umlagerung durchgeführt werden soll. Klassischerweise wird bei Outbound Abrufen die Bewegungsart 319 (=Nachschub Produktion) verwendet. Die Umlagerungsstrategie muss im Regelkreis unter dem Reiter Nachschubstrategie für die Materialien des Mengenabrufs hinterlegt sein. Gleichzeitig benötigt dieser Regelreis die Lagernummer, um die Lagertypenfindung für die JIT-Aktion OTCR durchführen zu können. Wenn eine Umlagerungsstrategie für den Regelkreis hinterlegt wird, werden das abgebende Werk und der Entnahmelagerort im Regelkreis hinterlegt. Der Ziellagerort wird aus dem Produktionsversorgungsbereich ermittelt, siehe Abschn. 3.7.4 zu den MAB-Regelkreisen.

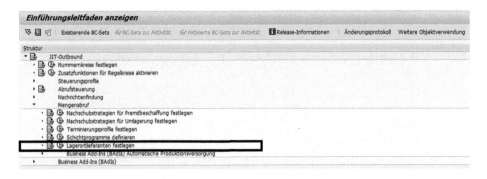

Abb. 3.84 Definition des Lagerortlieferanten bei Mengenabrufen

Abb. 3.85 Zuordnung des WM-Transportauftrages zur Teilegruppe des JIT-Outbounds

Außerdem darf zur Bewegungsart die Kennzeichnung „Manuell TA hinzufügen verboten" nicht aktiviert sein. Ansonsten kann die JIT-Aktion OTCR nicht ausgeführt werden. Die Einstellung ist über das Customizing in Pflegeview V_T333 möglich.

Wenn die JIT-Aktion OTCR ausgeführt wurde, wird ein WM-Transportauftrag je Teilegruppe erstellt. Die Zuordnung zur Teilegruppe ist beispielsweise über die Transaktion JITOM über den Menüpunkt unter „Springen" sichtbar oder direkt über einen Doppelklick auf die Teilegruppe und die Schaltfläche „Transportauftrag", siehe Abb. 3.85.

Die Quittierung des Transportauftrages ist über die gängigen WM-Transaktionen möglich, wie beispielsweise die Transaktion LT26. Nach der Quittierung wird das Kennzeichen „Wareneingang zum JIT Outbound" auf Teilegruppenebene gesetzt.

Wenn mit einem EWM-System gearbeitet wird, kann in der Steuerungsart zur Umlagerungsstrategie angegeben werden, dass die Abwicklung mit Lieferungen durchgeführt werden soll. Dann muss allerdings die JIT-Aktion ODLI verwendet werden, siehe Abschn. 3.8.19. Die JIT-Aktion OTCR kann nur für JIT-Outbound Abrufe ausgeführt werden und steht nicht für das JIT-Inbound zur Verfügung.

3.8.18 Aktion OTCA: TA zu JIT-Outbound stornieren

Die JIT-Aktion OTCA wird verwendet, wenn ein WM-Transportauftrag zu einem JIT-Outbound Abruf storniert werden soll. Voraussetzung ist somit, dass die JIT-Aktion OTCR ausgeführt und dass zur Teilegruppe ein WM-Transportauftrag angelegt wurde. Ist kein WM-Transportauftrag der Teilegruppe zugeordnet, bricht die JIT-Aktion OTCA mit einer Fehlermeldung ab.

Bei der Stornierung wird die gleiche Funktion ausgeführt, die auch die Transaktion LT15 anwendet. Daher muss die Aktion OTCA nicht unbedingt in die Abrufsteuerung mit aufgenommen werden, sondern die SAP-Standard WM-Transaktionen können verwendet werden. Der Haken „Wareneingang zum JIT Outbound" wird nach der Stornierung auf Teilegruppenebene gesetzt, da bei der Stornierung der Transportauftrag quittiert und der Quittierungsstatus auf storniert gesetzt wird.

Nach der Stornierung eines Transportauftrages kann die Aktion OTCA erneut ausgeführt werden, um einen neuen WM-Transportauftrag zur Teilegruppe zu erzeugen. Bei der Detailsicht zur Teilegruppe öffnet sich ein Fenster, wenn mehrere WM-Transportaufträge zur Teilegruppe zugeordnet sind, siehe Abb. 3.86.

Die JIT-Aktion OTCA kann analog zur JIT-Aktion OTCR nur für JIT-Outbound Abrufe ausgeführt werden und steht nicht für das JIT-Inbound zur Verfügung.

Abb. 3.86 Zuordnung
von mehreren
WM-Transportaufträgen zur
Teilegruppe

3.8.19 Aktion ODLI: Auslieferung zum JIT-Outbound erstellen

Die JIT-Aktion ODLI ist nur für Mengenabrufe konzipiert. Beim Ausführen der Aktion für einen produktionssynchronen Abruf erhält der Benutzer eine Fehlermeldung „Lieferung kann nur für Mengenabrufe angelegt werden".

Anwendung findet die Aktion bei MABs immer dann, wenn eine Umlagerung innerhalb eines Werkes oder eine Umbuchung von einem WM-verwalteten Lagerort in einen IM-verwalteten Lagerort durchgeführt werden soll. Hierfür kann nicht die JIT-Aktion OTCR verwendet werden, sondern es muss die JIT-Aktion ODLI eingesetzt werden, die sich für eine Umlagerung der Materialien mit einer Auslieferung behilft.

Für die Ausführung der JIT-Aktion ODLI gelten ähnliche Voraussetzungen wie für die JIT-Aktion OTCR. Es wird ein Lagerortlieferant benötigt, da Nachrichten über die SAP-Nachrichtensteuerung ausgegeben werden sollen (Nachrichtenart WMTA für die Erzeugung eines WM-Transportauftrags innerhalb der SD-Auslieferung). Zudem wird die Nachschubstrategie für Umlagerung ausgelesen, um die gewünschte Bewegungsart für die Umbuchung zu ermitteln. Ist keine hinterlegt, wird von der JIT-Aktion ODLI die Bewegungsart 311 verwendet. Der von-Lagerort wird aus dem MAB-Regelkreis ermittelt, wobei der nach-Lagerort aus dem Produktionsversorgungsbereich kommt. WM- bzw. EWM-spezifische Parameter wie Lagernummer, Lagertyp und Lagerplatz werden dabei ebenso aus dem MAB-Regelkreis verwendet. Weitere Informationen zu den notwendigen Daten sind auch in Abschn. 3.8.17 zur JIT-Aktion OTCR hinterlegt.

Die JIT-Aktion ODLI verwendet hart verdrahtet im Coding die Lieferart JITD und den Positionstypen JITP. Relevante Informationen für die Erstellung für die Auslieferung für die Verkaufsorganisation, Sparte, Vertriebsweg aber auch die Versandstelle und der Warenempfänger werden aus der Werkstabelle T001W ausgelesen.

Als Ergebnis wird über die Abrufsteuerung und die JIT-Aktion ODLI eine SD-Auslieferung zur Teilegruppe erzeugt, die für den Nachschub mit WM oder EWM verwendet wird. Außerdem wird ein Eintrag in der Verknüpfungstabelle von Mengenabrufen und Lieferavise erzeugt – Tabelle PABASN. Dies hat den Effekt, dass in der Transaktion JITOM auf die erstellte SD-Auslieferung abgesprungen werden kann.

Die Zuordnung zur Teilegruppe ist beispielsweise über die Transaktion JITOM über das Menü unter „Springen" sichtbar oder direkt über einen Doppelklick auf die Teilegruppe und die Schaltfläche „Lieferung", siehe Abb. 3.87.

Abb. 3.87   Zuordnung der Lieferung zur Teilegruppe des JIT-Outbound

Der benötigte WM-Transportauftrag wird für die SD-Auslieferung über die SAP-Standard Nachrichtenfindung und der Nachrichtenart WMTA erzeugt. Ein entsprechender Konditionssatz muss für die Nachrichtenart WMTA angelegt werden. Die Generierung des WM-Transportauftrags findet mit dem Sendemedium 8 und dem Verarbeitungsprogramm RLAUTA20 statt. Im Fall eines EWMs kann ebenfalls die JIT-Aktion ODLI eingesetzt werden. Ist die Lieferung erstellt und besitzt einen EWM-relevanten Lagerort, so wird die Lieferung an das EWM verteilt. Wird weder ein WM- noch ein EWM-verwalteter Lagerort verwendet, kann auch eine simple IM-Umbuchung von Lagerort nach Lagerort durchgeführt werden.

3.8.20 Aktion OCDL: Auslieferung zum JIT-Outbound über VL02N löschen

Die SD-Auslieferung wird über die Transaktion VL02N gelöscht und der Bezug zur Teilegruppe wird über die JIT-Aktion OCDL entfernt. Voraussetzung ist, dass die JIT-Aktion ODLI die SD-Auslieferung zur JIT-Outbound Teilegruppe erzeugt hat. Zudem ist das Löschen der Lieferung nur möglich, wenn diese nicht Warenausgang gebucht wurde.

Die Aktion OCDL wird automatisch ausgeführt, wenn über die Transaktion VL02N mit dem „Mülltonnensymbol" die SD-Auslieferung gelöscht wird. Die Aktion muss in der Abrufsteuerung im jeweiligen internen Bearbeitungsstand erlaubt sein.

Es ist zu beachten, dass die JIT-Aktion OCDL im SAP-Standard Auslieferungszustand der Aktionen unter Umständen fehlen kann. Wenn über die Transaktion OJITI oder OJITO die Aktion OCDL im Customizing hinzugefügt wird, kann sie auch in der Abrufsteuerung verwendet werden. Die Aktion benötigt folgende Einstellungen, siehe Tab. 3.16.

Wird die JIT-Aktion OCDL nicht in die Abrufsteuerung mit aufgenommen und trotzdem die SD-Auslieferung mit der VL02N gelöscht, so wird die Verbindungstabelle (Tabelle PABASN) zwischen Mengenabruf und SD-Auslieferung nicht korrigiert.

Tab. 3.16   Customizing der JIT-Aktion OCDL

Aktion	Kurztext zur Aktion	Verk. Akt.	Int. Aktion	In/Outbound-Relevanz
OCDL	Auslieferung zum JIT-Outbound über VL02N löschen		X	1 nur Outbound-relevant

3.8.21 Aktion ORD: Rücklieferung

Die JIT-Aktion ORD ist im Customizing der JIT-Aktionen als interne JIT-Outbound Aktion markiert und könnte somit nicht vom Anwender über die Transaktion JITOM ausgeführt werden. Eine entsprechende Logik zur Aktion ist allerdings nicht implementiert, obwohl die Aktion im SAP-Standard Customizing der JIT-Aktionen verfügbar ist. Würde man die JIT-Aktion manuell ausführen, würde das System einen Wechsel des internen Bearbeitungsstandes durchführen. Genauso wie wenn eine kundeneigene Z-Aktion ohne Programmlogik eingestellt wird.

Somit kann geschlussfolgert werden, dass die JIT-Aktion ORD obsolet ist.

3.8.22 Aktion OFIN: Outb. Teilegruppe abschließen

Mit der JIT-Aktion OFIN ist es möglich, den JIT-Outbound Abruf abzuschließen. Dabei wird wie bei der Inbound Aktion FINI ein Wechsel des internen Bearbeitungsstandes durchgeführt. Zusätzlich wird auf der Abrufkomponentenebene des Outbound Abrufes das Feld Wareneingangsstatus (technisch: GRDON) auf „1" (=abgeschlossen) gesetzt, wenn dieses nicht zuvor bereits auf 1 stand. Der Wareneingangsstatus wird normalerweise von der JIT-Aktion OGRE gesetzt.

3.8.23 Aktion OARC: Archivierung Outbound-Abrufe

Für die Archivierung von JIT-Outbound Abrufen wird die JIT-Aktion OARC angewendet. Diese hat keine Funktionslogik und wird als interne Aktion vom Programm der Transaktion JITOA ausgeführt. Wenn die Aktion in der Abrufsteuerung zugelassen ist und die Archivierung erfolgreich abgelaufen ist, wird ein Wechsel des internen Bearbeitungsstandes durchgeführt. Zudem wird das Kennzeichen „Archivierung durchgeführt" gesetzt.

Die Transaktion JITOA verhält sich ähnlich wie die Transaktion JITY zur Archivierung von Inbound Abrufen. Das verwendete Archivierungsobjekt JITO_CALL kann somit auch über die Transaktion SARA verwendet werden. In den Einstellungen zum Archivierungsobjekt (Transaktion AOBJ) sind das Schreibprogramm RJITOUTARCH01 und das Löschprogramm RJITOUTARCH02 hinterlegt. Das Löschprogramm verwendet im Testmodus die Selektionsvariante „SAP_TEST" und im Produktivmodus die Variante „SAP_PRODUCTIVE". Es ist darauf zu achten, dass beim initialen Aufsetzen der Archivierung für JIT-Outbound für das Löschprogramm RJITOUTARCH02 die jeweiligen Selektionsvarianten eingerichtet werden.

Zur Archivierung muss zudem eine Selektionsvariante für das Schreibprogramm angelegt werden, die angibt, welche JIT-Outbound Abrufe zur Archivierung anstehen. Die Archivierungseinstellungen unterscheiden sich anschließend nicht von einem SAP-Standard Archivierungsprozess. Das nachfolgende Schaubild in Abb. 3.88 zeigt die

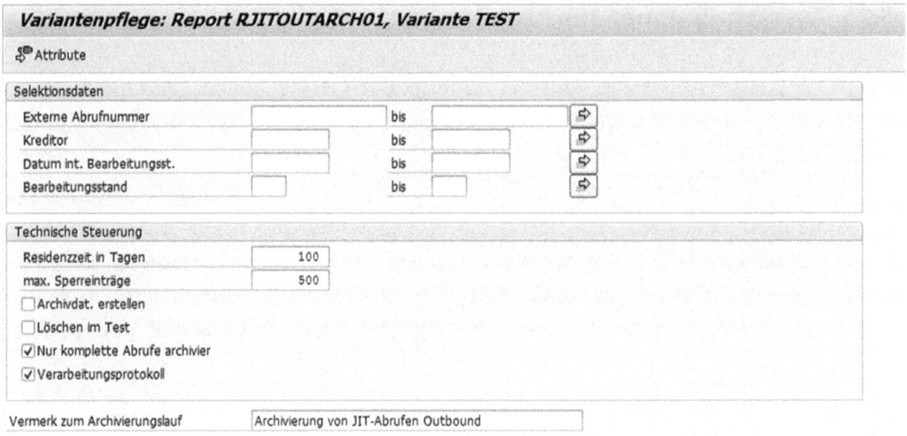

Abb. 3.88   Archivierung von JIT-Abrufen (Outbound)

Variantenpflege des Archivierungsobjektes JITO_CALL für das Schreibprogramm bei Outbound Abrufe.

Das Zurücksetzen von JIT-Outbound Abrufen ist nicht möglich, anders wie bei Inbound Abrufen, für die dann das Programm RJITARCHNO angewendet wird.

3.8.24   Aktion OREO: JIT-Outbound-Abrufe löschen

Mit der JIT-Aktion OREO wird der JIT-Outbound Abruf im kompletten Umfang gelöscht. Alle Tabellen, die Bezug auf den JIT-Outbound haben wie beispielsweise Zusatztexte, Wareneingänge, Verknüpfungen zu Transportaufträgen, Lieferavise oder Lieferquittierungen werden mit reorganisiert. Ein Zurücknehmen des Löschens ist nicht möglich. Da der Abruf gelöscht wird, wird mit dieser JIT-Aktion kein Wechsel des internen Bearbeitungsstandes durchgeführt.

Die JIT-Aktion OREO wird immer dann ausgeführt, wenn ausschließlich der Outbound Abruf gelöscht werden soll. Wenn Inbound und Outbound Abruf gleichzeitig gelöscht werden sollen, wird die JIT-Aktion REOR ausgeführt, siehe Abschn. 3.4.40. In der praktischen Abwicklung empfiehlt es sich die JIT-Aktion REOR zu verwenden, damit die Referenz von JIT-Outbound Abrufen zu JIT-Inbound Abrufen nicht verloren geht.

Die JIT-Aktion OREO kann sowohl für Mengenabrufe als auch produktionssynchrone Abrufe verwendet.

3.8.25 Zusatzfunktionen für Regelkreise aktivieren

Im JIT-Outbound Customizing mit der Transaktion OJITO können Zusatzfunktionen zum Regelkreis aktiviert werden. Unter folgendem Menüpfad sind die Einstellungen möglich, siehe Abb. 3.89.

Es stehen die Einstellungen „Lebenszyklus für Regelkreise aktiv" und „Regelkreis-Änderungsbelege aktiv" zur Verfügung. Bei Ersterem wird bei der Regelkreispflege mit der Transaktion PKMC die Möglichkeit gegeben verschiedene Status zu vergeben. So kann angegeben werden, ob ein Regelkreis erst in Erstellung, bereits aktiv oder obsolet ist. Das nachfolgende Bild in Abb. 3.90 zeigt den Lebenszyklusstatus in der Regelkreispflege.

Bei der Einstellung „Regelkreis-Änderungsbelege aktiv" handelt es sich um die Aktivierung der Änderungsbelege für die Regelkreispflege. Sämtliche Änderungen am Regelkreis werden protokolliert und können entsprechend ausgewertet werden.

Bei den Einstellungen „Zusatzfunktionen für Regelkreise aktivieren" handelt es sich um die gleichen Customizingeinstellungen, die im PP-Umfeld unter dem Menüpunkt „KANBAN" durchgeführt werden können.

Abb. 3.89 Zusatzfunktionen für Regelkreise aktivieren

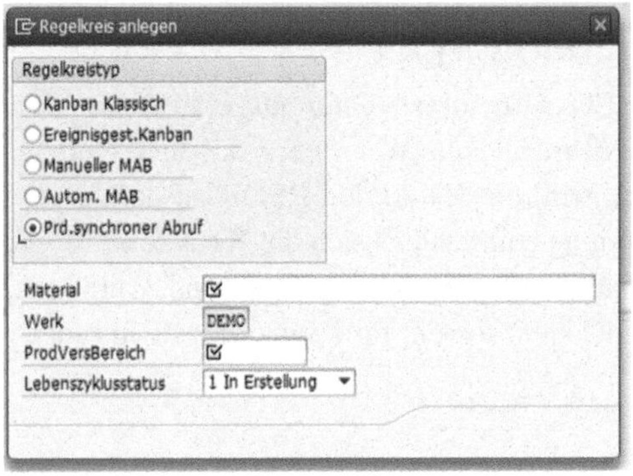

Abb. 3.90 Lebenszyklusstatus in der Regelkreispflege

3.8.26 Produktionsabrufprofil

Das Produktionsabrufprofil ist über die Transaktion OJITO im JIT-Outbound Customizing unter folgendem Menüpfand zu finden, siehe Abb. 3.91.

Nach der Angabe eines Profilnamens und einer Bezeichnung kann über diverse Parameter angegeben werden, auf welche Art ein JIT-Outbound Abruf erzeugt werden soll und für welchen Prozess dieser relevant ist:

- über die Produktionsabrufart wird gesteuert, ob ein „M" für Mengenabruf oder ein „S" für produktionssynchroner Abruf erzeugt werden soll.
- über die Partnerrolle wird angegeben, wie die Abrufe für die Applikation PA (=Produktionsabruf) zusammengefasst werden sollen. Im Regelfall wird hier die Partnerrolle LF für Lieferant eingetragen, da die Outbound Abrufe an einen Kreditor/ Business Partner weitergeleitet werden und hierfür auf ein entsprechender MM-Lieferplan zum JIT-Regelkreis gepflegt ist. Alternativ kann hier auch die Partnerrolle LW für Lieferwerk verwendet werden, wenn mit Umlagerungslieferplänen gearbeitet wird und der Abruf an eine eigene Produktionsstätte gesendet werden soll. Die im Produktionsabrufprofil hinterlegte Partnerrolle muss zum Kreditor/Business Partner und zum Einkaufslieferplan zugeordnet sein und entspricht dem Standardcustomizing der MM-Partnerfindung.
- die Art der Zusammenfassung, die im Customizing vier verschiedenen Möglichkeiten zur Steuerung der Abrufzusammenfassung bereitstellt. Die Einstellung richtet sich stark nach den kundenspezifischen Anforderungen. Mögliche Ausprägungen sind in der nachfolgenden Abb. 3.92 sichtbar.
- im weiteren Schritt kann die Zeitdefinition angegeben werden, die allerdings auch leer gelassen werden kann. Wird das Feld gefüllt, wird angegeben zu welchem Zeitraum die Bedarfe zusammengefasst werden. Weitere Informationen zum Customizing der Zeitdefinition sind in Abschn. 3.8.27 und 3.8.28 beschrieben.
- die Abrufsteuerung muss dagegen bei Mengenabrufen zwingend dem Produktionsabrufsprofil zugeordnet werden. Bei produktionssynchronen Abrufen wird die Abruf-

Abb. 3.91 Produktionsabrufprofil festlegen

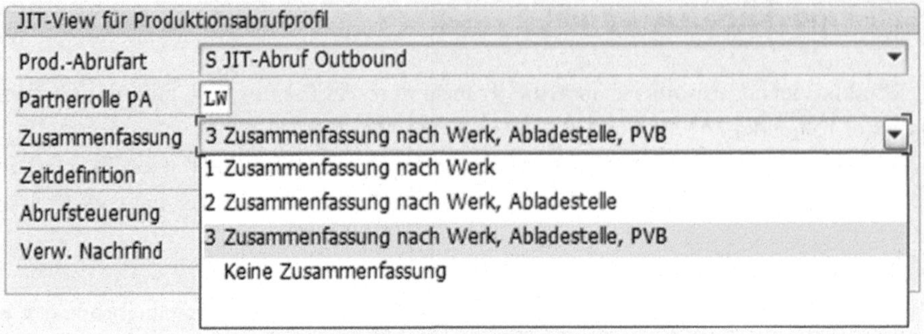

JIT-View für Produktionsabrufprofil	
Prod.-Abrufart	S JIT-Abruf Outbound ▾
Partnerrolle PA	LW
Zusammenfassung	3 Zusammenfassung nach Werk, Abladestelle, PVB ▾
Zeitdefinition	1 Zusammenfassung nach Werk
Abrufsteuerung	2 Zusammenfassung nach Werk, Abladestelle
Verw. Nachrfind	3 Zusammenfassung nach Werk, Abladestelle, PVB
	Keine Zusammenfassung

Abb. 3.92 Ausprägungen der Zusammenfassung beim Produktionsabrufprofil

steuerung aus dem JIT-Inbound mit der JIT-Aktion OCRE in den Outbound Abruf kopiert. Die Abrufsteuerung bildet das Herzstück der JIT-Outbound Abwicklung und gibt an, zu welchem internen Bearbeitungsstand welche JIT-Aktion ausgeführt werden darf. Die JIT-Inbound Steuerung wurde bereits ausführlich in Abschn. 3.4.4 erläutert. Weitere Ausführungen zur JIT-Outbound Abrufsteuerung und Besonderheiten gegenüber der JIT-Inbound Abrufsteuerung sind in Abschn. 3.8.2 hinterlegt.

- als letztes Feld muss im Produktionsabrufprofil die Verwendung der Nachrichtenfindung gefüllt werden. Hierüber kann angegeben werden, ob eine Nachrichtenfindung durchgeführt werden soll und dementsprechend ob ein SEQJIT03-IDOC ausgehend erzeugt werden soll. Einstellung B (keine Nachrichtenfindung) wählt man, wenn keine Nachrichtenfindung durchgeführt werden soll. Das SEQJIT03-IDOC kann dann mit der JIT-Aktion OSDP aus Abschn. 3.8.8 generiert werden. Soll ein SEQJIT03-IDOC erzeugt werden, kann zwischen den Einstellungen A (Nachrichtenfindung, falls vorhanden) oder Einstellung leer (Nachrichtenfindung erforderlich) gewählt werden. In der Praxis hat sich die Einstellung leer (Nachrichtenfindung erforderlich) bewährt, da über einen angelegten JIT-Outbound Abruf die Abrufinformation in Form eines SEQJIT03-IDOCs an den jeweiligen Lieferanten oder an die eigene Produktionsstätte weitergegeben werden sollen.

Das Produktionsabrufprofil wird nach dem Customizing einem oder mehreren JIT-Regelkreisen zugeordnet. Weitere Pflichteingaben zum JIT-Regelkreis sind in Abschn. 3.7.3 detailliert angegeben.

3.8.27 Zeitdefinition festlegen

Im Customizing des JIT-Outbound bietet sich die Möglichkeit Materialbedarfe uhrzeitgenau oder tagesgenau für Mengenabrufe zusammenzufassen. Bei der Zusammenfassung von uhrzeitgenauen Bedarfen muss im Customizing die Gruppierung, das Schichtprogramm und der Fabrikkalender angegeben werden. Bei einer tagesgenauen Zusammenfassung ist die Angabe von Werk und Planungskalender ausreichend.

Abb. 3.93   Zeitdefinition festlegen

Die Einstellungen können unter dem in Abb. 3.93 gezeigten Menüpunkt durchgeführt werden.

Die Zeitdefinition wird dem Produktionsabrufprofil zugeordnet und bei der Verarbeitung des Mengenabrufs angewendet. Wenn keine Zeitdefinition hinterlegt ist, werden keine Materialbedarfe zusammengefasst. Für produktionssynchrone Abrufe wird das Feld Zeitdefinition klassischerweise leer gelassen.

3.8.28   Terminierungsprofile festlegen

Für Mengenabrufe können im Customizing Terminierungsprofile festgelegt werden, um Wiederbeschaffungszeiten bei der Berechnung des Bedarfstermins zu berücksichtigen. Unter Angabe der Gruppierung, des Schichtprogramms und des Fabrikkalenders kann eine Wiederbeschaffungszeit in Arbeitstagen, Stunden und Minuten angegeben werden. Die Einstellungen sind im folgenden Menüpfad durchzuführen, siehe Abb. 3.94.

Das Terminierungsprofil wird dem MAB-Regelkreis zugeordnet (Reiter Planung).

Abb. 3.94   Terminierungsprofile festlegen

3.8.29 Schichtprogramme definieren

Im JIT-Outbound ist es ebenfalls möglich Schichtprogramme zu definieren. Hierbei gibt es keine Unterschiede zum JIT-Inbound. Es wird die gleiche Tabelle zum Anlegen oder Ändern von Werten aufgerufen. Somit ist es nicht entscheidend, ob Einträge mittels Transaktion OJITI oder OJITO hinterlegt werden. Nähere Details zu Schichtprogrammen sind in Abschn. 3.4.49 hinterlegt.

3.8.30 Fremdbeschaffungsprofil für PAB festlegen

Das Fremdbeschaffungsprofil für PAB wird in der Transaktion OJITO unter folgendem Menüzweig angelegt, siehe Abb. 3.95.

Sobald ein JIT-Outbound Abruf erzeugt werden soll, muss ein Regelkreis mit einer hinterlegten Fremdbeschaffungsstrategie angelegt sein. Diese gibt an, wie für den produktionssynchronen Abruf Wareneingang gebucht werden soll. Im Regelfall wird hierbei die Bewegungsart 101 gewählt und der Wareneingang erfolgt zu einem Einkaufslieferplan.

Der Haken „Autom. WE" wird aktiviert, wenn über die Verarbeitung des Lieferavis auch der Wareneingang gebucht werden soll.

Abb. 3.95 Fremdbeschaffungsstrategie für PAB festlegen

3.8.31 Barcode-Qualifier festlegen

Barcode-Qualifier im JIT-Outbound erfüllen den gleichen Effekt wie Barcode-Qualifier im JIT-Inbound. Über einen Scanner kann ein Erfassungsobjekt (z. B. die Gestellnummer) gescannt werden und das System erkennt die gewünschte JIT-Outbound Teilegruppe. Anschließend wird eine JIT-Aktion ausgeführt. Im JIT-Outbound Umfeld wird klassischerweise die Transaktion JITO6 verwendet, um Scanner basiert eine Fortschrittserfassung durchzuführen. Für die Eingabe von Erfassungsobjekte stehen im JIT-Outbound drei verschiedene Qualifiertypen zur Verfügung, um die Teilegruppe identifizieren zu können:

- GRPIN: Gruppierungsinformation Abruf/Teilegruppe
- OUTID: Interne Nummer des Abrufs
- OUTPO: Interne Nummer der Teilegruppe

Der Qualifier muss einstellig alphanumerisch angegeben werden und kann unter folgendem Customizingpfad vergeben werden, siehe Abb. 3.96.

Nähere Details zum Umgang mit Barcode-Qualifier sind im JIT-Inbound Kapitel beschrieben, siehe Abschn. 3.4.43.

Bei einigen verwendeten Erfassungsobjekten ist die zusätzliche Angabe des Kreditors/Business Partners notwendig, damit die eindeutige Ermittlung des JIT-Abrufs im System durchgeführt werden kann. Barcode-Qualifier müssen nur dann angegeben werden, wenn diese im Prozess mit einer Barcodeerfassung verwendet werden.

Abb. 3.96 Barcode-Qualifier festlegen (Outbound)

3.8.32 Ergänzende JIT-Referenznummern definieren

Im JIT-Outbound besteht ebenfalls die Möglichkeit – wie im JIT-Inbound – Zusatztexte zum Abruf, zur Teilegruppe oder zur Abrufkomponenten zu hinterlegen. Eine Definition ohne Zuweisung einer Ebene ist ebenfalls möglich. Der Customizingpunkt in der Transaktion OJITO aus dem JIT-Outbound ruft die gleiche Tabelle auf wie im JIT-Inbound. Die Einstellungen können daher sowohl mit der Transaktion OJITI und auch der Transaktion OJITO vorgenommen werden, siehe auch JIT-Referenznummer im JIT-Inbound Abschn. 3.4.48.

3.8.33 Toleranzen für Lieferungsintegration

Das Toleranzprofil für Lieferungen im JIT-Outbound wird für Anlieferungen bei Mengenabrufen eingesetzt und kann unter nachfolgenden Menüpunkt eingestellt werden, siehe Abb. 3.97.

In der Verarbeitung der JIT-Aktion OMOD (Transaktion PJ02) werden alle zugeordneten Anlieferungen zur Outbound Teilegruppe selektiert und das Toleranzprofil ausgelesen. Bei Anlieferungen, bei denen kein Wareneingang gebucht wurde, können die Einstellungen des Toleranzprofiles angewendet werden.

Es kann die maximal erlaubte Abweichung der Liefermenge und -zeit definiert werden, die von der Wunschmenge bzw. Zeit des Abrufs abweicht. So kann definiert werden, dass eine frühere Lieferung nicht erlaubt ist. Ist die Abweichung zu groß, wird ein entsprechendes Alert ausgelöst. Bei Konfliktsituationen (zum Beispiel die gewünschte Menge kann nicht geliefert werden) kann angegeben werden, welches Objekt die führende Quelle zur Übernahme der Werte ist. Dies kann die Anlieferung oder der Abruf sein. Entweder die Menge aus der Anlieferung überschreibt die Menge im JIT-Outbound oder die Menge aus dem JIT-Outbound überschreibt die Menge in der Anlieferung.

Die Zuordnung der Toleranzprofils erfolgt im MAB-Regelkreis (Reiter Planung).

Abb. 3.97 Toleranzen für Lieferungsintegration definieren

3.8.34 Alerts für Fehlermeldungen ausschalten

Im JIT-Outbound Prozess werden bei der Verarbeitung von JIT-Aktionen sogenannte
Alerts hinterlegt, um neben der Aktionsprotokollierung den fehlerfreien Ablauf des
JIT-Prozesses zu gewährleisten. Alerts beschreiben in diesem Fall weitere Fehler-
meldungen, die nicht im Aktionsprotokoll gespeichert werden. SAP verwendet für das
JIT-Outbound das Alert Management (BC-SRV-GBT-ALM), das bei Verwendung ent-
sprechend voreingestellt werden muss.

Wenn das Alert Management konfiguriert ist und für bestimmte Fehlermeldungen
keine Alerts erzeugt werden sollen, können die Alerts über die nachfolgende Customizingeinstellung im Customizingbaum der Transaktion OJITO deaktiviert werden, siehe
Abb. 3.98.

Die Deaktivierung erfolgt werksspezifisch unter Angabe der Meldungsklasse und
Meldungsnummer. Voraussetzung für die Erzeugung von Alerts im JIT-Outbound ist,
dass das Alert Framework des JIT-Outbound aktiviert ist. Die Einstellung wird zur
Abrufsteuerung aktiviert, vergleiche Abb. 3.99.

Ist die Einstellung aktiv, wird beispielsweise in der Transaktion JITOM unter der
Schaltfläche „Fehler" alle gelisteten Alerts angezeigt. Alternativ kann auch die Transaktion JITOAL aufgerufen werden, siehe Abb. 3.100.

Alerts können mit der Transaktion JITOAL in die Alertinbox des richtigen Sachbe-
arbeiters gesendet werden, damit dieser die Fehlerkorrektur vornimmt. Nähere Informationen zur Transaktion JITOAL und der Alertinbox sind in Abschn. 3.11.19 hinterlegt.

Abb. 3.98 Alerts für Fehlermeldungen ausschalten

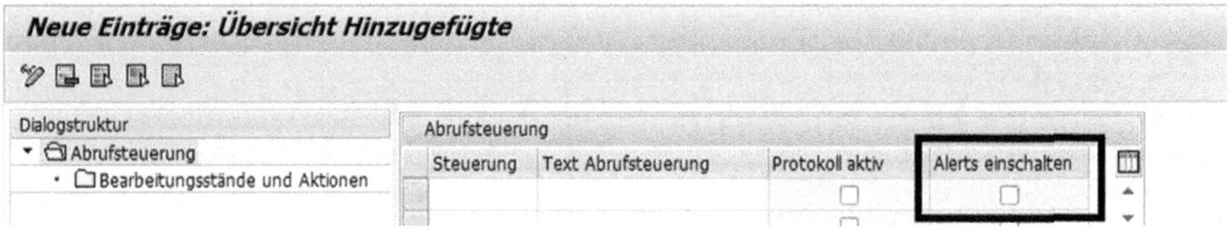

Abb. 3.99 Aktivierung des Alert Frameworks

Abb. 3.100 Absprung zum Alert Management aus der Transaktion JITOM

3.8.35 Einstellungen zum Mengenabruf

Für die Abwicklung von Mengenabrufe mit JIT-Outbound sind diverse Einstellungen
notwendig, die sich je nach Prozessanforderungen unterscheiden. Das Customizing wird
in der Transaktion OJITO vorgenommen und kann über folgenden Menüpfad aufgerufen
werden, siehe Abb. 3.101.

Die unter Mengenabruf zu definierenden Strategien und Profile werden im JIT-Outbound Prozess von diversen JIT-Aktionen und Funktionalitäten abgefragt. Diese wurden
bereits im Verlauf der bisherigen Kapitel erörtert:

- Nachschubstrategien für Fremdbeschaffung festlegen: das Nachschubprofil für
  Fremdbeschaffung ähnelt dem Fremdbeschaffungsprofil für PAB mit ein paar wenigen Erweiterungen. In einem Anwendungsfall für produktionssynchrone Abrufe, bei
  denen der Nachschub über einen Sublieferanten sichergestellt wird, wird ein Fremdbeschaffungsprofil für PAB festgelegt, siehe Abschn. 3.8.30. Bei Mengenabrufen, bei
  denen der Nachschub über einen Sublieferanten erfolgt, wird eine Nachschubstrategie
  für Fremdbeschaffung verwendet, siehe Abschn. 3.7.4 für MAB-Regelkreise. Die
  Fremdbeschaffungsprofile für PAB oder MAB werden jeweils im Regelkreis hinterlegt. Prozessseitig wird durch ein Fremdbeschaffungsprofil verstanden, dass Materialien über einen Sublieferanten angeliefert werden.
- Nachschubstrategien für Umlagerung festlegen: eine Nachschubstrategie für
  Umlagerungen wird ebenfalls im Regelkreis hinterlegt und dabei von den JIT-Aktionen OTCR: TA zu JIT-Outbound erzeugen, siehe Abschn. 3.8.17 und ODLI: Auslieferung zum JIT-Outbound erstellen, siehe Abschn. 3.8.19 verwendet. Prozessseitig

Abb. 3.101 Einstellungen zum Mengenabruf (Outbound)

wird ein Umlagerungsprofil verwendet, wenn eine Umbuchung innerhalb eines Werkes oder von Werk an ein anderweitiges Werk erfolgen soll.

- Terminierungsprofile festlegen: die Einstellung unterscheidet sich nicht von den Terminierungsprofilen unter dem Customizingpfad „Steuerungsprofile". Details sind in Abschn. 3.8.28 nachzulesen.

- Schichtprogramme definieren: die Einstellung unterscheidet sich nicht von den Schichtprogrammen unter dem Customizingpfad „Steuerungsprofile". Details sind in Abschn. 3.8.29 nachzulesen.

- Lagerortlieferanten festlegen: ein Lagerortlieferant muss immer dann im JIT-Outbound angegeben werden, wenn eine Umbuchung mit einem Umlagerungsprofil durchgeführt werden soll, siehe insbesondere die JIT-Aktionen OTCR: TA zu JIT-Outbound erzeugen, siehe Abschn. 3.8.17 und ODLI: Auslieferung zum JIT-Outbound erstellen, siehe Abschn. 3.8.19.

3.8.36 Zusammenfassung

Die in Abschn. 3.8 beschriebenen Inhalte geben einen Überblick über die Funktionalitäten und die Aktivitäten im Customizing zum JIT-Outbound. Diese verstehen sich als eine Art Baukasten, der je nach Prozess- und Kundenanforderungen flexibel verwendet werden kann. Ist eine Implementierung im SAP-Standard nicht möglich, können die entsprechenden und genannten BAdIs für eine Erweiterung verwendet werden.

Steht keine SAP-Standard JIT-Aktion für die Abrufsteuerung bereit, kann eine Zusatzaktion im Z-Namensraums entwickelt werden. Zusätzlich ist zu beachten, dass das SAP JIT zwar mit einer Abrufsteuerung arbeitet, allerdings auch Zusatzreports mit dem Ausführen von JIT-Aktionen programmiert werden können, um den JIT-Abrufumfang und Prozess verändern zu können.

3.9 Einsatz von Web Dynpro

Die Verwendung von SAP JIT konzentriert sich in der Praxis aktuell hauptsächlich auf die Clientanwendung mit GUI. In einigen Fällen kann es je nach Anforderung an den Prozess sinnvoll sein, die Technologie von Web Dynpro für das SAP JIT einzusetzen, um die JIT-Anwendung im SAP NetWeaver Business Client (NWBC) mit Web GUI anzuzeigen. Diese Möglichkeit wird in diesem Kapitel kurz aufgezeigt.

Ob der Einsatz für den Anwendungsfall zweckmäßig ist, muss im Einzelfall entschieden werden. Beispielsweise kann einem externen Dienstleister der Zugriff auf eine Web GUI JIT-Anwendung gegeben werden, wenn dieser im Zulieferer SAP-System buchen soll.

Die Zuordnung der Anwendung für das Web Portal findet über die SAP Rolle statt, die dem SAP-Benutzer zugeordnet werden muss. Mit der Transaktion PFCG kann die Rollenpflege gestartet werden. Im SAP-Standard werden drei JIT-Rollen ausgeliefert:

- SAP_EP_ISA_JIT_INBOUND: die Rolle hat die JIT-Anwendungen für das JIT-Inbound hinterlegt.
- SAP_EP_ISA_JIT_OUTBOUND: IS Automotive – JIT-Outbound: die Rolle hat die JIT-Anwendungen für das JIT-Outbound hinterlegt.
- SAP_ISA_JIT_CONTROL: die Rolle hat die JIT-Anwendungen für das JIT-In- und -Outbound hinterlegt.

Für kundenspezifische Zwecke kann eine Z-Rolle ausgeprägt werden, um die relevanten JIT-Anwendungen und weitere benötigte SAP-Anwendungen zu hinterlegen. Dies kann beispielsweise eine Kombination aus JIT- und SD-Anwendungen sein. In der Rolle kann die Menüstruktur des Web Portals als auch der Aufruf der gewünschten Transaktionen definiert werden. In den Detailparametern können weitere Einstellungen zum Knotenpunkt vorgenommen werden. Handelt es sich beim Knotenpunkt um beispielsweise eine Web Dynpro Anwendung und möchte man die grafische Oberfläche abändern, indem beispielsweise Felder ausgeblendet werden sollen, so kann ein Customizing der Web Dynpro Anwendung vorgenommen werden. Die Anlage von Z-Transaktionen mit ausgeblendeten Feldern über Selektionsvarianten ist für den Aufruf über Web Dynpro nicht möglich.

Folgende Rolle wurde als Beispiel ausgeprägt, siehe Abb. 3.102.

Nachdem die Rolle dem Benutzer zugeordnet wurde, kann die Anwendung im Portal aufgerufen werden. Das nachfolgende Beispiel in Abb. 3.103 zeigt im oberen Bereich das Menü, das in den Rollen als Ordner abgebildet ist. Außerdem wurde unter dem Menüpunkt „Steuerung" das Monitoring für JIT-Outbound Abrufe ausgewählt.

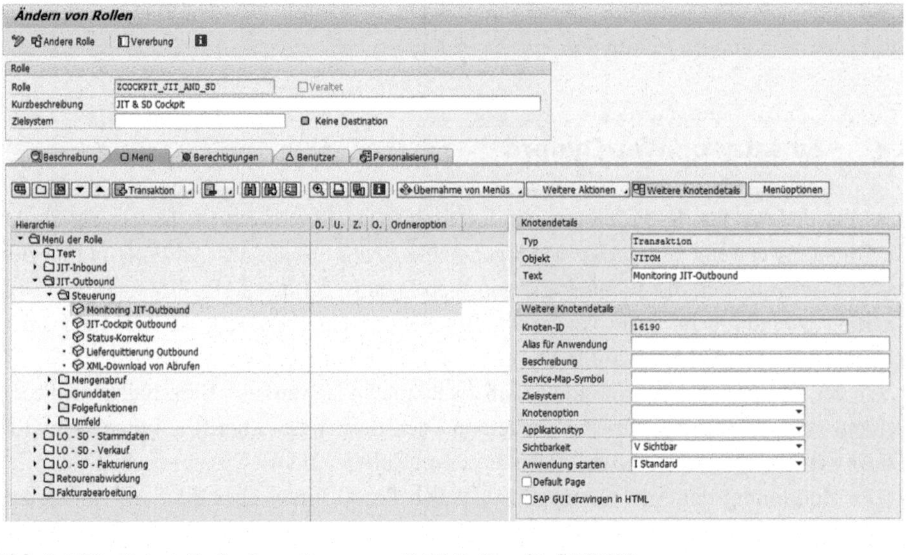

Abb. 3.102 Beispielhafte Ausprägung von SAP-Rollen für SAP JIT

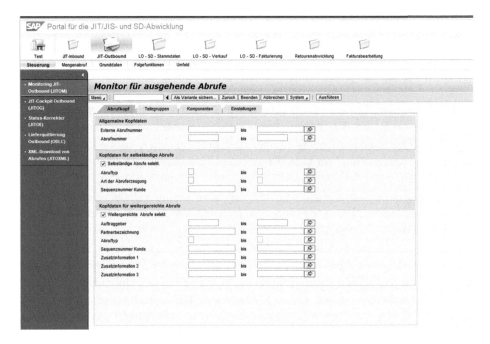

Abb. 3.103 Beispielhafte Web Dynpro JIT-Anwendung (JITOM)

Das Portal wird über den NetWeaver Business Client gestartet, der mit der Transaktion NWBC oder/UI2/NWBC aufgerufen wird. Es ist ebenfalls möglich, dass der Hyperlink direkt im Browser eingegeben wird, um die Anwendung zu starten. Der Aufruf des Portals über den UI2 NWBC bzw. einem Hyperlink, der den UI2 NWBC aufruft, ist bevorzugt zu wählen, wenn weitere kundenspezifische Einstellungen zum NetWeaver Business Client durchgeführt werden sollen. Die folgende Auflistung gibt eine Übersicht der möglichen Transaktionen:

- /UI2/NWBC – UI2 NWBC starten
- /UI2/NWBC_CFG_P_CUST – NWBC-Konfig: Parameter def. (Kunde)
- /UI2/NWBC_CFG_CUST – NWBC-Konfiguration (Kunde)
- /UI2/NWBC_CFG_P_SAP – NWBC-Konfig: Parameter defin. (SAP)
- /UI2/NWBC_CFG_SAP – NWBC-Konfiguration (SAP)
- /UI5/THEME_TOOL
- /UI5/THEME_DESIGNER – UI-Theme-Designer

Voraussetzung für die generelle Verwendung des NetWeaver Business Client sind die aktivierten Pfade in der Transaktion SICF (/sap/bc/nwbc).

Zudem gibt es für die Darstellung von JIT-Abrufen im Web die folgenden Transaktionen aus dem Supplier Workplace (Schalter AM_SWP muss in der Transaktion SFW1 aktiv sein):

- ISAUTO_SICJIT: Prod.synchronen Abruf anzeigen (Web) (ab S/4 HANA Release 1809 nicht mehr verfügbar)
- ISIPI_SUMJIT: Mengenabrufe anzeigen (Web) (ab S/4 HANA Release 1809 nicht mehr verfügbar)

Beide Transaktionen können nur ausgeführt werden, wenn für diese die entsprechenden *JIT* Services in der Transaktion SICF aktiviert wurden. Anschließend kann die gewünschte Transaktion, integriert in einer zu definierenden SAP-Rolle im Web Browser gestartet werden. Zum Test kann die jeweilige Transaktion auch über die SE93 ausgeführt werden.

Die Transaktionen bzw. Programme sind nicht ausgereift und können nicht in der Praxis verwendet werden. Die Anwendung ISIPI_SUMJIT greift nicht auf JIT spezifische Daten zu, da bei der Datenselektion auf den Regelkreistyp „K" (Kanbanregelkreis (klassisch)) oder „I" (Kanbanregelkreis (impulsgesteuert)) eingegrenzt wird. JIT-Outbound Mengenabrufe besitzen allerdings den Typ „M" (Regelkreis für Mengenabrufe) oder „A" (Regelkreis für automatische Mengenabrufe). Dagegen kann die Anwendung ISAUTO_SICJIT zwar auf JIT-Outbound Abrufe selektieren und diese auch anzeigen. Allerdings ist sowohl das Handling der Anwendung als auch die Ausführung von JIT-Aktionen schwerfällig, nicht durchschaubar oder nicht möglich. Trotzdem ist zu erwähnen, dass die Anwendungen auf die Berechtigungen der Transaktion OJIT14 zurückgreifen. Hierbei kann definiert werden, welcher Lieferant, welche Daten mit welchen Benutzernamen einsehen darf.

Der Gedanke eine Anwendung für den Lieferanten zu erstellen und die Transaktionen ISAUTO_SICJIT oder ISIPI_SUMJIT zu verwenden ist gut, aber nicht ausgreift. Die Verwendung der klassischen Transaktionen über den UI2 NWBC, wie eingehend in diesem Kapitel beschrieben, bietet weit mehr Funktionalität, um beispielsweise die Transaktion JITOM aufzurufen oder Fortschrittsmeldungen zu erfassen.

Weitere Web Visualisierung mit SAP JIT sind nicht im aktuellen Funktionsumfang verfügbar.

Bevor eine JIT-Anwendung über Web Dynpro oder einer ähnlichen Web orientierten Technologie im Browser angezeigt werden soll, ist zu prüfen, ob ein Nutzen für den Geschäftsprozess existiert. Ein 2-tier Zulieferer, der im SAP-System des 1-tier Zulieferers Buchungen durchführen soll, kann beispielsweise auch Fortschrittsmeldungen über ein stationäres Terminal erfassen. Dieses müsste vom 1-tier Zulieferer beim 2-tier Zulieferer bereitgestellt werden. Anschließend kann dem Sublieferanten eine kundenspezifische Transaktion mit Selektionsvariante (z. B. über die Transaktion JITF) bereitgestellt werden, bei der die Felder so eingeschränkt sind, dass die richtige Funktionalität ausgeführt wird. Wenn Buchungen von einem anderen Dienstleister im eigenen System durchgeführt werden, sollte diese Anforderung in der Konzeptphase vom Finanzwesen und Controlling überprüft werden – Stichwort „verlängerte Werkbank".

3.10 Kundenspezifische Erweiterungen

Die SAP-Standard Auslieferung des SAP JIT bietet Grundfunktionalitäten, um kundenspezifische Anforderungen an den JIT-Prozess umzusetzen. Die dafür möglichen Einstellungen wurden ausführlich im bisherigen Kap. 3 für JIT-In- als auch -Outbound erläutert. In einigen JIT-Prozessen kann es möglich sein, dass der SAP-Standard nicht ausreicht und dieser erweitert werden muss. Im SAP JIT stehen sowohl für das Inbound als auch für das Outbound diverse kundenspezifische Erweiterungsmöglichkeiten bereit.

Der Abschn. 3.10 zeigt die Möglichkeiten auf, an welchen Stellen das SAP JIT angepasst werden kann.

3.10.1 Tabellenmodell

Für die Erstellung von kundenspezifischen Erweiterungen ist es hilfreich, das JIT-Tabellenmodell zu kennen. In diesem Kapitel wird ein Überblick über wichtige Tabellen im JIT-In- als auch -Outbound aufgezeigt. Die Auflistung ist kein Komplettumfang. Im SAP kann allerdings über beispielsweise die Transaktion SE11 nach JIT relevanten Tabelle mit *JIT* gesucht werden. Mit der Suche kann eine große Anzahl von JIT relevanten Tabellen selektiert werden.

JIT-Kunde und Teilegruppentypen:

- JITCU: Kundendaten (z. B. JIT-Kunde, Auftraggeber, Partnerbezeichnung)
- JITCUD: Parameter Bestimmung des geplanten Versandzeitpunktes (z. B. Basis der Vorlaufzeitberechnung, Vorlauf, Zeitdifferenz in Tagen)
- JITPGD: JIT: Abladestellen und Verbauorte je PAB-Kunde (z. B. Destination, JIT-Kunde, Abladestelle, Verbauort)
- JITPG: JIT: Teilegruppentypen (mit Anlieferung) (z. B. Teilegruppentyp, Destination, Abrufsteuerung, Teilegruppenmaterial)

JIT-Inbound Abrufdaten:

- JITHD: Abrufumfang (z. B. JIT-Kunde, Produktionsnummer, Sequenznummer)
- JITIT: Teilegruppe (z. B. Abrufsteuerung, Status, Gestellnummer, Gestellfach)
- JITCO: Abrufkomponenten (Verbindungstabelle von JITIT zur JITMA)
- JITMA: JIT: Materialdaten (z. B. JIT-Kunde, Materialnummer, JIT-Lieferplannummer)
- JITTE: JIT: Texte/Zusatzdaten zum JIT-Abruf (z. B. JIT-Referenznummern, Zusatzinformationen)
- JITED: JIT: Zugeordnetes IDoc (Abrufnummer, IDOC-Nummer)

JIT-Outbound Abrufdaten:

- **JITOHD**: Abrufkopf Outbound (z. B. Abruftyp, Produktionsnummer, Sequenznummer; die Tabelle wird nur bei Mengenabrufen gefüllt. Der Abrufkopf zu produktionssynchronen Outbound Abrufen ist die Tabelle JITHD.)
- **JITOIT**: Teilegruppen JIT-Outbound (z. B. Abrufsteuerung, Kreditor, Gestellnummer, Gestellfach; nur bei Mengenabrufen ist der Abrufschlüssel gefüllt. Bei produktionssynchronen Outbound Abrufen gibt es keinen Abrufschlüssel, da die Tabelle JITHD als Abrufkopf verwendet wird.)
- **JITOCO**: Abrufkomponenten JIT-Outbound (z. B. Regelkreisnummer, Wareneingangsstatus)
- **JITOGR**: Wareneingänge zu JIT-Abrufen Outbound (z. B. Materialbeleg, Wareneingangsmenge, Stornobuchung)
- **JITOTO**: Verknüpfung Mengenabruf – Transportauftrag (z. B. WM-Transportauftragsnummer, Quittierungskennzeichen)
- **JITOAD**: Zusatzdaten zu JIT-Abrufen Outbound (z. B. JIT-Referenznummern, Zusatzinformationen)

Lieferquittierung Inbound:

- **DELCONHD**: Lieferquittierung: Basis des logist. Abgleichs – Kopf (z. B. Lieferquittierungsnummer, Auftraggeber)
- **DELCONCO**: Lieferquittierung: Basis des logist. Abgleichs – Position (z. B. Lieferquittierungsposition, Kundenmaterialnummer, Menge)
- **DELCONRF**: Lieferquittierung: Basis des logist. Abgleichs – RefNummer (Verbindungstabelle von DELCONHD zur DELCONCO)
- **DELCONJITIT**: Lieferquittierung: Ergebnis des logist. Abgleichs – Teilegruppe (z. B. Lieferquittierungsnummer, Teilegruppenschlüssel)
- **DELCONJITCO**: Lieferquittierung: Ergebnis des logist. Abgleichs – Position (z. B. Lieferquittierungsnummer, Lieferquittierungsposition, Menge, Basismengeneinheit)

Lieferquittierung Outbound:

- **DLCNOHD**: Lieferquittierung zum JIT-Outbound (z. B. Lieferquittierungsnummer, Kreditor)
- **DLCNOCO**: Lieferquittierung JIT-Outbound Positionen (z. B. Lieferquittierungsposition, Materialnummer, Menge)
- **DLCNORF**: Referenzen zur Lieferquittierung Outbound (Verbindungstabelle von DLCNOHD zur DLCNOCO)

Customizing CJIT*: Im SAP JIT werden Tabellen für das Customizing im SAP-Standard vor allem für das JIT-Inbound mit CJIT* benannt. Sucht man beispielsweise in der

Transaktion SE11 mit CJIT* können relevante Tabellen für das JIT-Customizing identifiziert werden. Für das JIT-Outbound kann die jeweilige Tabelle über die F1-Hilfe und die technische Information im Customizing über die Transaktion OJITO aufgerufen werden. Dies kann auch für das JIT-Inbound mit der Transaktion OJITI und für alle anderen SAP-Tabellen angewendet werden.

3.10.2 JIT-Inbound Erweiterungsmöglichkeiten

Im JIT-Inbound Umfeld können Erweiterungen entweder über Userexit oder über BAdI vorgenommen werden. Die nachfolgende Auflistung in Tab. 3.17 zeigt Erweiterungen (z. B. JIT00_01), für die mit Hilfe der Transaktion SMOD weitere Dokumentationsinformationen bereitstehen. Informationen zum jeweiligen BAdI stehen ebenfalls zur Verfügung, wenn beispielsweise die Transaktionen SE18 oder SE19 verwendet werden. Erweiterungen über einen BAdI sind in den Transaktionen OJITI und OJITO als Menüpunkte integriert.

Tab. 3.17 JIT-Inbound Erweiterungsmöglichkeiten

Erweiterung/BAdI	Beschreibung
JIT00_01	JIT: Versorgen Komponentenbedarfsliste mit User-Daten
JIT00_02	JIT: Versorgen Monitoringreport mit User-Daten
JIT00_03	JIT: Archivierung
JIT00_04	JIT: Fortschrittsmeldung
JIT02_01	JIT: Statuskorrektur
JIT03_01	JIT: Sortierung von Abrufen/Teilegruppen (Monitoring, F.meld)
JIT03_02	JIT: Erfassung von Handling Units
JIT03_03	JIT: indiv. Druck der Komponenten-/Komissionierliste
JIT03_05	JIT: Versandterminierung
JIT03_06	JIT: Prüfzifferbestimmung
JIT03_07	JIT: Teilegruppenmaterialfindung
JIT03_08	JIT: Modifikation des Rückmeldevorgangs
JIT03_09	JIT: Customer-Exits zum Eingang Mengenabruf (Eingangslogik)
JIT03_10	JIT: Lieferung
JIT04_01	JIT: Benutzerdefinierte Abrufsteuerung
JIT04_04	JIT: Belegung Gruppierungsinformation
JIT08_01	JIT: Versorgen Nachrichtensegmente der Lieferung & Faktura
JIT10_01	JIT-Cockpit: Aufbereitung Komponentenliste in HTML-Format
JIT10_02	JIT: Anstoß des Workflow durch Impulsmonitor
JIT11_01	JIT: Komponentenermittlung für Druck Arbeitsanweisung
JIT14_01	JIT: Mapping der Idoc-Daten

(Fortsetzung)

Tab. 3.17 (Fortsetzung)

Erweiterung/BAdI	Beschreibung
JIT15_01	JIT: Ändern, filtern und vorbelegen der Dokumentationsdaten
JIT08_SD_SALES	Aktualisieren des JIT-Materials
JIT_DELCON	BAdI: zur Lieferquittierung Inbound
JIT_LE_SHP_DELIVERY	Implementierung Lieferungsänderungen für JIT
JIT_FIND_SA	BAdI: Ermittlung des Lieferplans
JIT_GM_TYPE	BAdI: Bewegungsart für Umlagerung
JIT_JITH	BAdI: JIT inbound: BADI in Requirements Match
JIT_MONITOR	BAdI: Erweiterung für den JIT-Monitor (JITM)
JIT_NUMBER	BAdI: Interne Nummernvergabe bei Stammdatenanlage

3.10.3 JIT-Outbound Erweiterungsmöglichkeiten

Im JIT-Outbound Umfeld existieren nur eine Hand voll Erweiterungsmöglichkeiten per Userexit: die Sortierung der Abrufe, Teilegruppen und Komponenten. Die Anpassung weiterer Logik bzw. Daten sind hauptsächlich über BAdI möglich. Es gelten die gleichen Informationen wie in Abschn. 3.10.2 zu den JIT-Inbound Erweiterungsmöglichkeiten. Tab. 3.18 zeigt die Erweiterungsmöglichkeiten im JIT-Outbound.

Tab. 3.18 JIT-Outbound Erweiterungsmöglichkeiten

Erweiterung/BAdI	Beschreibung
JITO_3_1	JITOUT: Sortierung von Abrufen/Teilegruppen/Komponenten
JITO_ACTION	BAdI: JIT-Outbound: Abrufsteuerung
JITO_CREATE	BAdI: Anpassen der Daten beim Anlegen eines Outbound-Abrufs
JITO_DELCON	BAdI: Anpassungen Outbound-Lieferquittierung (TSL)
JITO_IDOC	BAdI: Anpassen der IDoc-Daten
JITO_LAYOUT	BAdI: Anpassen der Layouts von Reports und Listen
JITOUT_NUM-BER_GET	BAdI: Nummernvergabe für JIT-Outbound-Positionen
BADI_JIT_ALERTS	BAdI: Kundenerweiterung für das Alerting im JIT Inbound
BADI_JIT_BUFFER_REFRESH	BAdI: to control the refresh of JITMA buffer on other servers
BADI_JITO_ALERTS	BAdI: JIT Outbound: Alerts Definition
BADI_JITO_DELIVERY	BAdI: JIT Outbound: Integration mit Lieferung Definition

3.10.4 Hinweise zur Kundenentwicklungen

Im SAP JIT stehen viele Funktionsbausteine und Programme zur Verfügung, die bei kundeneigenen Entwicklungen aufgerufen werden können. Diese sollten auch Anwendung finden, um einerseits den Aufwand einer Zusatzentwicklung gering zu halten und andererseits um die Qualität der Entwicklung auf einen hohen Stand zu bringen. SAP JIT ist seit mehreren Jahren erfolgreich im Einsatz und viele Programmverbesserungen wurden vorgenommen. Alle relevanten Funktionsbausteine und Programme können mittels Suche nach *JIT* identifiziert werden. Beispielsweise gibt es den Funktionsbaustein JIT02_READ_JITCALL_MULTI_JINUM, der den kompletten JIT-Abruf anhand der Abrufnummer (technisch: JINUM) ausliest.

Dies betrifft auch die Anwendung von BAPIs. Im JIT-Umfeld gibt es sowohl für das JIT-Inbound als auch für das JIT-Outbound mehrere BAPIs, um JIT-Details auszulesen, um für JIT-Abrufe Aktionen auszuführen oder um JIT-Outbound Abrufe anzulegen. Die relevanten BAPIs findet man ebenfalls über eine Suche nach dem Stichwort BAPI*JIT* (z. B. in der Transaktion SE37).

3.10.5 Praxisrelevante Kundenerweiterungen

In diesem Kapitel wird ein Überblick über mögliche Kundenerweiterungen aufgezeigt, die für den Praxisgebrauch sinnvoll sein können. Je nach Anwendungsfall und Prozessanforderung kann die Ausprägung der Entwicklung unterschiedlich sein.

Zudem ist zu beachten, dass die nachfolgenden Ausführungen nicht vollständig beschrieben sind und nur einen Einblick in mögliche Erweiterungen bieten soll.

Erweiterte Teilegruppenfindung
Eine erweiterte Teilegruppenfindung ist immer dann sinnvoll, wenn der SAP-Standard nicht verwendet werden kann. Die Funktionalität der SAP-Standard Teilegruppenfindung ist in Abschn. 3.4.1 beschrieben. Der Userexit wird bei der EDI-Eingangsverarbeitung immer durchlaufen, auch wenn im Customizing ein Wert ungleich „Teilegruppenmaterial (EDI/Customer-Exit/Dialog)" verwendet wird.

Die Suche nach der richtigen Teilegruppe findet über das Teilegruppenmaterial und der Erweiterung JIT03_07 statt. Im Userexit EXIT_SAPLJIT03_007 kann über Kriterien aus der Sequenznachricht ein Teilegruppenmaterial ermittelt werden, das der Anwendung übergeben wird. Kriterien aus der Sequenznachricht wie beispielsweise JIT-Kunde, Baureihe, Materialnummer, Zusatztexte und weitere Informationen können mit einer neu zu erstellenden Kundentabelle abgeglichen werden, um darüber das Teilegruppenmaterial zu ermitteln. Die Kriterien sind kundenspezifisch und können in diesem Buch nicht allgemein vermittelt werden.

Kundenspezifische Sequenzprüfung

Die Länge und der Aufbau der Sequenznummern sind je nach anzubindenden Hersteller und Kunde unterschiedlich. Somit ist es nicht immer gegeben, dass eine allgemein gültige Lösung für die Abwicklung aller JIS-Prozesse definiert werden kann. Über den SAP-Standard kann in den Sortierprofilen angegeben werden, dass eine Sortierung nach Sequenznummer und gegebenenfalls eine Maske eingesetzt wird. Dies wird in Abschn. 3.4.42 beschrieben. Wenn eine Sequenzlücke entstanden ist, wird vom SAP-Standard keine Meldung erfasst und an den Benutzer ausgegeben. Zudem geht der SAP-Standard davon aus (im Fall, wenn die Transaktion JITF verwendet wird), dass die Sequenznummern von 0001 bis 9999 übertragen werden. JIT-Abrufe mit der Sequenznummer 9999 werden vor JIT-Abrufen mit der Sequenznummer 0001 angezeigt. Über die Einstellung „Sequenzbruch nicht prüfen" kann die Funktion deaktiviert werden. Weiterführende Informationen sind in Abschn. 3.11.5 hinterlegt. Wird bei den JIT-Abrufen des Kunden keine Sequenz von 0001 bis 9999 übermittelt, sondern beispielsweise eine Sequenz nur bis 0999 und die Sequenz beginnt anschließend wieder bei 0001, kann die SAP-Standardabwicklung der Transaktion JITF nicht verwendet werden und eine Erweiterung ist notwendig. Ebenfalls ist einer Erweiterung notwendig, wenn für den Benutzer eine Meldung ausgegeben werden soll, dass eine Sequenzlücke vorliegt.

Die Erweiterung kann an mehreren Erweiterungspunkten im SAP vorgenommen werden. Die Anpassung der Sortierung kann durch die Erweiterung JIT03_01 mit Userexit EXIT_SAPLJIT03_001 erfolgen. Alternativ kann eine JIT-Aktion ausgeprägt werden, die die Sortierung vornimmt, den Benutzer informiert und gleichzeitig eine interne Sequenznummer bildet, wenn dies für den Prozess relevant ist. Erweiterungen zu JIT-Aktionen finden in der SAP-Erweiterung JIT04_01 statt. Je nach Anwendung im Prozess kann eine eigene Aktion mit Userexit EXIT_SAPLJIT04_001 ausprogrammiert werden oder eine Aktion, die vor der Aktionsausführung abläuft (Userexit EXIT_SAPLJIT04_002).

Kundenspezifische Gestellbildung

Eine kundenspezifische Gestellbildung wird in den meisten JIT-Prozessen benötigt. Ob die Gestellbildung vor oder nach der Produktion stattfindet, spielt für die reine Funktionalität keine Rolle. Zwar steht mit der JIT-Aktion CGRP eine Funktionalität zur Verfügung um Gestell- und Platznummern zu vergeben, nur erfüllt diese nicht immer die Anforderungen an den praktischen Einsatz. Häufig müssen die produzierten Teile nach Verbauseite (zum Beispiel vorne, hinten, links, rechts) oder mit weitaus komplexeren Regeln unter Beachtung der richtigen Sequenz in Gestelle verpackt werden. Hierfür bietet der SAP-Standard keine Lösung an. Über eine eigens programmierte JIT-Aktion mit der Erweiterung JIT04_01 und Userexit EXIT_SAPLJIT04_001 kann eine frei konfigurierbare Lösung mit kundeneigenen Tabellen erschaffen werden, um sämtliche Gestelllogiken abzubilden. Bei der Vergabe der Gestellnummer empfiehlt sich in der Programmierung auf Nummernkreisobjekte und deren Intervalle zurückzugreifen, um eine möglichst flexible Lösung zu gestalten.

In vielen praktischen Anwendungsfällen wird zudem eine Lösung benötigt, um die gebildeten Gestelle in umgekehrter Reihenfolge sortiert in den LKW zu verladen, sodass der Kunde die Gestelle und somit auch die produzierten Teile in richtiger Reihenfolge aus dem LKW entnimmt. Bei der neu zu erstellenden JIT-Aktion für die Gestellbildung ist dann darauf zu achten, dass beispielsweise eine LKW-Nummer per Nummernkreisobjekt vergeben wird, für diesen die Gestelle in umgekehrter Reihenfolge verladen werden.

Die Vergabe der Gestell- und Fachnummern sowie die LKW-Bildung in umgekehrter Reihenfolge kann je nach Anwendungsfall auch in zwei separaten JIT-Aktionen und somit Programmlogiken ablaufen.

Schnittstellen an externe Systeme

Sobald ein externes System aus dem SAP mit SAP JIT relevanten Daten versorgt werden soll oder Daten zurück an das SAP JIT gemeldet werden sollen, wird eine Schnittstelle benötigt, die nicht im SAP-Standard vorhanden ist. Zwar kann über JIT-Outbound ein SEQJIT03-IDOC mit JIT-spezifischen Daten erzeugt werden, doch müssen hierfür sehr viele Stammdaten erstellt und nachhaltig gepflegt werden. Es empfiehlt sich über die Erweiterung JIT04_01 und Userexit EXIT_SAPLJIT04_001 eine kundeneigene JIT-Aktion zu programmieren.

Je nach Anwendungsfall und Anbindung des externen Systems können diverse Schnittstellentechnologien verwendet werden, die aus der Programmlogik der JIT-Aktion aufgerufen werden kann. Bei Verwendung von IDOCs ist es nicht empfehlenswert auf den Standard Nachrichtentyp SEQJIT zurückzugreifen, da die Anzahl der Felder limitiert ist und daher hauptsächlich SAP-Standard Informationen versendet werden können. Zwar können über JIT-Referenznummern weitere Informationen übergeben werden, doch ist dieses Verfahren ebenso limitiert. Bei der Verwendung von IDOCs sollte bestenfalls ein eigener Nachrichten- und Basistyp erstellt werden, um sowohl die JIT-Standardinformationen aus beispielsweise den Tabellen JITHD und JITIT zu übertragen, als auch Zusatzinformationen aus der Tabelle JITTE (JIT-Referenznummern). Weitere Kopf- oder Positionsdaten aus Appendfeldern können in weiteren Kopf- und Positionssegmenten abgelegt werden, beispielsweise wenn die Standardtabellen um kundeneigene Felder erweitert werden. Genau aus letzterem Grund ist es problematisch auf den Standard Nachrichtentyp SEQJIT zu setzen, wenn bei einem wachsenden JIT-Prozess die Standardtabellen JITHD und JITIT und weitere Tabellen erweitert werden. Mit einem eigenen Nachrichten- und Basistyp besteht die Möglichkeit die Schnittstelle bei wachsenden Anforderungen zu erweitern oder anzupassen.

In vielen Anwendungsfällen werden ebenso Daten vom externen System zurück an das SAP JIT gemeldet, die persistent auf der Datenbank abgespeichert werden sollen. Bei diesen Daten kann es sich um Produktionsinformationen handeln, die für das SAP JIT und gegebenenfalls für die Gestellbildung, für die Auslieferung oder für den Kunden relevant sind. Bei der Erstellung der Schnittstelle ist somit auch darauf zu achten, dass Daten vom externen System empfangen und verarbeitet werden können. Hierbei können auch je nachdem welches externe System angebunden wird, verschiedene Schnittstellentechnologien zum Einsatz kommen. Wichtig ist allerdings bei der Umsetzung, dass eine JIT-Aktion aufgerufen wird, um einen Wechsel des internen Bearbeitungsstandes durchzuführen. Die reine Verarbeitungslogik muss dabei nicht in der JIT-Aktion stattfinden, sondern kann beispielsweise bei einer IDOC-Verarbeitung in der Eingangsverarbeitung stattfinden. Am Ende der Verarbeitung wird dann die JIT-Aktion aufgerufen. Darf diese JIT-Aktion laut Abrufsteuerung nicht ausgeführt werden, wird eine Fehlermeldung ausgegeben. Weitere Informationen zu externen Systemen sind auch in Kap. 5 zu systemübergreifenden Geschäftsprozessen zu finden. Hier ist in Abb. 5.1 ein exemplarisches Z-IDOC abgebildet.

Erweiterung des Backflushes

Bei der Erweiterung des Backflushes kann es eine Reihe an Anforderungen und somit Erweiterungen geben. Die Lösung richtet sich daher immer nach den Prozessanforderungen. Wenn beispielsweise das Material produktionsnummerngenau zurückgemeldet und auf Bestand gelegt werden muss, kann die Charge als Hilfsmittel verwendet werden. Die Chargennummer würde damit der Produktionsnummer entsprechen. Dies kann hilfreich sein, wenn es sich um Individualfarben im JIT-Prozess handelt, die nur mittels Produktionsnummer wiedererkannt werden können.

Bei der Wareneingangsbuchung über den Backflush wird das Material dem Lager zu gebucht und über den SAP-Standard wird in der BFLU Logik eine Chargennummer generiert. Wenn dies nicht gewünscht ist, kann die Produktionsnummer aus dem SAP JIT übertragen werden, um diese in der Charge zu speichern. Bei der Auslieferstellung ist darauf zu achten, eine ähnliche Programmlogik zu implementieren, sodass die richtige Charge/Produktionsnummer der Auslieferung zugeordnet ist. Ansonsten ist eine automatische Warenausgangsbuchung nicht möglich.

Eine weitere Notwendigkeit den Backflush zu erweitern besteht beispielsweise, wenn im Prozess mehrere Fertigungsversionen zu einem Material verwendet werden müssen. Die JIT-Aktion BFLU ermittelt die Fertigungsversion anhand des Funktionsbaustein JIT06_FIND_PROD_VERSION mit den Parametern Werk, Material und der Fertigungslinie. Sind mehrere Fertigungsversionen gepflegt, so verwendet das System die zuerst gefundene Fertigungsversion. Abhilfe schafft die Erweiterung JIT03_08 mit Userexit EXIT_SAPLJIT03_009. Über eine kundeneigene Ermittlung der Fertigungsversion kann in diesem Userexit die eindeutige Fertigungsversion zurück an den SAP-Standard übergeben werden. Weitere Informationen zum Backflush sind in Abschn. 3.4.25 beschrieben.

Vereinfachte Pflege der JITL

Materialien, die über die JIT-Aktion BFLU bewegt werden, müssen in der Transaktion JITL angelegt sein. Das Verhalten der JIT-Aktion BFLU und der Transaktion JITL ist in Abschn. 3.4.25 erläutert. Die Transaktion JITL hinterlegt zum Werk und Material, welche Warenbewegungsart durchzuführen ist. Findet die JIT-Aktion BFLU keinen passenden Eintrag in der Transaktion JITL (=Tabelle JITPP) wird das Material bei der Buchung ignoriert und es werden nur Warenbewegungen für Materialien aus der JITL durchgeführt. Da die Transaktion JITL manuell ausgeführt wird, kann das bedeuten, dass der Benutzer bei neu angelegten Materialien vergisst, einen neuen Eintrag für die Transaktion JITL anzulegen. Die Fehlbuchung bzw. vergessene Buchung wird erst sichtbar, wenn bei der Warenausgangsbuchung der Bestand fehlt. Abhilfe kann ein Programm schaffen, das im Hintergrund abläuft und je nach Selektionskriterium die Tabelle JITPP befüllt. Die manuelle Pflege der Transaktion JITL wird somit obsolet.

Umlagerungslieferungen

Im SAP-Standard können Umlagerungslieferungen über die Transaktion VLMOVE angelegt werden. Dabei wird im SAP-Standard beispielsweise Vorgang 0006 „311 Umlagerung im Werk zwischen Lagerorten" mit Bewegungsart 311 und Lieferart HTP (Lief. für Umbuchung) verwendet. Umlagerungslieferungen können ausschließlich mit der Transaktion VLMOVE angelegt werden, da über das Programm das Kennzeichen „UMMAT in Leitbuchung" (Feld SHKZG_UM aus der Kommunikationsstruktur KOMDLGN) auf „1" für eine Umbuchung gesetzt wird. Dieses Feld ist in den Standardlieferungstransaktionen nicht eingabebereit (sichtbar im Reiter „Warenbewegungsdaten").

Die Erstellung von Umlagerungslieferungen im JIT-Prozess ist immer dann sinnvoll, wenn ein externer Dienstleister mit angebunden werden soll. Die Abwicklung könnte über den SAP-Standard mit JIT-Lieferplänen und der Konsignationsabwicklung durchgeführt werden. Dieses Verfahren ist allerdings sehr performanceintensiv, siehe Abschn. 3.3.3. Abhilfe kann eine eigene JIT-Aktion schaffen, die mittels Erweiterung JIT04_01 und Userexit EXIT_SAPLJIT04_001 programmiert wird. Über eine kundeneigene Tabelle kann angegeben werden, von welchem Lagerort zu welchem Lagerort eine Umbuchung stattfinden soll. Das Material verlässt zwar physisch das Werk, doch im System findet eine Umbuchung von Lagerort zu einem anderen Lagerort statt. Über Lagerorte kann dann abgebildet werden, wann sich das Material „in Transit" (=neuer Lagerort) und wann sich das Material beim externen Dienstleister (=neuer Lagerort) befindet. Bei der Programmierung der Aktion ist darauf zu achten, dass analog zur Transaktion VLMOVE das Kennzeichen SHKZG_UM auf „1" gesetzt wird. Weitere relevante Parameter wie die Lieferart würden über eine kundeneigene Tabelle ermittelt werden.

Ausdruck des Gestelllabels

Die physische Auslieferung der produzierten Materialien findet in den meisten Fällen in einem Gestell oder einem Rack statt, das nach den Kundenwünschen mit einem Label zu kennzeichnen ist. Im SAP-Standard kann die Erzeugung eines solchen Labels über die JIT-Aktion PICK durchgeführt werden, siehe Abschn. 3.4.14. Prüft man das Ergebnis dieser JIT-Aktion wird schnell deutlich, dass die Kundenanforderungen nicht erfüllt werden können.

Da jeder Kunde meist eigene Anforderungen an dieses Label hat, kann eine JIT-Aktion mit Erweiterung JIT04_01 und Userexit EXIT_SAPLJIT04_001 entwickelt werden, um das Label auszudrucken. In kundeneigenen Tabellen können Parameter dynamisch hinzugelesen werden, um das Label je nach JIT-Prozess anders befüllen zu können (z. B. über SO10-Standardtexte, die in der kundeneigenen Tabelle zugeordnet werden).

Automatischer Refresh für die Transaktion JITM

Die Transaktion JITM ist das zentrale Monitoring Werkzeug im JIT-Inbound Umfeld. Je nach Selektionseinstellung kann es aktiv für die Aktionsverarbeitung verwendet werden oder auch für die Anzeige der verarbeiteten JIT-Abrufe. Über die Angabe von Selektionsbedingungen und die Einstellung des Layouts kann allerdings auch ein Monitor gestaltet werden, der rein zu Information und zur Unterstützung der Anwender dient. Beispielsweise kann in der Versandzone des Werkes ein Terminal aufgebaut werden, das dauerhaft die Transaktion JITM zeigt. In der Selektion der JITM würden alle JIT-Abrufe angezeigt werden, die zum Versand anstehen. Der Versandmitarbeiter bekommt mit diesem Monitor eine Unterstützung, um alle relevanten Gestelle und JIT-Abrufe in der richtigen Sequenz auszuliefern. Ein Nachteil der Standardtransaktion JITM ist, dass die Aktualisierung der Daten nicht automatisch stattfindet. Daher ist eine Erweiterung in JIT00_02 und Userexit EXIT_RJITMON001_001 möglich.

Über eine kundeneigene Tabelle würde abhängig der Selektionsvariante der Transaktion JITM die Zeit eingestellt werden, wie oft eine Aktualisierung der Transaktion JITM stattfinden soll. Der Userexit liest die kundeneigene Tabelle aus und führt das Auffrischen der Daten durch, wenn die Selektionsvariante ausgewählt wurde. Die Selektionsvariante ist in diesem Anwendungsbeispiel das richtige Mittel, da für den Versandmitarbeiter eine eigene Z-Transaktion mit Start dieser Selektionsvariante bereitgestellt werden kann. Je nach Anwendungsfall kann die Ausprägung einer solchen Entwicklung anders ausfallen.

3.10.6 Zusammenfassung

Abschn. 3.10 hat eine Auflistung der Erweiterungspunkte für kundeneigene Programme und Anpassungen für das SAP JIT aufgezeigt. Mit dem Verständnis des Tabellenmodells und der Erweiterungspunkte kann der SAP JIT Prozess gemäß den individuellen Prozessanforderungen gestaltet werden. Einen Einblick in mögliche Kundenerweiterungen wurden dargestellt, um den Einstieg in die SAP JIT Erweiterung zu erleichtern. Die Funktionalität des SAP-Standards sollte allerdings nur erweitert werden, wenn eine Standardfunktionalität nicht vorhanden ist und der Prozess verbessert werden kann.

3.11   Häufig verwendete Transaktionen im JIT-Prozess

Abschn. 3.11 beschäftigt sich mit den am häufigsten verwendeten JIT-Transaktionen in der Praxis. Es werden die grundlegenden Funktionalitäten und die prozessuale Anwendung erklärt. Nicht jede Transaktion ist für jeden JIT-Prozess notwendig.

Der Einsatz der jeweiligen JIT-Transaktion ist vom kundenspezifischen Prozess abhängig. Bei allen Transaktionen gilt allerdings, dass SAP-Standard Funktionalitäten wie die Anlage von Selektionsvarianten verwendet werden können. Über die Selektionsvariante kann dem Anwender ein einfaches Werkzeug zusammengestellt werden, um JIT-Abrufe im richtigen internen Bearbeitungsstand für die Ausführung der richtigen

JIT-Aktion zur Verfügung zu stellen. So kann beispielsweise einem JIT-Versandmitarbeiter eine Transaktion mit Selektionsvariante bereitgestellt werden, bei der die JIT-Aktion DELI als Voreinstellung hinterlegt ist. Weitere Einstellungen bzw. Vorbelegungen wie die Einschränkung auf bestimmte JIT-Kunden sind möglich. Die Felder in der Selektionsvariante können über den SAP-Standard geschützt oder ausgeblendet werden.

Die angelegte Selektionsvariante kann außerdem für eine neue Z-Transaktion verwendet werden. Die jeweilige JIT-Standardtransaktion wird dann beim Aufruf der Z-Transaktion mit der Selektionsvariante gestartet. Über die Einstellung „Einstiegsbild überspringen" kann der Selektionsbildschirm übersprungen werden, das den schnelleren Einstieg in die JIT-Anwendung ermöglicht.

3.11.1 EMJIT: IDoc-Monitor für JIT-Abrufe

Die Transaktion EMJIT, der EDI-Monitor für JIT-Abrufe, zeigt alle eingehenden JIT-Abrufe des Nachrichtentyps SEQJIT mit den Basistypen SEQJIT01, SEQJIT02 und SEQJIT03 an. Die Suche kann nach diversen Selektionskriterien eingegrenzt werden. So kann beispielsweise nach dem Auftraggeber, Kundenwerk und der Produktionsnummer selektiert werden, um eingegangene JIT-Abrufe zu erhalten. Im Ergebnisbildschirm werden die gefunden IDOCs angezeigt. Das Layout kann kundenindividuell verändert und als Voreinstellung gespeichert werden, damit die wichtigsten Informationen wie beispielsweise die Meldungsklasse, Meldungsnummer und der Fehlertext sofort sichtbar sind.

Eine erneute Verarbeitung von fehlerhaften oder noch nicht vollständig verarbeiteten Nachrichten kann über die Online oder Hintergrundausführung gestartet werden. Ist eine genauere Analyse des auf Fehler gelaufenen IDOCs notwendig, empfiehlt es sich, die Online Ausführung zu starten, damit der Fehler direkt im Onlinemodus angezeigt wird.

Auf Fehler gelaufene Nachrichten können ungeachtet vom Basistyp auch mit den klassischen IDOC-Transaktionen aufgerufen werden. Die Transaktion EMJIT gibt dem Anwender ein Werkzeug, um einerseits mit diversen Selektionskriterien nach eingehende JIT-IDOCs zu suchen und andererseits um die Fehlermeldungen der auf Fehler gelaufenen IDOCs auf einen Blick zu erkennen.

Nach der erfolgreichen Verarbeitung der Sequenznachricht existiert ein JIT-Inbound Abruf – Mengen- oder produktionssynchroner Abruf – im System. Die Zuordnung der IDOC-Nummer zum JIT-Abruf wird in der Tabelle JITED gespeichert und kann über die Transaktion JITI (IDoc-Liste zu gegebenen JIT-Abrufen) oder JITM (JIT-Monitoring) über das Menü → Springen → IDOC aufgerufen werden.

3.11.2 JIT1, JIT2 und JIT3: JIT-Abruf anlegen, ändern, anzeigen (Inbound)

Eine manuelle Anlage, Änderung oder die Anzeige von JIT-Abrufen ist über die Transaktionen JIT1, JIT2 bzw. JIT3 möglich. Mit der Angabe des Auftraggebers, der Partnerbezeichnung und der Produktionsnummer wird das Programm ausgeführt. Der

Pflegemodus gibt bei der Programmlogik an, welche Daten auf dem folgenden Dynpro sichtbar sein dürfen. Es gibt drei verschiedene Sichten:

- 1 – EDI: Der Pflegemodus EDI zeigt dem Anwender die meisten Daten der drei verschiedenen Sichten an. Diese Sicht ist dem Aufbau des EDI-Eingangs angelehnt und neben den Kopfdaten, werden dem Anwender auch die Teilegruppen- und die Abrufkomponentenebene angezeigt. Sowohl Daten zum übermittelten Kundenmaterial, Menge, Abladestelle, Verbauort als auch das geplante Bedarfsdatum oder das geplante Versanddatum können gepflegt werden.
- 2 – Zusammenbauten: Im Vergleich zum Pflegemodus EDI ist der Fokus bei diesem Pflegemodus auf den Teilegruppen. Dies erkennt man besonders beim Öffnen der Transaktion JIT1. Nachdem Auftraggeber, Partnerbezeichnung und Produktionsnummer eingegeben wurden, muss im Folgebildschirm zuerst die Teilegruppe gebildet werden, um im Anschluss die Abrufkomponenten zuordnen zu können. Die Sicht Zusammenbauten bzw. Teilegruppen zeigt dem Anwender Informationen über Abrufkopf, Teilegruppen und Abrufkomponenten. Nicht alle Felder sind eingabebereit oder eingeblendet. Dennoch bietet dieser Pflegemodus die Möglichkeit einen einfachen und schnellen Einstieg in die JIT-Abruf Anlage oder Änderung. Daten wie das geplante Versanddatum sind beispielsweise nicht eingabebereit, da der SAP-Standard davon ausgeht, dass die Berechnung des geplanten Versanddatums über die Vorlaufzeiten zum JIT-Kunden vorgenommen wird.
- 3 – Diskretes Material/MAB: Der dritte Pflegemodus ist hauptsächlich für Mengenabrufprozesse geeignet, da bei MAB keine Teilegruppen relevant sind. Zwar kann für produktionssynchronen Abrufen dieses Profil angewendet werden, dann sind allerdings bei der Verwendung der Transaktionen JIT1, JIT2 bzw. JIT3 die Teilegruppeninformationen ausgeblendet. Diese sind essenziell für PAB-Prozesse, da Teilegruppen notwendig sind. Bei diskreten Materialien haben Teilegruppen eine weniger wichtige Rolle. In diesem Fall kann auch dieser Pflegemodus verwendet werden. Dennoch sollte dann bedacht werden, dass die Teilegruppeninformationen in den Transaktionen JIT1, JIT2 bzw. JIT3 nicht angezeigt werden.

Der Pflegemodus wird auch bei der Pflege des JIT-Kunden mit der Transaktion JITV angegeben, damit bei einem Absprung auf die Transaktionen JIT1, JIT2 bzw. JIT3 aus anderen Transaktionen wie beispielsweise aus der Transaktion JITM der richtige Pflegemodus übergegeben wird.

Eine Besonderheit der Transaktion JIT1 ist die Funktionalität „Vorschlag Abruf". Nach dem Einstieg mit dem Auftraggeber, der Partnerbezeichnung und der Produktionsnummer kann im oberen Bereich des Dynpros die Schaltfläche „Vorschlag Abruf" betätigt werden, um einen vorhanden JIT-Abruf als Kopiervorlage zu verwenden. Sind mehrere Abrufe mit der Kombination Auftraggeber, Partnerbezeichnung und Produktionsnummer vorhanden, da es sich beispielsweise um eine Nachbestellung handelt, öffnet sich ein Pop-up, damit manuell entschieden werden kann, welcher Abruf als Kopiervorlage ausgewählt werden soll.

Die Transaktion JIT1 wird in der Praxis verwendet, wenn die Datenübertragung zwischen dem Hersteller und dem Zulieferer nicht funktionstüchtig ist und trotzdem eine Sequenzlieferung durchgeführt werden muss. Meist kann über ein Kundenportal auf die Daten des Herstellers zurückgegriffen werden, um zu erkennen, welcher JIT-Abruf als nächstes relevant ist. Über die Transaktion JIT1 kann der Sequenzabruf mit dem relevanten Impuls (=externe Statusinformation) eingegeben werden. Die Transaktion JIT2 wird wiederum verwendet, wenn dem JIT-Abruf zusätzliche Informationen hinzugefügt oder wenn vorhandene Daten abgeändert werden müssen. Letzteres kann der Fall sein, wenn der JIT-Abruf nicht baubar ist und Abrufkomponenten ausgetauscht, erweitert oder verändert werden müssen.

3.11.3 JIT4 und JIT5: JIT-Abruf Eingang: Simulation und Schnelländerung

Die Transaktion JIT4 öffnet den Simulationsmodus der Transaktion JIT2. Dies bedeutet, dass zwar die Transaktion JIT2 aufgerufen wird, allerdings ein Sichern von geänderten Daten nicht möglich ist. Die Simulation bietet sich an, wenn geprüft werden soll, mit welchen Daten welche Teilegruppenfindung angewendet wird. Durch Eingabe von beispielsweise der Kundenmaterialnummer, der Abrufmenge und der Bestätigung durch Enter wird die Teilegruppenfindung aufgerufen.

Mit der Transaktion JIT5, der JIT-Abruf-Schnelländerung, kann der JIT-Abruf mittels einem Selektionsbild geändert werden. Auf diesem werden dem Anwender die wichtigsten Daten zur Schnelländerung angezeigt. Die Schnelländerung ist vor allem dann relevant, wenn die Verbindung zwischen Hersteller und Zulieferer abbricht und dennoch eine Sequenzlieferung durchgeführt werden muss. Auf dem Bild müssen vom Anwender Daten eingegeben werden, die meist vom Hersteller über ein Kundenportal ermittelt werden können. Diese sind der Auftraggeber, die Partnerbezeichnung, die externe Abrufnummer, die Sequenznummer, die externe Statusinformation (=Impuls) und das geplante Bedarfsdatum/Bedarfszeit.

Ein Vorteil der Transaktion JIT5 gegenüber der Transaktion JIT1 ist, dass der Anwender nur die Daten zur Verfügung hat, die relevant sind. Anderweitige Daten können nicht geändert werden, da sie dem Benutzer nicht angezeigt werden. Nachteil der Transaktion JIT5 ist, wenn neben den vorhandenen Daten weitere Daten wie Abladestelle oder Verbauort abgeändert werden müssen, die beispielsweise über die Transaktion JIT1 angezeigt und geändert werden können. Mit der Transaktion JIT5 können keine Abladestellen und/oder Verbauorte bearbeitet werden.

3.11.4 JIT6 und JIT7: Aktionserfassung (Barcode) und mit Vorgabe

Die Fortschrittserfassung per Barcode ist im JIT-Inbound über die Transaktionen JIT6 und JIT7 möglich. In beiden Transaktionen erfolgt der Einstieg mit einem Erfassungsobjekt. Dieses entspricht der Information aus dem gescannten Barcode. Informationen zu Barcode Qualifier und zu Voraussetzungen, um die Transaktionen JIT6 und JIT7 nutzen zu können, sind in Abschn. 3.4.43 hinterlegt. Neben dem Erfassungsobjekt muss die JIT-Aktion angegeben werden, die ausgeführt werden soll. Je nachdem welches Erfassungsobjekt und welche JIT-Aktion ausgewählt wurde, müssen noch weitere Daten eingegeben werden.

Sowohl die Transaktion JIT6 als auch die Transaktion JIT7 führen eine JIT-Aktion über einen Benutzer aus. Der Unterschied der Transaktion JIT7 zur Transaktion JIT6 liegt in der Vorgabe von Daten. Die Transaktion JIT7 gibt dem Anwender den nächsten JIT-Abruf vor und zeigt dabei neben der internen Abrufnummer und der Produktionsnummer, auch die nächste Sequenznummer beim Kunden an. Außerdem wird die Gruppierungsinfo (=Gestellnummer) angezeigt. Für die Transaktion JIT6 und JIT7 existieren für die Barcode Erfassung optimierte Transaktionen, die mittels RF-Scanner verwendet werden können. Die Transaktionen heißen JIT6RF und JIT7RF. Etwaige Transaktionsvarianten können über die Transaktion SHD0 sowohl für die Transaktionen JIT6/JIT7 als auch für JIT6RF/JIT7RF angelegt werden.

Eine Besonderheit der Transaktionen JIT6/JIT7 und JIT6RF/JIT7RF liegt in der Erfassung von Dokumentationsdaten zum JIT-Abruf. In der Transaktion JITL kann zur Abrufkomponente werksspezifisch angegeben werden, ob eine obligatorische Doku-Daten-Erfassung, eine optionale Doku-Daten-Erfassung oder keine Doku-Daten-Erfassung erfolgen soll. Ist eine obligatorische Erfassung von Dokumentationsdaten eingestellt, wird in den Transaktionen JIT6/JIT7 und JIT6RF/JIT7RF auf das Feld „Identifikation" gesprungen, um weitere Informationen zum JIT-Abruf abzuspeichern. Das Feld „Identifikation" ist 40-stellig alphanumerisch und die Zusatzdaten werden abrufnummerngenau (JITHD-JINUM) in SAP IBase gesichert (z. B. Tabelle IBIB mit Installationstyp J1 für „JIT Speichern von Belegdaten"). Zum Öffnen der gespeicherten Daten können entweder die Transaktionen IB51/IB52/IB53 verwendet werden oder beispielsweise der Absprung von der JITM zum JIT-Abruf, über das Menü Springen → Doku-Daten anzeigen. Wenn die optionale Dokumentationserfassung durchgeführt werden soll, muss sowohl in der Transaktion JITL die Abrufkomponente diese Einstellung besitzen als auch der Haken „Opt. DokuDaten" in den Transaktionen JIT6/JIT7 und JIT6RF/JIT7RF muss aktiviert sein. Wenn bereits vorhandene Dokumentationen abgeändert werden sollen, dann muss der Haken „existDokuDatänd." aktiviert sein. Sobald Dokumentationsdaten erfasst wurden, wird auf dem Abrufkopf des JIT-Abrufs das Kennzeichen „DokuDaten vorhanden" (JITHD-DDATA) gesetzt.

Ist die SAP-Standard Verarbeitung der JIT Dokumentationserfassung nicht ausreichend, können mit der Erweiterung JIT15_01 und Userexit EXIT_SAPLJIT15_001 die Daten der Dokumentationserfassung beeinflusst werden.

3.11.5 JITF: Fortschrittsmeldung

Der SAP-Standard stellt mit der Transaktion JITF ein Programm zur Fortschrittserfassung mit diversen Einstellungsmöglichkeiten bereit, das sowohl vom Benutzer
als auch im Hintergrund ausführbar ist. Über die Angabe der JIT-Aktion und weiterer
Selektionsparametern im Selektionsbildschirm werden die gewünschten JIT-Abrufe
selektiert, vergleiche Abb. 3.104.

- Durchzuführende Aktion: Angabe, welche JIT-Aktion für die JIT-Abrufe ausgeführt
  werden soll.
- Erfassungseinheiten: Angabe, wie viele JIT-Abrufe für die Ausführung relevant sind.
- Vorschaueinheiten: Angabe, wie viele JIT-Abrufe selektiert werden. Dies kann insbesondere dann relevant sein, wenn eine Sortierung der Abrufe stattfinden muss,
  bevor die JIT-Aktion für die Erfassungseinheiten ausgeführt wird.
- Kundenspezifische Selektionskriterien: Angabe, welche JIT-Abrufe zu welchem Auftraggeber und zu welcher Partnerbezeichnung (=Kundenwerk) selektiert werden sollen. Eine Mehrfachauswahl ist möglich.
- Fertigungsspezifische Selektionskriterien: Angabe des Produktionswerkes, des internen Bearbeitungsstandes oder der Linienhierarchie. Mithilfe der Linienhierarchie
  kann auf einzelne Teilegruppen selektiert werden. Voraussetzung hierfür ist, dass eine

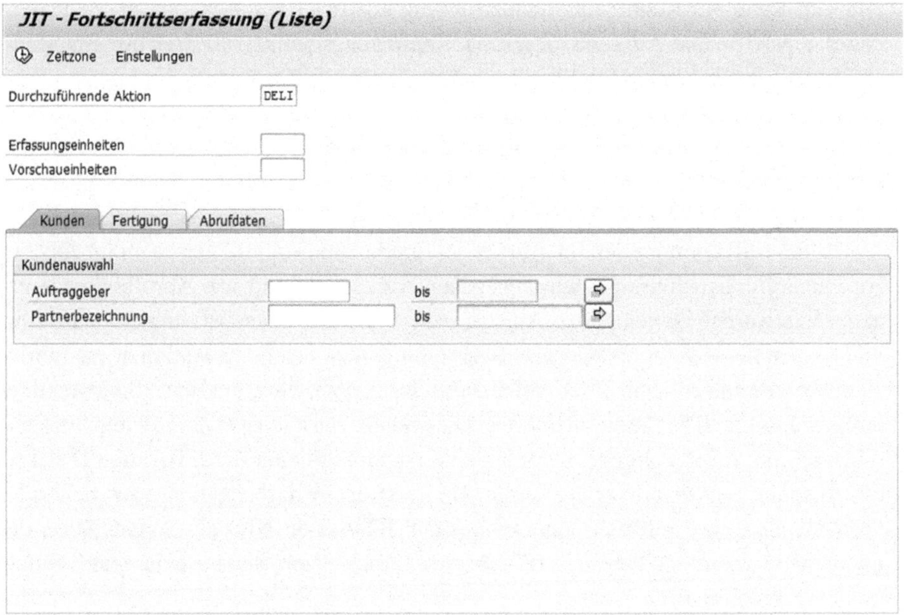

Abb. 3.104 Ausschnitt aus der Transaktion JITF

Linienhierarchie angelegt wurde (Transaktionen LDB1, LDB2 bzw. LDB3). Diese kann nur angelegt werden, wenn ein Arbeitsplatz (Arbeitsplatzart 0007) mit dem gleichen Namen wie die Linienhierarchie vorhanden ist. Die Linienhierarchie muss der Fertigungsversion des Teilegruppenmaterials zugeordnet werden (Transaktion C223) und sowohl das Teilegruppenmaterial als auch die Fertigungsversion müssen in den JIT-Stammdaten (Transaktion JITV) hinterlegt sein, damit eine Auswahl der gewünschten Teilegruppen in der Transaktion JITF möglich ist.

- Abrufspezifische Selektionskriterien: Angabe der Produktionsnummer, der Sequenznummer, Zusatzinformationen, Gruppierungsinformationen und weiterer Daten. Eine Mehrfachselektion ist möglich. Die Selektion nach Verbauort und Abladestelle ist nur möglich, wenn diese in den JIT-Stammdaten zur Destination (Transaktion JITV) hinterlegt sind.

- Zusätzliche Einstellungen: Die Einstellungen zur Transaktionen JITF bietet dem Ausführer eine weitere Möglichkeit das Verhalten des Programmes zu steuern. Über die Schaltfläche „Zeilenselektion zulässig" wird dem Benutzer ermöglicht, im Ergebnisbildschirm einzelne Teilegruppen aus der Verarbeitung auszuschließen. Die Schaltfläche „Aktion direkt" verarbeiten wird in den meisten Fällen aktiviert, wenn das Programm im Hintergrund ausgeführt und der Ergebnisbildschirm übersprungen werden soll. Die Schaltfläche „Sequenzbruch nicht prüfen" wird eingesetzt, wenn eine Sortierung nicht nach Sequenznummer, sondern beispielsweise nach Gruppierungsinformation vorgenommen werden soll. Ansonsten würde eine etwaige falsche Sortierung durch die Transaktion JITF vorgenommen werden. Diese Schaltfläche ist nur relevant, wenn ein Kunde eine Sequenzierung von 0001 bis 9999 besitzt, siehe auch Abschn. 3.10.5. Die Aggregationsebene Kopfdaten bewirkt, auf welcher Ebene die JIT-Abrufe im Ergebnisbildschirm sortiert und dargestellt werden. Dies kann mitunter für die Sortierung relevant sein, wenn der Prozess danach ausgerichtet ist.

Zudem können weitere interne Bearbeitungsstände angezeigt werden, wenn dies den Prozess unterstützt. Der Haken „nur diese bearbeiten" bewirkt die ausschließliche Umsetzung der JIT-Abrufe in diesem Bearbeitungsstand.

Für die Aufbereitung der JIT-Abrufe im Ergebnisbildschirm oder auch im Job-Log bei Hintergrundausführung kann angegeben werden, ob und wie Abrufkomponenten angezeigt werden sollen. Eine Angabe von Sonderaktionen ist immer dann sinnvoll, wenn im jeweiligen internen Bearbeitungsstand mehrere Aktionen ausführbar sind. Der Benutzer kann im Ergebnisbildschirm über die Funktion „Sonderaktion" die gewünschte JIT-Aktion ausführen. Dies macht beispielsweise in einem Versandprozess Sinn. Im Regelprozess würde der Versandmitarbeiter die JIT-Aktion DELI für die Auslieferungserstellung ausführen. Bemerkt der Mitarbeiter am auszuliefernden Produkt allerdings Schäden, kann er mit der JIT-Aktion NIO als Sonderaktion den internen Bearbeitungsstand des JIT-Abrufes zurücksetzen, sodass eine neue Produktion eingeleitet wird.

Mit der Einstellung Gruppierung Pflege kann definiert werden, ob eine Datenpflege der Gruppierungsinformation (=Gestellnummer) im Ergebnisbildschirm durch den

Benutzer erlaubt ist. Die Ausprägung der Einstellung Gruppierung Pflege gibt an, in welchem Ausmaß der Gruppierungsbegriff verändert werden darf.

Die Angabe der Sortiervariante ist ein entscheidender Schlüsselparameter in der Ausführung der Transaktion JITF. Die Transaktion JITF wird häufig für die Hintergrundverarbeitung in einem JIT-Prozess eingesetzt. Bei einem JIT-Prozess, bei dem eine Auslieferung in Time erfolgen muss, wird ein Sortierprofil beispielsweise nach geplanten Versanddatum eingestellt. Bei einem JIS-Prozess, bei dem eine Auslieferung in Sequenz erfolgen muss, wird ein Sortierprofil beispielsweise nach Sequenznummer eingestellt. Das Layout gibt dann an, wie die selektierten Daten im Ergebnisbild bzw. im Job-Log bei der Hintergrundverarbeitung angezeigt werden. Achtung: bei der Speicherung des Layouts im Ergebnisbildschirm ist darauf zu achten, dass im Layout keine Sortierkriterien gespeichert werden. Ansonsten könnte es passieren, dass eine falsche Sortierung vorgenommen wird, wenn über das Sortierprofil eine Sortierung vorgenommen wird und zusätzlich eine Sortierung über das Layout.

Die Ausführungen werden schematisch anhand der nachfolgenden Abb. 3.105 angezeigt.

Die Transaktion JITF kann sehr variabel eingestellt werden. Wenn diese beispielsweise von einem oder mehreren Benutzern auszuführen ist, kann mittels kundeneigener Transaktion das Programm der JITF mit Startselektionsvariante ausgeführt werden. Die Selektionsvariante kann so ausgeprägt werden, dass nur die relevanten Felder eingabebereit sind. JIT-Aktion und weitere Selektionskriterien können über die Selektionsvariante vorgegeben werden. Selbst das Layout im Ergebnisbildschirm kann vordefiniert werden, sodass die richtigen Daten angezeigt werden. Soll die JITF ohne Reiter angezeigt werden, kann auch die Transaktion JITFX verwendet werden.

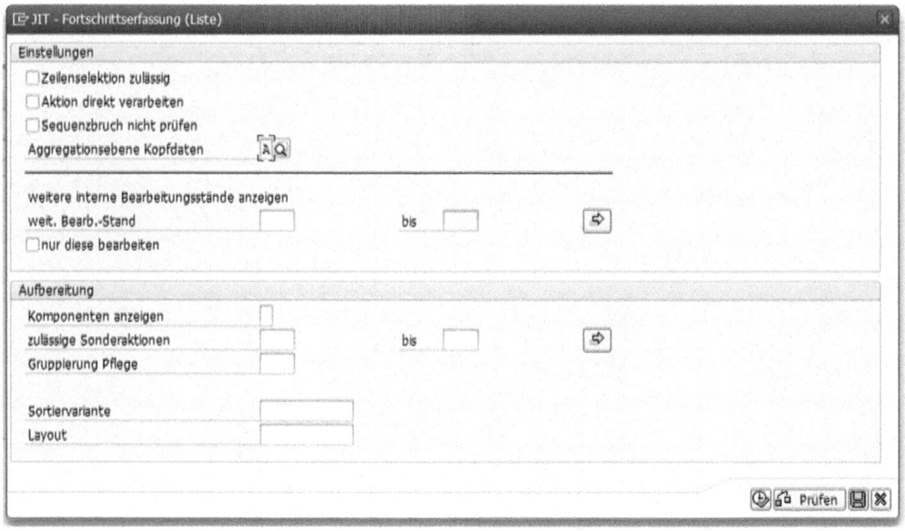

Abb. 3.105 Ausschnitt aus der Transaktion JITF – Einstellungen

3.11.6 JITM und JITOM: JIT-Monitoring (In- und Outbound)

Die Transaktionen JITM für das JIT-Inbound bzw. JITOM für das JIT-Outbound sind die zentralen Monitoring Transaktionen, um den Fortschritt der JIT-Abrufe zu erfassen oder zu prüfen. Die Transaktionen geben dem Benutzer weitreichende Möglichkeiten, um einerseits die JIT-Abrufe zu selektieren und andererseits zu bearbeiten. Diverse Darstellungsmöglichkeiten über die Einstellungen als auch über das Layout im Ergebnisbildschirm bieten die Chance die Transaktionen JITM bzw. JITOM für diverse Monitoring-Tätigkeiten zu nutzen. Dieses Kapitel bezieht sich vorzugsweise auf die Transaktion JITM. Wenn die Transaktion JITM allerdings verstanden ist, können diese Erkenntnisse auf die JITOM übertragen werden. Im nachfolgenden Beispiel in der Abb. 3.106 wird die Selektionsmaske der Transaktion JITM gezeigt.

- Kundendaten: Über die Angabe des Auftraggebers und der Partnerbezeichnung kann auf den JIT-Kunden eingegrenzt werden, um nur JIT-Abrufe eines bestimmten Kunden anzeigen zu lassen.

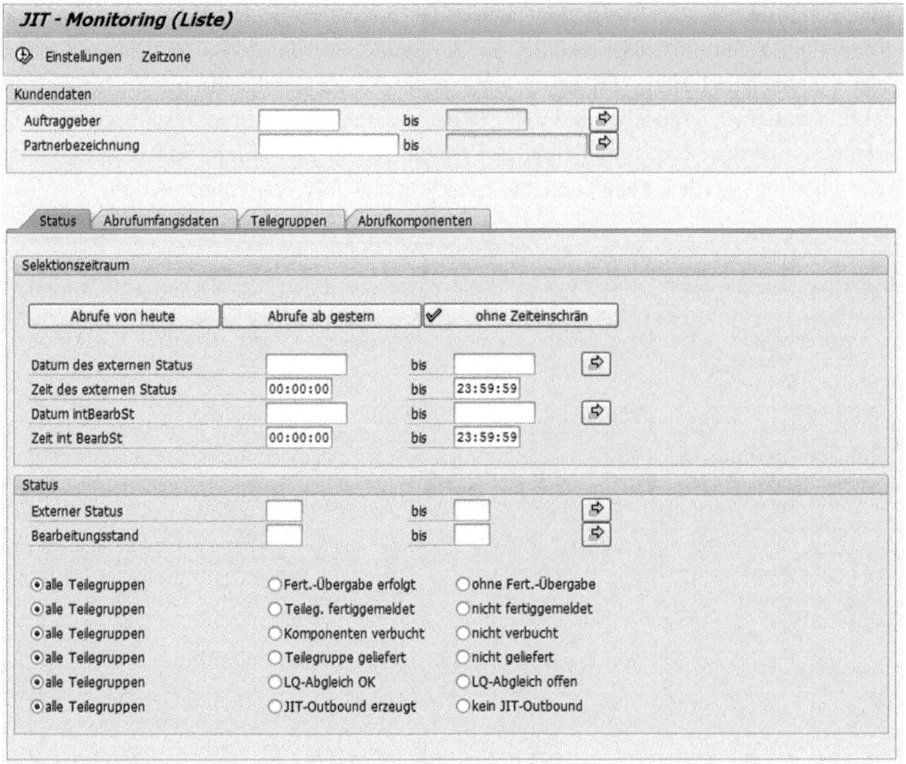

Abb. 3.106 Ausschnitt aus der Transaktion JITM

- Selektionszeitraum: Über die Angabe des Zeitraumes für den externen Status und/ oder den internen Bearbeitungsstand kann eingegrenzt werden, welche JIT-Abrufe zu welchem Zeitpunkt mit einer JIT-Aktion ausgeführt wurden.
- Status: Über die Angabe des externen Status und/oder des internen Bearbeitungs- standes kann der aktuelle Fortschritt von JIT-Abrufen untersucht werden. Beispiels- weise kann über den externen Status selektiert werden, welche JIT-Abrufe bereits einen Sequenzabruf (=Nachricht mit Sequenznummer) erhalten haben. Über den internen Bearbeitungsstand kann beispielsweise abgefragt werden, welche Abrufe sich aktuell in der Produktion oder im Versand befinden. Mit der weiteren Ein- grenzung der Auswahlfelder beispielsweise „Fert.-Übergabe erfolgt" kann weiter auf die JIT-Abrufe eingegrenzt werden. Die entsprechenden Kennzeichen müssen auf Teilegruppenebene gesetzt sein, um die Abrufe selektieren zu können. Beispielsweise muss die JIT-Aktion POUT ausgeführt sein, damit der Haken „Teileg. fertiggemeldet" für die JIT-Abrufe selektiert werden kann. Das Auswahlfeld „Komponenten verbucht" benötigt die JIT-Aktion BFLU. Die Eingrenzung über die Auswahlfelder ist nur rele- vant, wenn die jeweiligen JIT-Aktionen im Prozess verwendet werden und die Aus- wahl als Selektionskriterium sinnvoll ist.
- Abrufumfangsdaten: Angabe, welcher Abruftyp, welche Produktionsnummer, Sequenznummer oder ob Nachbestellungen selektiert werden sollen.
- Teilegruppen: Angabe von Teilegruppen spezifischen Daten wie beispielsweise das Werk, das Teilegruppenmaterial, die Abladestelle, der Verbauort oder die Gruppierungsinformation. Die Selektion nach Abladestelle und/oder Verbauort ist auch möglich, wenn die Abladestelle und/oder der Verbauort nicht in der Destina- tion hinterlegt sind, aber dennoch über das SEQJIT03-IDOC in den JIT-Abruf über- nommen wurden. In der Transaktion JITF ist diese Selektion nur möglich, wenn in der Destination die relevanten Werte hinterlegt wurden.
- Abrufkomponenten: Angabe der Material- oder Kundenmaterialnummer.
- Einstellungen: Über die Schaltfläche Einstellungen können Detailangaben bzw. steu- ernde Elemente zur Transaktion JITM angegeben werden. Diese werden in einem Ausschnitt in der Abb. 3.107 angezeigt. Die häufigste verwendete Ansicht für das Monitoring ist die Abrufumfang/Teilegruppensicht. Weitere Sichten sind möglich, um eine kundenindividuelle Anzeige auf die JIT-Tabellen und die JIT-Abrufe zu bekommen. Jede Sicht kann kundenspezifisch mit einem entsprechend ausgeprägten Layout im Ergebnisbildschirm dargestellt werden.

  Über die Auswahlfelder „Direktstart des Reports" kann das Programm nur gleich gestartet werden, wenn eine Selektionsvariante gespeichert wird und diese zum Benutzerparameter JITM_PARMS hinterlegt wird. Nachteil dieser Variante ist, dass die Transaktion JITM dann immer diese Selektionsvariante wählt. Mit dem Haken „Liste expandieren" kann angegeben werden, ob die Teilegruppen aufgeklappt im Ergebnisbildschirm erscheinen. Diese Einstellung kann allerdings auch über das Lay- out vorgenommen werden und als Voreinstellung gesichert werden.

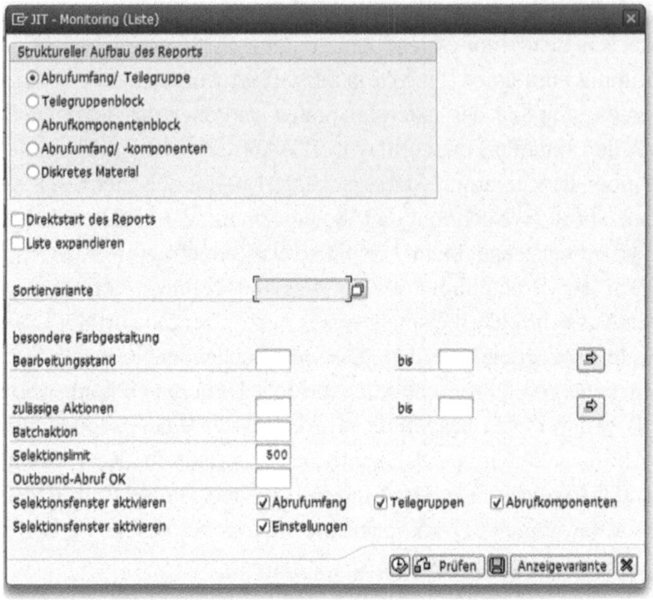

Abb. 3.107 Ausschnitt aus der Transaktion JITM – Einstellungen

Mit der Angabe der Sortiervariante bzw. dem Sortierprofil wird angegeben, wie die JIT-Abrufe nach der Selektion sortiert werden. Dies ist besonders entscheidend, wenn ein Versandmitarbeiter mit der Transaktion JITM arbeitet und Abrufe beispielsweise nach Sequenz oder nach geplanten Versanddatum ausliefern muss. Wenn zum Versandzeitpunkt und zu diesem internen Bearbeitungsstand mehrere JIT-Aktionen zur Auswahl stehen, können diese mit der Funktion „zulässige Aktionen" eingegrenzt werden. Das Feld Sortiervariante ist auch relevant, wenn die Transaktion JITM im Hintergrund ausgeführt wird. Dann muss zusätzlich die Batchaktion mit angegeben werden.

Für eine besondere Farbgestaltung eines bestimmten internen Bearbeitungsstands, kann dieser in den Einstellungen angegeben werden. Handelt es sich beispielsweise um einen internen Bearbeitungsstand, bei dem Nacharbeiten an einer Teilegruppe relevant sind, kann dieser auf einem Blick mit der besonderen Farbgestaltung identifiziert werden. Mit der Angabe des Selektionslimits wird verhindert, dass das Programm für die Selektion der Daten zu lange benötigt. Dies kommt vor, wenn das Programm ohne Selektionskriterien ausgeführt wird und sehr viele Abrufe im System vorhanden sind. Wenn alle Daten selektiert werden sollen, dann muss das Selektionslimit herausgenommen werden.

Die Einstellung „Outbound-Abruf OK" ist ausschließlich relevant, wenn mit JIT-Outbound gearbeitet wird. Mit der Angabe des internen Bearbeitungsstands kann geprüft werden, ob zu diesem Bearbeitungsstand bereits ein JIT-Outbound Abruf existiert.

Die Visualisierung findet im Ergebnisbildschirm per Ampelanzeige zum JIT-Abruf statt. Wenn diese Funktionalität genutzt werden soll, muss im Layout das Feld „Status Outbound" eingeblendet werden.

Mit den weiteren Auswahlfeldern „Selektionsfenster aktivieren" kann angegeben werden, ob ein Benutzer die Möglichkeit hat, weitere Absprungmöglichkeiten durchzuführen. Ein Layout für die jeweilige Selektion kann unter der Schaltfläche „Anzeigevariante" hinterlegt werden". Voraussetzung ist, dass das Layout im Ergebnisbildschirm bereits definiert wurde.

Alle Einstellungen können in einer Selektionsvariante gesichert werden, die einer kundeneigenen Transaktion zugeordnet wird. Der Anwender bekommt so ein nützliches Monitoring Werkzeug zur Hand, um Auswertungen oder JIT-Aktionen auszuführen. In Abb. 3.107 werden die Einstellungsmöglichkeiten zur Transaktion JITM aufgezeigt.

Wenn alle Selektionskriterien und Einstellungen vorgenommen wurden, kann die Transaktion JITM ausgeführt werden. Mithilfe der Schaltfläche „Aktionen" werden zur selektierten Teilegruppe und JIT-Abruf die möglichen JIT-Aktionen angezeigt, die im jeweiligen Bearbeitungsstand ausführbar sind.

Über das Menü werden eine Reihe von Funktionen und viele Absprungmöglichkeiten angeboten. So kann beispielsweise auf die Transaktion JITOM abgesprungen werden, wenn ein JIT-Outbound zum Inbound Abruf existiert. Eine weitere wichtige Absprungmöglichkeit ist die Anzeige des Aktionsprotokolls. Hierüber kann angezeigt werden, welche JIT-Aktionen von welchem Benutzer zu welchem Zeitpunkt ausgeführt wurden.

Außerdem ist der Absprung zur Änderung des JIT-Abrufs möglich. Hierbei ist zu beachten, dass das Ändern nur möglich ist, wenn die JIT-Aktion JIT2 in der Abrufsteuerung im gewünschten internen Bearbeitungsstand erlaubt ist. Genauso verhält es sich bei der Transaktion JITOM. Soll der Outbound Abruf geändert werden und es erfolgt der Absprung aus der Transaktion JITOM, so wird in die Transaktion PJ02 abgesprungen und das Programm versucht bei der Änderung die JIT-Aktion OMOD auszuführen. Diese muss analog zur JIT-Aktion JIT2 in der Abrufsteuerung mit enthalten sein, wenn die Aktion ausführbar sein soll.

Die Transaktion JITOM hat, wie bereits in diesem Kapitel erwähnt, die Funktionalität die JIT-Abrufe aus dem JIT-Outbound zu selektieren. Es ist wie die Transaktion JITM ein Werkzeug zum Monitoring oder zum Ausführen von JIT-Abrufen im Outbound Umfeld. Über den Reiter Einstellungen kann die Ausgabeliste ausgeklappt, die erste Knotenebene geöffnet, eine Sortiervariante, ein Layout, das Selektionslimit oder eine Batchaktion angegeben werden.

Für die Transaktion JITM gibt es wie bei der Transaktion JITF eine besondere Darstellung. Soll für den Benutzer keine Aufteilung der Selektionskriterien in Reiter erfolgen, so kann die Transaktion JITMX aufgerufen werden.

Ein Excel-Download der Daten aus der Transaktion JITM ist über die Transaktion JITX möglich. Dabei werden die Daten als Rohdaten in Excel übertragen. Ein deutlich lesbarer Download ist die Exportfunktion in der JITM. Diese ist über das Menü zu finden, wenn das Programm ausgeführt wurde. Ein Upload von Sequenznachrichten ist durch die JIT-Transaktion JITXML möglich. Diese erwartet ein IDOC-Format und somit auch einen Kontrollsatz. Der Empfängerport muss ein Datei-Port sein, damit die Verarbeitung funktioniert. Die Transaktion JITXML wird nicht sehr häufig in der Praxis verwendet, da die Handhabung bzw. das Fehlerhandling schwerfällig wirken. Gleichzeitig gibt es keinen Vorteil gegenüber der Transaktion WE19, um Testnachrichten zu erzeugen.

3.11.7 JITK: Versandfällige Mengenabrufe

Mit der Transaktion JITK wird ein Versandmonitor bereitgestellt, der ausschließlich für Mengenabrufe für das JIT-Inbound verwendet werden kann. Anhand des Steuerungsprofils für Mengenabrufe (MAB), das dem JIT-Kunden zugeordnet wird, können Einstellungen für die Transaktion JITK vorgenommen werden. Das Steuerungsprofil für MABs und deren Einstellungsmöglichkeiten sind in Abschn. 3.4.45 beschrieben.

Im Versandmonitor selbst erfolgt der Einstieg über eine Selektionsmaske, die ähnlich der klassischen SAP-Standardversandmonitore ist – wie zum Beispiel der Transaktion VL10E. Über den Reiter „Mengenabruf" kann weiter über die Produktionsnummer, Zusatzinformationen, die Gruppierungsnummer (=Gestellnummer) oder der Gruppierungsindex (=Gestellfach) selektiert werden. Führt man das Programm aus, erhält der Benutzer eine Anzeige von versandfälligen Mengenabrufe mit Ampelanzeige, die über das Steuerungsprofil für Mengenabrufe definiert werden kann, siehe Abschn. 3.4.45. Das Layout kann zusätzlich benutzerspezifisch oder als Voreinstellung definiert werden.

Wird die Versandfreigabe durch die Schaltfläche Dialog oder Hintergrund durchgeführt, wird im Hintergrund geprüft, ob die JIT-Aktion VL10 in der Abrufsteuerung im jeweiligen internen Bearbeitungsstand des JIT-Abrufs erlaubt ist. Ist dies der Fall, wird eine SD-Auslieferung zum JIT-Lieferplan erstellt.

Die Produktionsnummer wird als Referenz im Feld KANNR in der Positionstabelle der SD-Auslieferung (Tabelle LIPS) gespeichert. Somit ist es über die Schaltfläche „JIT-Abrufe anzeigen" in beispielsweise der Transaktion VL02N möglich, alle Mengenabrufe anzeigen zu lassen für die eine SD-Auslieferung erstellt wurde. Das Feld KANNR wird im SAP-Standard als „Sequenz-Nummer" bezeichnet, obwohl die Produktionsnummer in diesem Feld im SAP-Standard gespeichert wird.

Der Versandmonitor JITK verwendet die technische Transaktion VL10X mit dem Szenario PDON. Hierbei wird auf den Abruftyp D und der JIT-Aktion VL10 im JIT-Prozess abgefragt. Eine Liefererstellung für produktionssynchrone Abrufe (PAB) mit der Transaktion JITK ist im SAP-Standard nicht möglich.

3.11.8   JITR: Reorganisation Grunddaten

Die Transaktion JITR wird als Reorganisation der Grunddaten bezeichnet und wird immer dann verwendet, wenn bestehende Daten aus dem JIT bereinigt werden sollen. Je nach Anwendungsfall stehen in der Transaktion drei verschiedene Funktionalitäten zur Verfügung:

- Grunddaten im Shared Buffer neu aufbauen: SAP JIT speichert für die Optimierung der Performance Kundendaten, Materialdaten, Teilegruppendaten und die Komponentenliste im Shared Buffer. Dieser wird dann für das Prozessieren der Bewegungsdaten verwendet und das System liest nicht immer die Grunddaten neu nach, um so Performance einzusparen. Wenn sich Grunddaten im SAP JIT ändern, werden diese nicht automatisch im Shared Buffer aktualisiert, somit muss entweder eine manuelle Aktualisierung oder ein erneutes Aufbauen über einen beispielsweise zeitlich eingeplanten Hintergrundjob erfolgen. Folgendes Beispiel beschreibt diesen Fall. In Abschn. 3.4.1 wurde zur Teilegruppenfindung beschrieben, dass bei einer Teilegruppenfindung per Teilegruppenmaterial das Teilegruppenmaterial im Feld „Werksüberg.konf.Mat." im Materialstamm (Grunddaten 2) hinterlegt werden muss. Wird das Material im Feld „Werksüberg.konf.Mat." verändert, verwendet SAP JIT immer noch das zuletzt hinterlegte Teilegruppenmaterial. Um die Änderung im Shared Buffer durchzuführen, muss der Shared Buffer neu aufgebaut werden.
  Werden in der Praxis viele verschiedene Applikationsserver verwendet, empfiehlt es sich die Transaktion JITR mit einzelnen Steps für jeden einzelnen Applikationsserver auszuführen. Würde der Haken „alle Server" bei vielen Servern verwendet werden, so erhöht dies die Laufzeit des Hintergrundprogramms.
- Reorganisation der JIT-Materialstammdaten: Unter JIT-Materialstammdaten werden Einträge aus der Tabelle JITMA verstanden. Die Tabelle JITMA bekommt immer neue Einträge hinzu, wenn ein neuer JIT-Lieferplan (Kennzeichen „J" im Customizing für Verkaufsbelegarten) angelegt wird. Wird ein JIT-Lieferplan allerdings abgesagt, wird die Tabelle JITMA nicht automatisch aktualisiert. Nicht mehr benötigte Einträge können somit über die Funktion „Reorganisation der JIT-Materialstammdaten" aus der Tabelle JITMA gelöscht werden.
- Übernahme von neuen Lieferplanpositionen in bestehende Abrufe: Im Laufe eines JIT-Prozesses kann es vorkommen, das ein bestehender JIT-Lieferplan abgesagt und ein neuer JIT-Lieferplan angelegt werden muss. Die Zuordnung von JIT-Abrufe bzw. von der Teilegruppe zu den einzelnen JIT-Materialstammdaten findet über die Tabelle JITCO statt. Diese wird nicht automatisch aktualisiert, wenn ein nicht mehr benötigter JIT-Lieferplan abgesagt und ein neuer JIT-Lieferplan angelegt wird. Um lieferfähig bleiben zu können, muss dem JIT-Abruf der neue JIT-Lieferplan zugeordnet werden. Die Funktionalität „Übernahme von neuen Lieferplanpositionen in bestehende Abrufe" aktualisiert die Einträge in der Tabelle JITCO und führt die relevanten neuen Zuordnungen durch.

3.11.9 JITE und JITOE: Status-Korrektur (In- und Outbound)

Die Transaktion JITE für das JIT-Inbound sowie die Transaktion JITOE für das JIT-Outbound werden als Notfalltransaktionen verstanden, die auch nur im Notfall im Produktivbetrieb eingesetzt werden sollten. Mit beiden Transaktionen ist es möglich den internen Bearbeitungsstand, den externen Status (nur beim Inbound) sowie diverse JIT-Kennzeichen zu ändern. Dabei wird keine Rücksicht auf betriebswirtschaftliche Abläufe genommen, sondern es erfolgt ein hartes Überschreiben ohne weitere Prüfungen auf der Datenbank. Diese Funktionalität ist insbesondere praktisch, wenn ein JIT-Prozess neu aufgebaut wird und in einem Entwicklungs- oder Testsystem der gleiche Abruf für mehrere Testzwecke verwendet werden soll. Im Produktivbetrieb sollten diese Transaktionen nur dann eingesetzt werden, wenn keine anderen Mittel zur Verfügung stehen. Häuft sich der Einsatz des Programms im Produktivbetrieb sollte man überlegen, ob eine Prozesslücke existiert, die durch einen Regelprozess gefüllt werden muss. Beispielsweise sollte ein klar definierter „NIO-Prozess" existieren, falls Nacharbeiten zum JIT-Abruf/zur Teilegruppe vorgenommen werden müssen. Das Zurücksetzen des Abrufs über die Transaktion JITE bzw. JITOE bietet dabei keinen prozesssicheren und konsistenten Ablauf.

Die Selektion in den Transaktionen JITE bzw. JITOE unterscheidet sich nicht von den Selektionen des JIT-Inbound bzw. JIT-Outbound Monitorings. Weitere Informationen zu den Selektionsmöglichkeiten können somit in Abschn. 3.11.6 zur Transaktion JITM (JIT-Inbound Monitoring) und zur Transaktion JITOM (JIT-Outbound Monitoring) nachgeschlagen werden. Die nachfolgende Abb. 3.108 zeigt einen Ausschnitt aus der

Abb. 3.108 Änderung des JIT-Abrufs in der Transaktion JITE

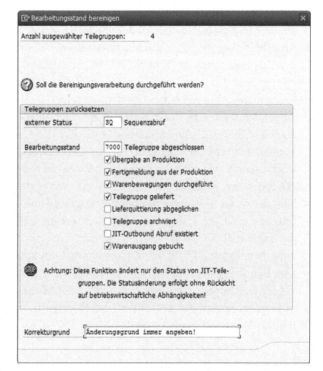

Transaktion JITE. Das Verhalten der Transaktion JITOE ist identisch, nur können im letzteren Fall andere Felder abgeändert werden.

Falls die Transaktionen JITE bzw. JITOE eingesetzt werden, sollten die Anwender darauf geschult werden, das Feld „Korrekturgrund" immer auszufüllen. Dieses ist nicht als Pflichtfeld definiert und steht nicht im entsprechenden Userexit zur Verfügung, um es dort als Pflichtfeld zu hinterlegen. Trotzdem ist es sinnvoll dieses Feld befüllen zu lassen, da der Korrekturgrund im Aktionsprotokoll gespeichert wird. Jede Änderung am JIT-Abruf über die Transaktionen JITE bzw. JITOE werden automatisch im Aktionsprotokoll gesichert. Die Information aus dem Korrekturgrund gibt zusätzlich die Information aus, wieso eine manuelle Änderung am JIT-Abruf vorgenommen wurde.

3.11.10 JITEMRA: Notfallerzeugung gebündelter Mengenabruf

Mit der Transaktion JITEMRA ist es möglich, einen JIT-Abruf als Vorlage zu verwenden und diesen dann auf n-verschiedene neue JIT-Abrufe zu kopieren. Dies kann in der Praxis dann Sinn machen, wenn eine EDI-Verbindung nicht zur Verfügung steht und JIT-Abrufe nicht im System verarbeitet werden können. Der Anwender erstellt einen Dummy Abruf mit der Menge n, der dann wiederum mit der Transaktion JITEMRA auf verschiedene Abrufe kopiert werden kann. Dabei wird die Menge n auf die Anzahl der angegebenen JIT-Abrufe kopiert. Reicht der SAP-Standard bei der Rangeverarbeitung nicht aus, kann Userexit EXIT_SAPLJIT14_002 aus der Erweiterung JIT14_01 verwendet werden. Das nachfolgende Beispiel in Abb. 3.109 visualisiert den Fall des Kopierens von JIT-Abrufen über die Transaktion JITEMRA.

Für den Auftraggeber TEST mit der Partnerbezeichnung KUNDENWERK wird der JIT-Abruf TEST001 als Vorlage verwendet. Dieser soll auf mehrere JIT-Abrufe kopiert werden. Das Intervall für die zu erstellenden JIT-Abrufe in der Selektion beginnt von TEST002 und endet bei TEST003. Das bedeutet, dass das Programm zwei JIT-Abrufe erstellen soll und dies ist nur möglich, wenn beim Vorlageabruf TEST001 die gleiche Menge bei der Abrufkomponente hinterlegt ist – also 2 Stück. Über den Haken „Simulation" kann geprüft werden, ob eine Erstellung der JIT-Abrufe möglich ist und ob beispielsweise die Menge verteilt werden kann.

Außerdem ist zu beachten, dass das Programm zu Beginn prüft, ob der Vorlageabruf aus genau einer Abrufkomponente besteht. Ist dies nicht der Fall wird das Programm verlassen. Eine Überprüfung auf den Abruftyp, zum Beispiel ob es sich um einen Mengenabruf handelt, findet nicht statt.

In der Praxis ist der Einsatz der Transaktion JITEMRA für produktionssynchrone Abrufe nicht sinnvoll, da vom Kunden nicht immer der gleiche JIT-Abruf abgerufen wird, der dann n-mal auf weitere JIT-Abrufe kopiert werden kann. Zudem wird häufig mehr als eine Abrufkomponente vom Kunden bestellt, was wiederum das Programm der JITEMRA für PABs unbrauchbar macht. Wird allerdings ein Mengenabrufprozess mit einer Teilegruppe und mit einer Abrufkomponente verwendet, ist es denkbar die Programmlogik in

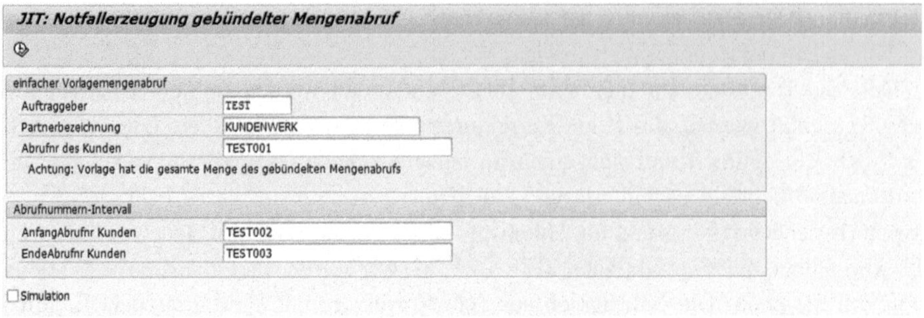

Abb. 3.109 Exemplarische Darstellung der Transaktion JITEMRA

der Praxis anzuwenden. Wenn die EDI-Verbindung zum Kunden nicht verfügbar ist und keine Mengenabrufe übermittelt werden können, kann ein Vorlage-Mengenabruf mit der gewünschten Menge erstellt werden. Über die Transaktion JITEMRA werden die Information aus dem Vorlage-Mengenabruf kopiert, n-verschiedene JIT-Abrufe erstellt und die Menge aus dem Vorlage-Mengenabruf auf die neuen MABs verteilt.

Am Ende der Programmlogik wird der Anwender gefragt, ob der Vorlage-Mengenabruf gelöscht werden soll. Dies kann vom Benutzer individuell entschieden werden.

3.11.11 JITH: Abgleich JIT-Abrufe mit LAB/FAB

In Abschn. 1.2 wurde bereits beschrieben, dass JIT-Abrufe niemals dispositiv relevant sind. Dabei ist es unerheblich, ob es sich um Mengenabrufe oder produktionssynchrone Abrufe handelt. Für die Bedarfsplanung werden ausschließlich Liefer- und/oder Feinabrufe aus den zugrundeliegenden JIT-Lieferplänen verwendet. Allerdings bietet sich die Möglichkeit aus JIT-Abrufen Feinabrufe zu erzeugen. Dies ist mit der Transaktion JITH möglich.

Über den Selektionsbildschirm kann angegeben werden, welche JIT-Abrufe für die Erzeugung von Feinabrufe relevant sind. Dabei ist zu beachten, dass nur JIT-Abrufe selektiert werden sollten, die noch nicht von der Produktion zurückgemeldet wurden. Es macht keinen Sinn Feinabrufe zu erzeugen, für JIT-Abrufe die längst gebaut und versendet wurden. Mit den Optionen des Programms können weitere Angaben zur Transaktion JITH hinzugefügt werden. Abb. 3.110 zeigt die Optionseinstellungen zum Programm.

- Materialsortierung: Über die Materialsortierung wird angegeben, wie die Ausgabe des Abgleichs im Programm erfolgen soll. Ohne die Selektion dieser Option werden die Bedarfe zuerst nach Bedarfstermin und dann nach Abrufkomponente sortiert.

Abb. 3.110 Optionen in der
Transaktion JITH

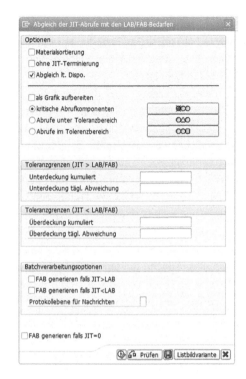

Wird allerdings der Haken aktiviert, werden zuerst Materialdaten und dann die entsprechenden Bedarfstermine angezeigt. Für das Ergebnis und somit die Erstellung des
Feinabrufs hat diese Anzeigefunktion keine Auswirkung. Lediglich für die Ansicht
des Protokolls.

- Ohne JIT-Terminierung: Unter der Bezeichnung JIT-Terminierung ist zu verstehen,
  ob die Transaktion JITH als Bedarfstermin für den Feinabruf das geplante Bedarfsdatum aus dem JIT-Abruf oder das geplante Versanddatum (über die Vorlaufzeiten
  aus den JIT-Grunddaten berechnet) verwendet werden soll. Standardgemäß ist der
  Haken nicht aktiviert und somit wird das geplante Versanddatum als Bedarfsgrund-
  lage gewählt. Möchte man das geplante Bedarfsdatum vom Kunden verwenden, muss
  der Haken aktiviert werden.
- Abgleich lt. Disposition: Über die Option „Abgleich lt. Disposition" wird angegeben,
  ob ein Abgleich der JIT-Abrufe mit den Liefer- und Feinabrufen (analog der Bedarfssituation in der Transaktion MD04) durchgeführt werden soll. Bereits versendete
  JIT-Abrufe, die nicht mehr bedarfsrelevant sind, werden dabei nicht mehr mit ein-
  bezogen. Der Haken ist standardgemäß gesetzt und sollte auch nur entfernt werden,
  wenn Feinabrufe über alle JIT-Abrufe inkl. bereits versendete JIT-Abrufe erzeugt
  werden sollen.

- Als Grafik aufbauen: Die Einstellung „Als Grafik aufbauen" gibt dem Anwender die Möglichkeit, die zu erstellenden Feinabrufe grafisch darstellen zu lassen. Dabei ist zu beachten, dass bei einer Vielzahl von Abrufkomponenten nur neun Stück angezeigt werden können.
- Toleranzgrenzen: Über die Einstellungen der Toleranzgrenzen kann angegeben werden, bei welchen Toleranzen Feinabrufe generiert werden sollen. Gibt es keine Anforderungen an Toleranzgrenzen, da die Mengen und Bedarfstermine vollständig aus den JIT-Abrufen in die Feinabrufe übernommen werden sollen, so werden bei den Toleranzgrenzen keine Werte eingetragen.
- Batchverarbeitungsoptionen: Die Parameter für die Batchverarbeitung sind nur relevant, wenn die JITH im Hintergrund ausgeführt wird. Dabei gibt eine Option beispielsweise an, dass der Feinabruf nur erzeugt werden soll, wenn der JIT-Bedarf größer als der Lieferabrufbedarf ist. Wenn generell Feinabrufe aus JIT-Abrufen generiert werden sollen, egal ob der Lieferabruf größer oder kleiner als der JIT-Bedarf ist, so muss sowohl die Option JIT>LAB als auch JIT<LAB aktiviert werden. Wenn der Abgleich der Lieferabrufe sich mit den JIT-Daten deckt, wird über die Standardeinstellung auf die Erstellung eines Feinabrufs verzichtet. Soll dennoch ein Feinabruf generiert werden, muss der Haken bei „FAB generieren fall JIT=0" gesetzt werden. Mit der Angabe der Protokollierungsoption, kann angegeben werden, ob nur Fehlermeldungen bei der Batchverarbeitung ausgegeben werden sollen. Dies empfiehlt sich, damit bei der Hintergrundverarbeitung der Spool nicht überläuft.

Beim Ausführen der Transaktion, was sowohl über die Hintergrundverarbeitung als auch manuell möglich ist, wird ein IDOC vom Nachrichtentyp DELINS mit Basistyp DELFOR01 für den Auftraggeber mit Partnerrolle AG erzeugt. Somit ist die Pflege der Partnervereinbarung Voraussetzung, um die Funktionalität der Transaktion JITH nutzen zu können. Beim Verarbeiten des IDOCs erfolgt die SAP-Standardverarbeitung für Liefer-/Feinabruf mit dem Vorgangscode DELI. In der Praxis wird die Transaktion JITH als Step vor der Bedarfsplanung als Hintergrundprogramm eingeplant, damit die Bedarfsplanung auf die aktuelle Bedarfssituation zurückgreifen kann.

Die Erstellung von Feinabrufen aus JIT-Abrufen ist im SAP-Standard nur tagesgenau möglich. Uhrzeiten aus den Abrufen werden nicht berücksichtigt. Zudem ist zu beachten, dass bei der Erstellung von Feinabrufen der Bezug zur Produktionsnummer verloren geht. Alle Bedarfe werden in den JIT-Lieferplänen ohne Fahrzeugbezug gespeichert – das DELINS-IDOC enthält keine fahrzeugspezifischen Informationen.

3.11.12   JITA: Komponentenliste

Die Transaktion JITA: Komponentenliste kann man in der Praxis auch als Reichweitenliste bezeichnen und zeigt dem Anwender die Reichweite des IM-Lagerbestands zum geplanten Versandtermin der JIT-Abrufe an. Über die Selektion kann die Anzeige entsprechend eingegrenzt werden, um so beispielsweise nur nach einem JIT-Kunden, nach einem bestimmten Werk oder nach bestimmten Abrufkomponenten zu selektieren.

Die Eingabe des Feldes „Starttermin Detailanzeige" ist für den Einstieg des Programms relevant, ab wann der IM-Lagerbestand zu den JIT-Abrufen angezeigt werden soll. Die Selektion ist zwar auf Basis der JIT-Abrufe, die Anzeige erfolgt allerdings auf Basis der Materialnummer. Über das Menü kann aber auf die Detailansicht zur Zeile abgesprungen werden, umso weitere JIT relevante Daten anzeigen zu lassen. Zudem ist es möglich zu weiteren SAP-Standardprogrammen wie die Transaktion MD04 (Bedarfs-/Bestandsliste) oder die Transaktion MMBE (Bestandsübersicht) abzuspringen.

Sind die Kriterien im Selektionsbild nicht ausreichend, kann über die Optionen-Funktionalität noch weiter gefiltert werden. Dies zeigt der nachfolgende Ausschnitt in Abb. 3.111.

Falls Erweiterungen am Report notwendig sind, kann Userexit EXIT_RJITKMP001_001 aus der Erweiterung JIT00_01 verwendet werden.

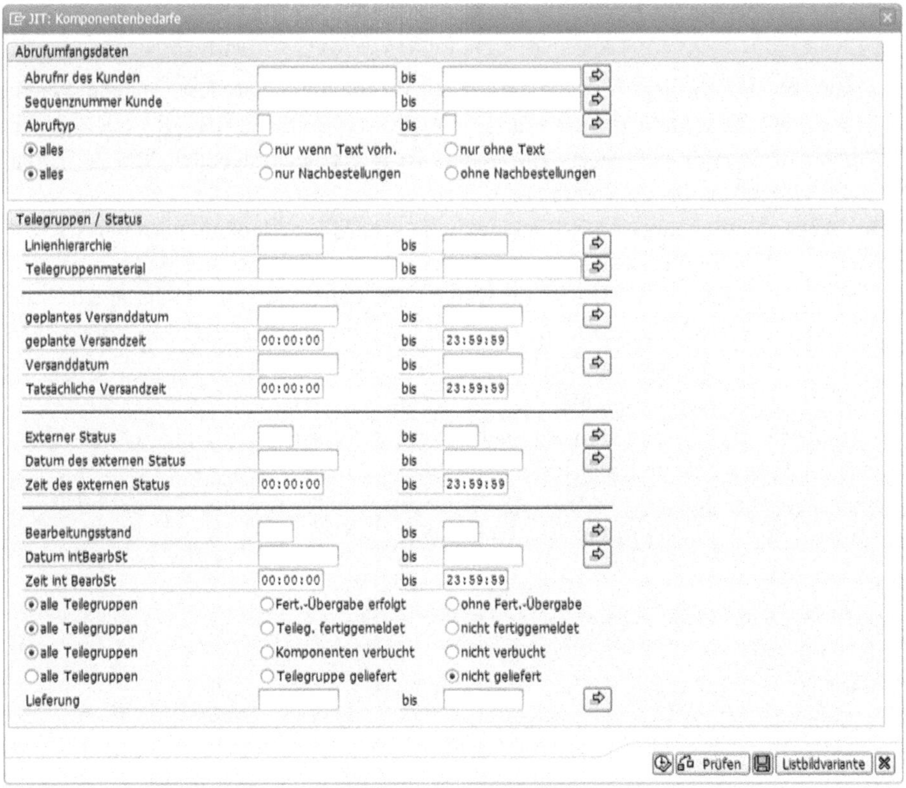

Abb. 3.111 Ausschnitt aus der Transaktion JITA – Optionen

3.11.13   JITO: Check zur Lieferzusammenführung

Die Transaktion JITO gehört zu den Transaktionen aus dem JIT-Inbound Umfeld und ist
für die Überprüfung zuständig, ob SD-Auslieferungen zusammengeführt werden können.
Die Überprüfung steht allein dem Anwender zur Verfügung, um zur überprüfen, ob die
Stammdaten korrekt sind und ob eine Lieferzusammenführung möglich ist.
    Über die Selektionsmaske können Parameter eingegeben werden, um die Selektion
einzugrenzen. Wird das nicht gemacht, selektiert das Programm alle angelegten Ver-
kaufsbelege aus der Tabelle JITMA (JIT: Materialdaten) und aggregiert diese Daten für
die Anzeige. Wird der Report ausgeführt, erhält der Anwender eine Analyse der Ver-
kaufsbelege, welche für eine Lieferzusammenführung geeignet sind und welche nicht.
Ob eine SD-Auslieferung aus mehreren Verkaufsbelegen erstellt wird, hängt auch von
der Selektion der Daten ab. Werden nicht die gewünschten Teilegruppen bei der Auslieferungserstellung selektiert, kann auch keine Lieferzusammenführung stattfinden.

3.11.14   JITL: Pflegedialog JIT-Material

Die Transaktion JITL legt werkspezifisch je Abrufkomponente fest, welche Warenbewegung die JIT-Aktion BFLU (auch für die JIT-Aktionen BFDL oder BFLP)
ausführen soll. Hierfür stehen dem Anwender, die in der nachfolgenden Abb. 3.112 dargestellten Möglichkeiten zur Verfügung.
    Die Auswahlmöglichkeit „A Rückmeldung mit Stücklistenkomponenten (Serien-
fertigung)" führt die Rückmeldung in der Serienfertigung durch. In der Aktion wird
die Logik der Transaktion MFBF aufgerufen. Mit der Auswahl „B Umlagerung der
Abrufkomponente" wird eine Umbuchung von Lagerort nach Lagerort im selben Werk
durchgeführt. Über die Angabe „Z Customer-Exit" wird ein Userexit angesprochen, der
neu ausprogrammiert werden muss.
    Ausführliche Details zur Transaktion JITL mit den Zusammenhänge zur JIT-Aktion
und den relevanten Stammdaten sind in Abschn. 3.4.25 zur JIT-Aktion BFLU hinterlegt,
da eine enge Verzahnung zwischen der Transaktion JITL und der JIT-Aktion BFLU
(auch für die JIT-Aktionen BFDL oder BFLP) existiert.

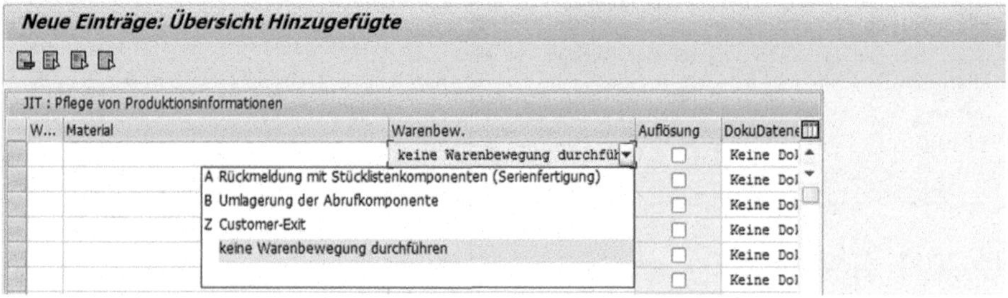

Abb. 3.112 Vergabe der Warenbewegungsart in der Transaktion JITL

3.11.15   JITB: Nachbearbeiten Rückmeldevorrat

Die Transaktion JITB sichert alle fehlgeschlagenen Warenbewegungen der JIT-Aktion BFLU oder von kundeneigenen JIT-Aktionen, wenn dies entsprechend implementiert wird. Dabei werden alle Einträge in der Tabelle JITBACKFTMP abgelegt und in der Transaktion JITB angezeigt. Der Einstieg in die Transaktion erfolgt mit einem Selektionsbildschirm und diversen Selektionsmöglichkeiten, wie beispielsweise dem Werk oder der Materialnummer. Das Programm kann allerdings auch ohne Selektion ausgeführt werden.

Als Ergebnis wird ein u. a. materialnummernbezogener Rückmeldevorrat angezeigt, bei dem eine Warenbewegung auf Fehler gelaufen ist. Die Fehlerklasse und die Fehlermeldung werden neben der Buchungsmenge und weiteren Daten angezeigt. Das Layout kann entsprechend als Voreinstellung eingestellt werden. Warenbewegungen sollten den JIT-Prozess bei fehlerhaften Datensätzen so wenig wie möglich unterbrechen. Aus diesem Grund findet auch bei der JIT-Aktion BFLU ein Wechsel des internen Bearbeitungsstandes statt, wenn Fehlbuchungen stattfinden. Fehlersätze werden in der Transaktion JITB gespeichert. Wenn eine kundeneigene JIT-Aktion für Warenbewegungen entwickelt wird, kann dabei genauso vorgegangen werden. Fehlersätze können mit dem Funktionsbaustein JIT01_INSERT_JITBACKFTMP entsprechend in die Tabelle JITBACKFTMP und somit für die Transaktion JITB eingefügt werden. Bei der erneuten Verarbeitung ist darauf zu achten, dass nicht die Buchungslogik der JIT-Aktion BFLU angestoßen wird, sondern die der kundeneigenen JIT-Aktion.

Die Verarbeitung der Fehlersätze kann entweder im Vordergrund manuell ausgeführt werden oder im Hintergrund. In der Praxis empfiehlt es sich das Programm der JITB mit entsprechender Selektionsvariante im Hintergrund einzuplanen, da auch Fehlersätze geschrieben werden, wenn beispielsweise lediglich die Werksdaten zum Material gesperrt sind.

3.11.16   JITG und JITOG: JIT-Cockpit (In- und Outbound)

Die Transaktionen JITG für JIT-Inbound bzw. JITOG für JIT-Outbound wird zur Visualisierung von Abrufdaten verwendet, um auf einen Blick erkennen zu können, wie viele Abrufe sich beispielsweise in Produktion und wie viele Abrufe sich aktuell im Versand befinden. Das Programm bietet die Möglichkeit über die Grundeinstellungen zur Grafik anzugeben, wie die Visualisierung stattfinden soll. Die nachfolgende Grafik in Abb. 3.113 zeigt eine beispielhafte Grundeinstellung der Transaktion JITG, die über das Menü unter „Grafikeinstellungen" aufgerufen werden kann:

- Anzeigeebene: über die Auswahlbox wird angegeben, ob die Visualisierung über den Abrufumfang, die Komponenten (nur im Outbound Fall) oder über die Teilegruppe stattfinden soll.

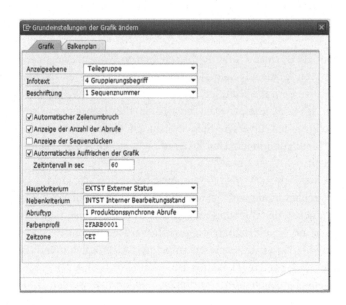

Abb. 3.113 Beispielhafte Grundeinstellung für die Transaktion JITG

- Infotext: über diese Einstellung wird angegeben, welche Information links unten im Modus angezeigt werden soll, wenn der Mauszeiger über dem Objekt (z. B. der Teilegruppe) in der Anwendung steht.
- Beschriftung: über die Auswahlbox wird angegeben, wie das Anzeigeobjekt (in diesem Beispiel Teilegruppe) beschriftet werden soll.
- Automatischer Zeilenumbruch: die Anzeige wird optimiert mit Zeilenumbrüchen dargestellt. Ansonsten würden die Abrufdaten bei deaktivierter Schaltfläche horizontal und unübersichtlicher dargestellt werden.
- Anzeige der Anzahl der Abrufe: über die Einstellung kann angegeben werden, ob die Summe der Abrufe bzw. Teilegruppen dargestellt werden soll.
- Anzeige der Sequenzlücken: wird die Einstellung aktiviert, werden Sequenzlücken hervorgehoben.
- Automatisches Auffrischen der Grafik: Angabe, ob und wie oft die Grafik aktualisiert wird.
- Haupt- und Nebenkriterium: bei den Transaktionen JITG bzw. JITOG können mehrere Grafiken in sogenannten Teilbildern erstellt werden. Je Teilbild können Haupt- und Nebenkriterien definiert werden, um darüber festzulegen, welche Information in der Grafik bzw. dem Teilbild dargestellt wird. Die Grundeinstellung gilt für alle Teilbilder. Es ist nicht möglich unterschiedliche Haupt- und Nebenkriterien je Teilbild zu definieren. Im letzteren Fall müssten verschiedene Selektionsvarianten definiert werden. Haupt- und Nebenkriterien können als Filter verstanden werden. Nachdem die Grundeinstellung definiert wurde, kann im Teilbild per Doppelklick auf das jeweilige

Haupt- bzw. Nebenkriterium der Wert aktiviert oder deaktiviert werden. Wird als Nebenkriterium beispielsweise der interne Bearbeitungsstand verwendet, kann per Doppelklick entschieden werden, welche Bearbeitungsstände benötigt werden, um Abrufe oder Teilegruppen in Produktion oder im Versand zu visualisieren. Eine weitere Einschränkung der Selektion bietet im Teilbild das Selektionskriterium, bei dem beispielsweise je JIT-Kunde eingeschränkt werden kann. Zudem existiert ein Filter in der Transaktion JITG und JITOG um weiter einschränken zu können.

Über einen Rechtsklick auf das Teilbild können die Teilbild-Einstellungen aufgerufen werden. Anhand dieser wird angegeben, wie viele Abrufe angezeigt werden sollen und welches Sortierprofil angewendet wird.

- Abruftyp: Definition, ob produktionssynchrone Abrufe, Mengenabrufe oder interne Abruf grafisch dargestellt werden sollen.
- Farbenprofil: über das Menü kann in der Transaktion JITG bzw. JITOG auf die Definition der Farbenprofile abgesprungen werden (alternativ: Transaktion JITN). Hierüber wird für SAP JIT klassischerweise die Farbgruppe JIT000 ausgewählt, die über die Frontend Services im Customizing unter „Balkenplan" im SAP-Standard mit ausgeliefert wird. Über das Selektionskriterium (beispielsweise Feld INTST für interner Bearbeitungsstand) kann angegeben werden, wie unter dem Menüpunkt „Farben zuweisen" für welchen internen Bearbeitungsstand (=Ausprägung) welche farbliche Darstellung (=Farbtyp) erfolgen soll. Die folgenden Farbtypen zeigen einen Auszug der Farbtypen, die für die Farbgruppe JIT000 zur Verfügung stehen (Tabelle TBCC):
  - Farbtyp 12: grün_2
  - Farbtyp 13: grün_6
  - Farbtyp 14: magenta
  - Farbtyp 15: orchid_2
  - Farbtyp 16: rot_2
  - Farbtyp 17: gelb
  - Farbtyp 18: rot_8
  - Farbtyp 19: grün_8
- Zeitzone: Angabe der Zeitzone. Im SAP-Standard wird die Zeitzone des Werkes verwendet, wenn hier keine weitere Eingabe erfolgt.

Die hier beschriebenen Parameter gelten weitestgehend auch für die Transaktion JITOG im Outbound Szenario. Alle Einstellungen können in einer Anzeigevariante gesichert werden, die als Voreinstellung gespeichert werden kann. Wenn die Transaktion JITG bzw. JITOG erneut aufgerufen wird, wird die gesicherte Anzeigevariante angewendet.

Eine Fortschrittserfassung oder ein Absprung auf das Aktionsprotokoll je Abruf oder Teilegruppe ist möglich.

Die Transaktion JITG bzw. JITOG kann häufig Kundenanforderungen nicht abbilden. In der Praxis empfiehlt sich eine Visualisierung der Daten über eine SAP BI/BO Lösung. Wenn die Anforderungen allerdings über die Transaktionen JITG bzw. JITOG abgebildet werden können, spricht nichts gegen deren Einsatz. Weiterführende Informationen über eine Visualisierung von JIT-Daten sind in Abschn. 5.2.4 zu BI-Systemen hinterlegt.

Eine weitere Transaktion, die Abrufdaten visualisiert, ist die Transaktion JITS. Diese verwendet das gleiche Programm wie die Transaktion JITG/JITOG und fragt bei Verwendung der Transaktion JITS hart codiert auf die JIT-Aktion POUT ab. Wenn diese nicht in der Abrufsteuerung verwendet wird, kann die Transaktion JITS nicht angewendet werden. Auch wenn die JIT-Aktion POUT in einer verketteten Aktion verwendet wird, ist der Einsatz der Transaktion JITS nicht möglich. Die Transaktion JITS zeigt eine weitere Möglichkeit der grafischen Fortschrittsmeldung. Die Visualisierung der Komponenten kann über die Erweiterung JIT10_01 Userexit EXIT_SAPLJIT10_001 im HTML-Format beeinflusst werden.

Der Erweiterung JIT10_01 ist nur für die Transaktion JITS verfügbar, da hart codiert auf den Transaktionscode JITS abgefragt wird.

3.11.17   JITJ: Impulsmonitor

Mit der Transaktion JITJ kann der Impulsmonitor für das SAP JIT geöffnet werden. Dieser ist für das JIT-Inbound relevant, wenn produktionssynchrone Abrufe vom Kunden empfangen werden und zeigt an, ob das SEQJIT-IDOC erfolgreich verarbeitet wurde. Wenn ein IDOC nicht verarbeitet werden konnte, wird die jeweilige Zeile in Rot dargestellt und der Anwender erkennt schnell, dass das jeweilige IDOC bearbeitet werden muss, um so keine Lücke im Prozess entstehen zu lassen. Die Transaktion JITJ wird automatisch aktualisiert und kann daher in einem zweiten Bildschirm als „Impuls-monitor" verwendet werden.

Die Befüllung der Transaktion JITJ bzw. der Tabelle JITIMP findet automatisch bei EDI-Eingang des SEQJIT-IDOCs statt, wenn zum JIT-Kunden der Haken „Impulsmonitor aktiv" gesetzt ist. Alle Werte, die in der Tabelle JITIMP mit „Fehler" markiert werden, werden in der JITJ rot angezeigt. Wenn das IDOC nachbearbeitet und erfolgreich verarbeitet wird, wird die Tabelle JITIMP nicht automatisch aktualisiert. Die jeweilige rote Zeile wird weiterhin in der Transaktion JITJ dargestellt. Dies kann nur behoben werden, indem die jeweilige rote Zeile manuell aus der JITJ mit dem „Mülltonnen Symbol" gelöscht wird.

Zudem wird in der Transaktion JITJ eine Zeitdifferenz angezeigt. Diese setzt sich aus dem aktuellen Tag/der aktuellen Zeit und dem Empfangsdatum/der Empfangszeit zusammen. Es hilft dem Anwender zu erkennen, seit wie lange das auf Fehler gelaufene IDOC nicht bearbeitet wurde.

Über die automatische Aktualisierung des Programms kann auch ein Workflow gestartet werden, um so dem Anwender die Information zu übermitteln, dass ein IDOC auf Fehler gelaufen ist. Dies ist allerdings nur über eine Programmierung in Erweiterung JIT10_02 und Userexit EXIT_SAPLJIT10_002 möglich. Da bei einer produktionssynchronen Fertigung die Abrufe in regelmäßigem Abstand vom Kunden an den Zulieferer übermittelt werden, kann über ein zusätzliches Programm geprüft werden, ob Abrufe fehlen. Wenn dies der Fall ist, kann eine E-Mail an den entsprechenden Bearbeiter erstellt werden.

3.11.18 JITLOG und JITLOGDEL: Aktionsprotokolle anzeigen und löschen

Das Aktionsprotokoll wird immer dann im JIT-Inbound sowie JIT-Outbound fortgeschrieben, wenn im Customizing zur Abrufsteuerung der Haken „Protokoll aktiv" gesetzt ist. Wenn dies der Fall ist, kann über das JIT-Monitoring (Transaktion JITM oder JITOM) über das Menü auf das Aktionsprotokoll abgesprungen werden, z. B. in der Transaktion JITM über Springen und anschließend auf die Schaltfläche Aktionsprotokoll drücken. In der JITOM ist ein ähnlicher Absprung möglich. Alternativ kann aber auch die Transaktion JITLOG aufgerufen werden, die eine Selektion nach dem gewünschten Aktionsprotokoll zulässt. Folgende Selektionsmöglichkeiten stehen bereit, siehe Abb. 3.114.

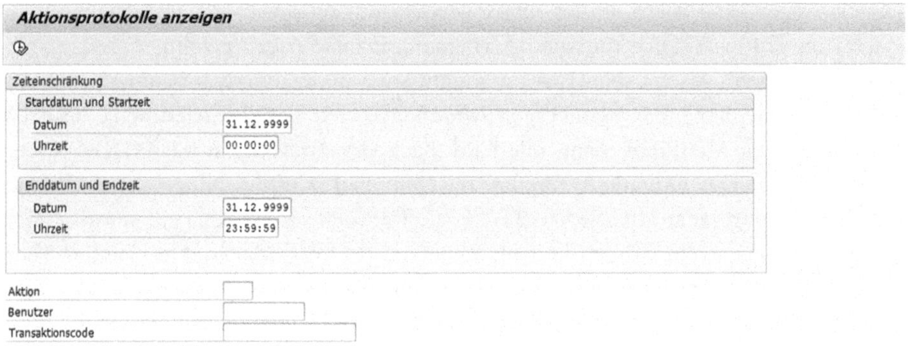

Abb. 3.114 Selektionsmöglichkeiten in der Transaktion JITLOG

Das Aktionsprotokoll wird bei jeder Aktionsausführung weiter fortgeschrieben. Dies bedeutet, dass bei einer sehr umfangreichen Abrufsteuerung bzw. bei einer sehr häufigen Aktionsausführung die Performance beim Öffnen des Aktionsprotokolls beeinträchtigt werden kann. Ist dies der Fall können nicht mehr benötigte Aktionsprotokolle mit der Transaktion JITLOGDEL gelöscht werden, umso die Performance zum JIT-Abruf zu erhöhen.

3.11.19 JITOAL: JIT-Outbound Alerting

Über die Transaktion JITOAL werden für das JIT-Outbound alle entstandenen Alerts zu JIT-Outbound Abrufen angezeigt, wenn bei der Abrufsteuerung der Haken „Alerts einschalten" gesetzt ist. Ein Alert ist beispielsweise, dass die angeforderte JIT-Aktion laut Abrufsteuerung nicht ausführbar ist oder dass zum Bedarfszeitpunkt noch kein Wareneingang zur Outbound Teilegruppe erfolgt ist. Entweder die Alerts werden direkt über den Monitor abgelesen oder über die Alert Inbox erhält der zuständige Mitarbeiter eine Nachricht, dass relevante Schritte eingeleitet werden müssen, um ein potenzielles Problem zu beheben.

Der Einstieg in das JIT-Outbound Alerting erfolgt über die Transaktion JITOAL und einer Selektionsmaske mit mehreren Selektionsmöglichkeiten. Die Auswahlmöglichkeiten ähneln dabei stark dem JIT-Outbound Monitoring. Unter dem Reiter „Einstellungen" kann angegeben werden, wie das Layout aufbereitet werden soll und welche Einstellungen für die Alerts gelten. Führt man die Transaktion aus, werden dem Benutzer die entstandenen Alerts angezeigt. Mit dem Absprung auf das JIT-Outbound Monitoring (Transaktion JITOM) oder die JIT-Outbound Notfallkorrektur (Transaktion JITOE) kann die Ursache des Alerts analysiert und Maßnahmen eingeleitet werden. Außerdem ist über die Transaktion JITOAL der Absprung in die Alertinbox möglich, die im Web Browser angezeigt wird, siehe Abb. 3.115. Hier sieht man den Arbeitsvorrat, um die eigenen Alerts abzuarbeiten. Über den Status ist sichtbar, ob ein Alert beispielsweise gelesen, ungelesen, in Bearbeitung oder erledigt ist.

Finden sich keine Alerts in der Inbox wieder, müssen diese zuerst erzeugt werden. In der Transaktion JITOAL müssen die Haken „Einzelne Alerts erzeugen" oder „Sammelalert erzeugen" gesetzt sein. Das Programm kann in der Praxis im Hintergrund ausgeführt werden, damit die zuständigen Mitarbeiter eine gefüllte Alertinbox besitzen. Zum Aufruf der Alertinbox kann alternativ auch die Transaktion ALRTINBOX verwendet werden. Die Grundlage für das JIT-Outbound Alerting bildet das SAP-Standard Alert Management (BC-SRV-GBT-ALM). Relevante Einstellungen, um das Alert Management zu nutzen, müssen je nach Systemzustand erst eingerichtet werden. Hierfür kann beispielsweise die Transaktion ALRTCATDEF verwendet werden. Weitere relevante Alert Management Transaktionen können mit ALRT* identifiziert werden.

In der Transaktion ALRTCATDEF kann zur Alert Kategorie JIT_OUTBOUND angegeben werden, welcher Benutzer ein Alert bekommen soll. Dies kann entweder über die Zuordnung von festen Benutzern stattfinden oder über Benutzerrollen, vergleiche Abb. 3.116. Reichen diese zwei Möglichkeiten nicht aus, können auch Regeln zur Findung des Empfängers hinterlegt werden.

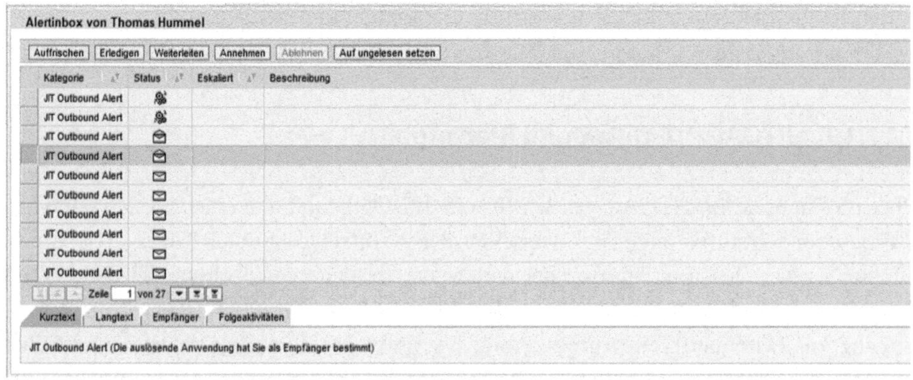

Abb. 3.115 Alertinbox der Transaktion JITOAL

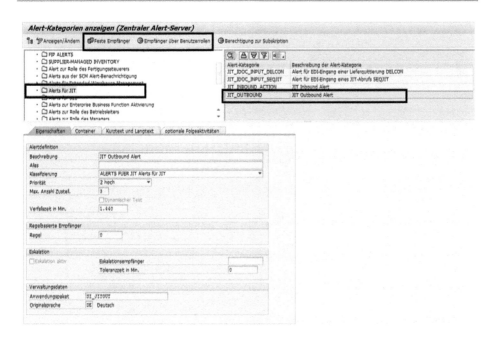

Abb. 3.116   Zuordnung der Empfänger für Outbound Alerts

In der Abb. 3.116 sind weitere Alert-Kategorien für das SAP JIT zu sehen, um die Alertinbox zu befüllen. Diese können für das JIT-Inbound über das Programm JIT_ TEST_ALERT_MESSAGE erzeugt werden. Outbound Alerts verwenden das Programm JITO_TEST_ALERT_MESSAGE. Ist der SAP-Standard nicht ausreichend, stehen diverse Erweiterungspunkte zur Verfügung, siehe Abschn. 3.10.3. Eine weitere wichtige Einstellung, die über die Transaktion ALRTCATDEF festgelegt werden kann, ist die Definition eines Eskalationsprozesses. Wenn dieser Prozess aktiviert wird, kann über eine Toleranzzeit angegeben werden, wann das Alert an einen Eskalationsempfänger gesendet wird, siehe Abb. 3.117.

Die Konfiguration des Alert Management ist nicht Teil dieses Buches und wird deswegen nicht weiter beschrieben. Ein Absprung auf die Transaktion JITOAL ist ebenfalls über das JIT-Outbound Monitoring (Transaktion JITOM) über die Schaltfläche „Fehler" möglich, siehe Abb. 3.118.

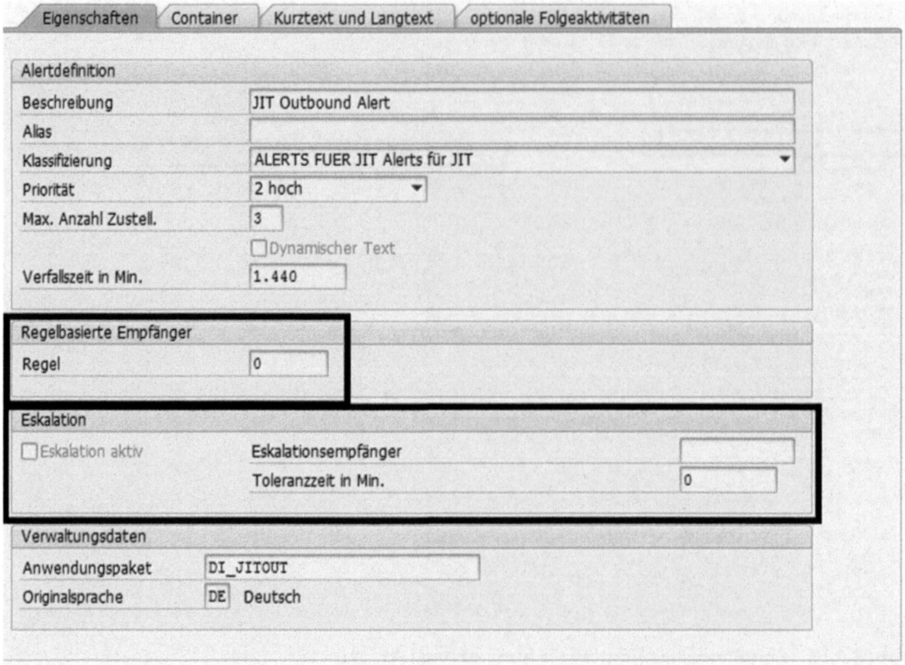
Eigenschaften
Container
Kurztext und Langtext
optionale Folgeaktivitäten
Alertdefinition
Beschreibung
JIT Outbound Alert
Alias
Klassifizierung
ALERTS FUER JIT Alerts für JIT
Priorität
2 hoch
Max. Anzahl Zustell.
3
Dynamischer Text
Verfallszeit in Min.
1.440
Regelbasierte Empfänger
Regel
0
Eskalation
Eskalation aktiv
Eskalationsempfänger
Toleranzzeit in Min.
0
Verwaltungsdaten
Anwendungspaket
DI_JITOUT
Originalsprache
DE
Deutsch

Abb. 3.117 Aktivierung des Eskalationsprozesses für das Alert Management

Liste der Selektierten Outbound-Abrufe
Aktionen
Fehler
Zeitzone wählen
Listenstatus
Mengenabruf

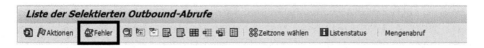

Abb. 3.118 Absprung zur Transaktion JITOAL aus der Transaktion JITOM

3.11.20 JITQ: Aktionsnetz anzeigen

Die Transaktion JITQ bietet dem Anwender eine Übersicht auf das Customizing im SAP JIT. Eine tabellarische Auflistung der JIT-Aktionen, der Abrufsteuerung, aber auch der externen Status als auch der internen Bearbeitungsstände ist möglich. Die externe und interne Abrufsteuerung kann alternativ auch grafisch angezeigt werden. Hierzu wählt man entweder die externe oder die interne Abrufsteuerung aus und drückt auf die Schaltfläche „Information". Ein Pop-up-Fenster öffnet sich, bei dem die Abrufsteuerung eingegeben werden muss. Im Anschluss öffnet sich die grafische Darstellung der Abrufsteuerung.

3.11.21 JITY und JITOA: Archivierung von JIT-Abrufe (In- und Outbound)

Mit den Transaktionen JITY für das JIT-Inbound bzw. JITOA für das JIT-Outbound wird die Archivierung der JIT-Inbound bzw. JIT-Outbound Abrufe gestartet. Grundvoraussetzung für die Archivierung ist, dass Basiseinstellungen zur Datenarchivierung bereits vorgenommen wurden. Diese unterscheiden sich nicht von den SAP-Standard Archivierungsprozessen, da SAP JIT über die Transaktion JITY bzw. JITOA lediglich auf die SAP-Standard Transaktion SARA mit dem entsprechenden Archivierungsobjekt abspringt. Eine weitere Voraussetzung für die Archivierung ist, dass die JIT-Aktionen ARCH für das Inbound und OARC für das Outbound in der Abrufsteuerung im entsprechenden internen Bearbeitungsstand hinterlegt sind. Weitere Informationen, Voraussetzungen und notwendige Einstellungen zum SAP JIT Archivierungsprozess sind in den jeweiligen JIT-Aktionen beschrieben, da ohne die Verwendung der JIT-Aktionen keine Archivierung durchgeführt werden kann. Die JIT-Aktion ARCH ist in Abschn. 3.4.39 beschrieben sowie die JIT-Aktion OARC in Abschn. 3.8.23.

3.11.22 JITO1 und JITO3: JIT-Abruf anlegen, ändern, anzeigen (Outbound)

Die Transaktionen JITO1 und JITO3 werden im JIT-Outbound verwendet und sind das Gegenstück zu den JIT-Inbound Transaktionen JIT1, JIT2 und JIT3. Für die Anlage und Änderung von JIT-Outbound Abrufen ist die Transaktion JITO1 zuständig. Die Anzeige der erstellten Abrufe kann über die Transaktion JITO3 durchgeführt werden.

- Anlage von Outbound Abrufen (JITO1): Die manuelle Anlage von JIT-Outbound Abrufen ist nur möglich, wenn zur Produktionsnummer des jeweiligen JIT-Kunden bereits ein JIT-Inbound Abruf existiert. Anschließend wird vom Programm die JIT-Aktion OCRE ausgeführt. Somit gelten die gleichen Bedingungen und Voraussetzungen, die auf die JIT-Aktion OCRE zutreffen, siehe Abschn. 3.8.4.
  Des Weiteren kann über die Transaktion JITO1 eine Nachbestellung und somit eine weitere Outbound Teilegruppe zum Abruf erstellt werden. Dies macht in der Praxis Sinn, wenn beispielsweise die vom Unterlieferanten gelieferten Teile beschädigt beim Zulieferer ankommen und eine Nachproduktion beim Unterlieferanten erforderlich ist. Über die manuell erstellte Nachbestellung beim Zulieferer in der Transaktion JITO1 wird nicht nur eine Outbound Teilegruppe erzeugt, sondern auch ein SEQ-JIT03-IDOC an den Sublieferanten gesendet.
- Änderung von Outbound Abrufen (JITO1): Wird ein JIT-Abruf in der Transaktion JITO1 eingegeben, der bereits existiert und der Nachbestellungshaken wird nicht aktiviert, wird automatisch von der Transaktion JITO1 eine Änderung des bestehenden Outbound Abrufes durchgeführt. Das Programm verwendet die JIT-Aktion OMOD

und somit gelten die gleichen Bedingungen und Voraussetzungen, die auf die JIT-Aktion OMOD zutreffen, siehe Abschn. 3.8.5.

- Anzeige von Outbound Abrufen (JITO3): Für die Detailanzeige des JIT-Outbound Abrufes kann die Transaktion JITO3 verwendet werden, die den Abrufkopf und alle zum JIT-Abruf zugeordneten Outbound Teilegruppen sowie Abrufkomponenten anzeigt. Das Layout kann wie bei der Transaktion JITO1 individuell angepasst werden, um beispielsweise kundeneigene Felder einzublenden.

3.11.23 JITO6: Barcodeerfassung (Outbound)

Die Transaktion JITO6 bietet dem Anwender die Möglichkeit im JIT-Outbound (analog zu den Transaktionen JIT6* und JIT7* im JIT-Inbound) Abrufe per Erfassungsobjekt zu scannen oder manuell einzugeben, um die gewünschte JIT-Outbound Aktion auszuführen. Eine optimierte Transaktion für RF-Scanner für die Transaktion JITO6 ist nicht verfügbar.

Dennoch kann mittels Vorgabe der Aktion, der Erfassungseinheiten, des Kreditors/ Business Partners und des internen Bearbeitungsstandes sowie das Erfassungsobjektes der Fortschritt der Outbound Teilegruppe vorangetrieben werden. Das Erfassungsobjekt kann wie beim JIT-Inbound variieren, je nachdem welche Barcode Qualifier im Customizing hinterlegt wurden. In Abschn. 3.8.31 wurde aufgezeigt, welche Barcode Qualifier im JIT-Outbound zur Anwendung kommen können. Erfasst man anschließend in der Transaktion JITO6 den Abruf bzw. die Teilegruppe kann die gewünschte JIT-Aktion ausgeführt werden.

Selektionsvarianten für den Anwender können für die Transaktion JITO6 in der Transaktion SHD0 eingestellt werden.

3.11.24 Zusammenfassung

Die in Abschn. 3.11 aufgelisteten Transaktionen zeigen einen Überblick und einen Einblick in häufig verwendete JIT-Transaktionen für JIT-Inbound und JIT-Outbound Prozesse. Im JIT-Umfeld sind weitere Transaktionen verfügbar, die je nach Anwendungsfall sinnvoll sind und eingesetzt werden können.

3.12 Nachbestellungen

In einem JIT/JIS-Prozess fließen neben dem Serienprozess Nachbestellungen oder auch Nachlieferungen ein. Unter einer Nachbestellung versteht man eine Bestellung, die mit höchster Priorität vom Zulieferer an den OEM geliefert werden muss. Das kann dann der Fall sein, wenn die Serienlieferung zur beispielsweise Produktionsnummer 4711 zwar produziert und ausgeliefert wurde, aber beim OEM beschädigt angekommen ist.

Der Verbau des beschädigten Teils zur Produktionsnummer 4711 wird je nach Produktart trotzdem durchgeführt, wobei das Fahrzeug beim OEM auf einem „Parkplatz" zwischen geparkt wird, um die sequenzierte Montagelinie nicht aufzuhalten. Gleichzeitig wird eine Nachbestellung beim OEM zur Produktionsnummer 4711 an den Zulieferer ausgelöst. Dieser produziert und liefert das relevante Teil mit höchster Priorität an den Kunden aus. Die Nachbestellung kann dabei auf dem Serientransporter als auch über einen Sondertransport zum Kunden geliefert werden. Dies ist anhand der spezifischen Anforderungen an den Prozess individuell festzulegen. Auch wenn Nachbestellungen mit höchster Priorität produziert und ausgeliefert werden, darf der normale Serienprozess nicht unterbrochen werden. Eine Sortierung der JIT-Abrufe beim Zulieferer kann wie folgt aussehen, vergleiche Abb. 3.119 und 3.120.

Die Abb. 3.120 zeigt exemplarisch eine Sortierung der JIT-Abrufe beim Zulieferer. Dabei ist zu beachten, dass der normale Serienprozess nicht unterbrochen werden darf. Das bedeutet, dass die Sequenznummern 0501, 0502 und 0503 weiterhin in der richtigen Reihenfolge und der relevanten Bedarfszeit beim Kunden eintreffen müssen. Nachbestellungen müssen so schnell wie möglich vom Zulieferer an den Kunden ausgeliefert werden. Ein „Zwischenparken" der Fahrzeuge beim OEM ist abhängig vom zu liefernden JIT/JIS-Produkt. Der Nachbestellungsprozess muss individuell je Zulieferer mit dem Kunden aufgebaut werden.

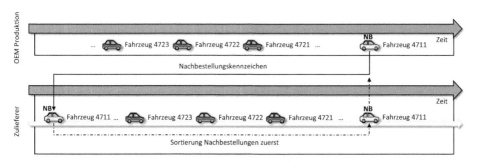

Abb. 3.119 Beispielhafter Prozessablauf bei Nachbestellungen

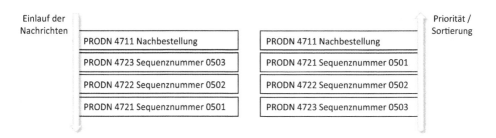

Abb. 3.120 Sortierung bei Nachbestellungen

Wie bereits in Abschn. 3.3.1 beschrieben, ist die Bildung eines eigenen Teilegruppen-typs für Nachbestellungen nicht zwingend notwendig. Über die Angabe des Nach-bestellungskennzeichens zum externen Status kann angegeben werden, wann es sich um eine Nachbestellung handelt. Im Prozess können dann die gleichen Teilegruppentypen wie im Serienprozess verwendet werden. Trotzdem ist im Prozess sicherzustellen, dass die Nachbestellung mit höchster Priorität an den Kunden ausgeliefert wird. Eine Nach-bestellung kann wie in Abschn. 3.4.6 beschrieben über die JIT-Aktion MODI nicht aktualisiert werden. Sobald eine neue Nachbestellung im System eintrifft, wird ein neuer JIT-Abruf angelegt. Die Eindeutigkeit der JIT-Abrufe im System ist: JIT-Kunde, Produktionsnummer und Nachbestellungskennzeichen (Tabelle JITHD).

3.13 ERS- und SD-Gutschriftsverfahren

Eine Bezahlung der gelieferten JIT-Abrufe kann über die klassische Fakturierung im SD oder auch über das SD-Gutschriftsverfahren abgewickelt werden. Das Gutschriftsver-fahren wird in diesem Buch nicht vollständig beschrieben, da es keine Komponente von SAP JIT ist, sondern Bestandteil des Moduls SAP MM und SAP SD.

Das nachfolgende Bild beschreibt in Abb. 3.121 die Grundlagen und den Prozess-ablauf des ERS- und SD-Gutschriftsverfahrens.

Die hier aufgezeigte Abb. 3.121 zeigt einen exemplarischen Prozess zur Verdeut-lichung des Zusammenspiels des ERS-Verfahrens beim Kunden und dem SD-Gut-schriftsverfahren beim Zulieferer. Im Schaubild ist der Prozess der Lieferquittierung eingezeichnet, da dieser in der Praxis in Verbindung mit dem Gutschriftsverfahren vor-

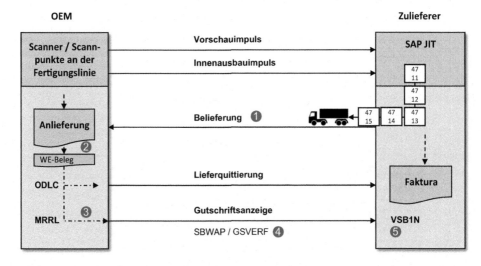

Abb. 3.121 Zusammenspiel des ERS- und SD-Gutschrifstverfahrens

kommen kann. Dieser ist allerdings nicht zwingend Voraussetzung, um einen Gutschrift-sprozess zu implementieren. Wenn dieser relevant ist, kann der Lieferquittierungsprozess bzw. die Abwicklung mit Tagessammelieferscheinen über die Transaktion ODLC ange-stoßen werden, siehe auch Abschn. 3.8.14.

Das Zusammenspiel von ERS-Verfahren beim OEM und dem SD-Gutschriftsverfahren beim Zulieferer kann wie folgt beschrieben abgebildet sein (vergleiche Abb. 3.121).

1. Voraussetzung für das Durchführen des SD-Gutschriftsverfahrens beim Zulieferer ist die erzeugte Gutschrift aus dem ERS-Verfahren beim Kunden. Diese kann nur erzeugt werden, wenn die bestellten Teile zum Kunden geliefert wurden.

2. Auf Basis einer Bestellung oder eines Einkaufslieferplans wird die Anlieferung der Teile angelegt, um den Wareneingang zu buchen. Der erzeugte Materialbeleg ist die Voraussetzung, um beim OEM die Gutschriftsanzeige zu erzeugen. Zudem muss eine Partnervereinbarung zum Lieferanten mit der Partnerrolle LF, mit dem Nachrichtentyp GSVERF oder SBWAP und dem aktuellen Basistypen GSVERF03 unter der Angabe der Applikation MR, der Nachrichtenart ERS6 und dem Vorgangs-code MRRL vorhanden sein. Weitere Voraussetzungen sind, dass in der Bestell-position zum Einkaufslieferplan die warenbezogene Rechnungsprüfung und die automatische Wareneingangsrechnung (=ERS-Verfahren) erlaubt sind.

3. Als nächster Schritt erfolgt die Erzeugung der Gutschriftsanzeige mit der Trans-aktion MRRL auf Grundlage des Wareneingangsbelegs aus der Anlieferung. Die Gut-schrift beinhaltet, die Menge und den Wert, der vom Kunden an den Zulieferer zur Bezahlung ansteht. Über die Transaktion MRRL wird ein Rechnungsbeleg erzeugt, der über die Transaktion MIRO detailliert betrachtet werden kann.

4. Die Ausgabe der Gutschriftsanzeige per IDOC mit dem Nachrichtentyp SBWAP und Basistyp GSVERF03 an den Zulieferer erfolgt über die Transaktion MR90. Das IDOC beinhaltet alle wichtigen Information aus dem unter Schritt 3 erzeugten Rechnungsbeleg.

5. Der Zulieferer empfängt wiederum ein IDOC mit der Gutschriftsanzeige und kann diese nur verarbeiten, wenn die Partnervereinbarung zum Kunden mit dem Nach-richtentyp SBWAP und dem Vorgangscode SBWAP angelegt ist. Alle empfangenen Nachrichten landen im Eingangsmonitor für das SD-Gutschriftsverfahren, der mit der Transaktion VSB1N aufgerufen werden kann. Über das Menü ist der Absprung auf diverse Einstellungen möglich, um Parameter und notwendige Voraussetzungen zur Verarbeitung des IDOCs zu pflegen. Bei der Verarbeitung des IDOCs wird geprüft, ob eine Wert und/oder Mengenabweichung zur beim Zulieferer erstellten Fak-tura existiert. Falls ja, erzeugt das System Ausgleichsbuchungen in Form von Guts-chrifts- bzw. Lastschriftsanforderungen, die im gleichen Zug fakturiert werden, um die existierenden Differenzen auszugleichen. Die Verbuchungsschritte können mit der Transaktion VSBSMS auch im Vordergrund ausgeführt werden, damit einsehbar ist, welche Schritte und Funktionen bei der Verarbeitung des IDOCs prozessiert werden.

Die einlaufende Gutschriftsanzeige beim Zulieferer muss die ursprünglich erstellte Faktura im System finden, um feststellen zu können, ob Ausgleichsbuchungen durchgeführt werden müssen. Die Findung muss kundenspezifisch eingestellt werden und kann beispielsweise über die eigene Lieferungsnummer, die externe Lieferscheinnummer oder über die Produktionsnummer stattfinden (weitere Parameter sind möglich).

3.14   Technische Voraussetzungen für den Einsatz von SAP JIT

Bei der Analyse von SAP JIT Programmcode oder bei Recherchen im Web erkennt man, dass die Funktionalität des SAP JIT etwa im Jahre 1998 entwickelt wurde. Seither wurde die Komponente stets optimiert, wenn auch keine grundlegenden neuen Funktionalitäten hinzugefügt wurden. Der Funktionsumfang blieb bisher weitestgehend stabil. Nutzt man ein SAP ECC muss das Automotive Dimp (=Discrete Industries and Mill Products) installiert werden (Softwarekomponente ECC-DIMP). Dabei wird die Anwendungskomponente IS-A für Industry Solution Automotive (Business Function AUTO_CI_1) aktiviert. Im Fall von S4/Hana ist die SAP JIT Funktionalität (Business Function AUTO_CI_1) ab Version 1610 in die Softwarekomponente S4CORE übergewandert und steht nun bei den S/4H Always ON Business Functions. Es fallen keine zusätzlichen Lizenzkosten für SAP JIT an, wenn ausschließlich auf S4/Hana gesetzt wird. Wird SAP JIT unter einem SAP ECC geführt, bleibt die Funktionalität extra lizenzkostenpflichtig.

Der Hauptfokus der Anwendung des SAP JITs liegt in der Praxis wesentlich in der Automobilindustrie und insbesondere in der Zuliefererindustrie. Wenn es die Anforderungen an den Prozess erlauben und der Einsatz sinnvoll ist, hat SAP JIT das Potenzial auch in anderen Industrien eingesetzt zu werden. Nicht nur die technische Voraussetzung für den Einsatz von SAP JIT muss gegeben sein, sondern auch die besondere Beziehung zwischen Kunde und Zulieferer. Nähere Details zu grundsätzlichen Informationen über die JIT/JIS-Abwicklung sind in den Kap. 1 und 2 nachzulesen.

Ist die Aktivierung des SAP JIT abgeschlossen, muss zwingend mit JIT-Lieferplänen (SD-Lieferpläne mit der Kennzeichnung „J" im Customizing zu den Verkaufsbelegarten) gearbeitet werden. Ein Zusammenspiel von SAP JIT ohne JIT-Lieferpläne ist im SAP-Standard nicht möglich. Die ausführliche Beschreibung hierzu ist in Abschn. 3.3.2 hinterlegt. Wenn diese Voraussetzungen eingehalten werden, kann JIT-Inbound mit dem erforderlichen Customizing, Stamm- und Bewegungsdaten verwendet werden. Möchte man als Kunde seine Zulieferer mit Sequenznachrichten versorgen und somit das JIT-Outbound anwenden, ist die Verwendung von JIT-Inbound zwingend notwendig (nicht bei Mengenabrufen). Die Voraussetzungen für die Einführung von JIT-Outbound sind in Abschn. 3.6 beschrieben.

Um einen technischen Einblick in die SAP JIT Objekte zu bekommen, können die Entwicklungspakete ISAUTO_JIT* für das JIT-Inbound bzw. DI_JITOUT* für das JIT-Outbound weiter analysiert werden.

3.15 Zusammenfassung

Die in Kap. 3 beschriebenen Inhalte zeigen die Kernfunktionalitäten des SAP JIT sowohl für das JIT-In- als auch das JIT-Outbound. Neben der Erläuterung von technischen Voraussetzungen oder Stammdaten als Voraussetzung für den erfolgreichen Einsatz der SAP JIT Komponente wurden die am häufigsten verwendeten Customizingeinstellungen dargestellt. Nicht nur die SAP-Standard Logik wurde beschrieben, sondern auch Möglichkeiten um den SAP-Standard mit Userexits oder BAdIs durch Kundenentwicklungen zu erweitern. Da für einen erfolgreichen Einsatz von SAP JIT mit diversen Transaktionen gearbeitet werden muss, wurden häufig verwendete Transaktionen sowohl für das JIT-In- als auch das JIT-Outbound beschrieben.

Wichtige Prozessbestandteile von SAP JIT wie die Nachbestellungsabwicklung oder das SD-Gutschriftsverfahren wurden abschließend zum Kapitel hervorgehoben.

Auch wenn SAP JIT weitestgehend in der Automobilindustrie eingesetzt wird, bietet es das Potenzial in anderen Branchen Anwendung zu finden, wenn sowohl die prozessualen, die organisatorischen als auch die technischen Voraussetzungen existieren.

Prozessorientierte Einführung

4

Dieses Kapitel beschreibt die prozessorientierte Einführung einer Just-in-Time und/oder Just-in-Sequenz Einführung sowohl beim Automobilhersteller- als auch Zulieferer. Es gibt praktische Tipps und erleichtert die Herangehensweise bei der Einführung oder Optimierung von JIT/JIS-Prozessen.

4.1 Prinzip Prozessorientierung

Grundlage für einen fehlerfrei ablaufenden JIT/JIS-Prozess bildet ein strukturiertes und lückenloses Konzept. Dieses muss sowohl prozessspezifische Anforderungen als auch systemspezifische Restriktionen berücksichtigen. Erst nach einem final aufgestellten Konzept sollte mit der Implementierungsphase begonnen werden. In der Implementierungsphase entstandene Änderungen am Prozess müssen in eine Aktualisierung des Konzeptes einfließen. Ein Prototyp kann in der Konzeptphase helfen, um die JIT/JIS-Prozesse schneller und exakter zu verstehen.

Als erste Maßnahme empfiehlt es sich aus der Organisation ein Beispielwerk zu bestimmen, bei dem ein SAP JIT Prozess abgebildet wird. Jedes Werk und jeder JIT-Kunde weist Spezifika auf, die betrachtet werden müssen. Diese Spezifika können nicht immer mit SAP-Standard JIT-Boardmittel umgesetzt werden und eine Zusatzentwicklung ist notwendig.

Anschließend muss bestimmt werden, welche Partnersysteme beim Prozessdesign berücksichtigt werden müssen. Folgende Partnersysteme können im JIT-Prozess relevant sein:

- EDI-Manager zum Empfang von Sequenz- bzw. zum Versand von Sequenznachrichten
- MES-Systeme

© Springer-Verlag GmbH Deutschland, ein Teil von Springer Nature 2019
T. Hummel, *Praxishandbuch JIT/JIS mit SAP®*, https://doi.org/10.1007/978-3-662-58512-2_4

- Lagerverwaltungssysteme
- Externe Dienstleister für beispielsweise die Resequenzierung
- Notfallsysteme
- Weitere unternehmensinterne SAP- oder non-SAP-Systeme

Die hier dargestellte Liste ist unvollständig und soll einen Anhaltspunkt geben, welche Partnersysteme untersucht werden sollten. Wenn der Prozess für ein Beispielwerk definiert wurde, entsteht aus den SAP-Standardfunktionen des SAP JIT als auch den Zusatzprogrammierungen ein Baukasten, um weitere Werke mit SAP JIT abzuwickeln.

Die weitere Vorgehensweise zum Prozessdesign wird in den nachfolgenden Kapiteln beschrieben.

4.2   Projektorganisation

Das SAP JIT ist stark mit dem Modul SD (Sales and Distribution) aus dem SAP verbunden. Eine Abwicklung des SAP JIT ohne SD ist nicht möglich. Deswegen ist es erforderlich, dass der SAP JIT-Berater die Standard SD-Beratung beherrscht, sowohl für die Auftrags-, Liefer- als auch die Fakturaabwicklung inkl. Integration zu angrenzenden Modulen.

Aus diesem Grund empfiehlt es sich für die JIT-Abwicklung in Projekten die Themen und Prozesse in ein Teilprojekt Vertrieb, Vertriebslogistik und Fakturierung mit einzubinden. Eine Erstellung eines eigenen JIT-Teilprojektes ist möglich, allerdings kann es zu Kommunikationsbrüchen zum SD-Team kommen. Wichtige Grundlagen für die JIT-Abwicklung wie Lieferplanarten, Lieferarten und Fakturaarten müssen vom JIT- und SD-Berater gemeinsam betrachtet werden.

In der Projektorganisation ist generell darauf zu achten, dass die JIT-Abrufsteuerung nicht von mehreren Teams verantwortet wird, sondern dass es im Projektumfeld genau einen Ansprechpartner für die Abrufsteuerung gibt. Auch wenn der JIT-Prozess um das JIT-Outbound erweitert wird und somit Komponenten aus dem SAP MM hinzukommen, empfiehlt es sich weiter, dass diese Tätigkeiten auch der JIT-Berater übernimmt. Grundlegende Einstellungen zu beispielsweise MM-Lieferplanarten können grundsätzlich vom entsprechenden MM-Berater durchgeführt werden. Die Integration in das SAP JIT und in den JIT/JIS-Prozess sollte jedoch nur vom JIT-Berater erfolgen. Dies verhindert, dass Prozessbrüche im JIT-Prozess aufgebaut werden.

Da die Abrufsteuerung Aktionen aufweist, die sowohl ins Modul PP als auch CO und andere Module greift, ist eine starke Kommunikation des JIT-Beraters zu anderen Teilprojekten notwendig. Die betroffenen angrenzenden Module und Teilprojekte ergeben sich aus dem definierten JIT-Prozess und den verwendeten JIT-Aktionen.

4.3   Einführung beim OEM

Die Verwendung des SAP JIT beim OEM kann nur bedingt empfohlen werden, da die SAP JIT-Lösung für den Zulieferer entwickelt wurde. Dies erkennt man, wenn man einen genaueren Blick auf die JIT-Aktionen und die technischen Voraussetzungen für den Einsatz von SAP JIT wirft. Die Grundlage für den Einsatz von JIT-Outbound, um Zulieferer mit Sequenznachrichten zu versorgen, ist der funktionsfähige Einsatz von JIT-Inbound. JIT-Inbound benötigt zwingend JIT-Lieferpläne. Hier stellt sich die Frage, wieso der OEM JIT-Lieferpläne anlegen soll, wenn doch die Bedarfe über Einkaufslieferpläne und Sequenznachrichten an den Zulieferer weitergegeben werden sollen. Die technischen Voraussetzungen und die prozessualen Anforderungen des OEM passen somit nicht zusammen.

Trotzdem kann die SAP JIT-Abwicklung als Basis für die JIT/JIS-Abwicklung beim OEM verwendet werden, wenn man sich bewusst ist, dass Lücken im Prozess durch Zusatzentwicklungen geschlossen werden müssen. Dies betrifft beispielsweise die bereits erwähnten JIT-Lieferpläne. Da JIT-Lieferpläne keine Verwendung für den OEM finden, müsste die EDI-Eingangsverarbeitung so abgeändert werden, dass JIT-Inbound Abrufe angelegt werden können, ohne dass ein eindeutiger JIT-Lieferplan ermittelt werden muss. Ein weiterer Punkt ist die Generierung des JIT-Inbound Abrufs. Der JIT-Abruf wird im Normalfall bei einem Zulieferer über ein SEQJIT-IDOC angelegt, das im Prozess des OEMs fehlt. Das SEQJIT-IDOC bzw. das Fahrzeug, für das in den weiteren Prozessschritten einzelne Module bzw. Zusammenbauten bei diversen Zulieferern wie Dachhimmel, Scheinwerfer, Cockpit, Stoßfänger, Räder, etc. in Sequenz abgerufen werden sollen, muss aus einem externen System oder dem internen System selbst generiert werden. Dabei kann gleichzeitig überlegt werden, ob es sinnvoll ist, ein IDOC zu erstellen das den JIT-Inbound Abruf anlegt oder es wird eine Anlagelogik für JIT-Abrufe entwickelt, um weitere Prüfungen aus dem EDI-Eingang des SEQJIT zu umgehen.

Ist der JIT-Inbound Abruf angelegt, kann mittels der JIT-Outbound Stammdaten entschieden werden, welche Module bzw. Zusammenbauten bei welchen Zulieferern bestellt werden. Die Übertragung der Impulse und des Fortschrittes beim OEM an den Zulieferer spielen dabei eine wichtige Rolle, damit der Zulieferer frühzeitig auf die Sequenznachrichten reagieren kann. Umso früher der Zulieferer Sequenznachrichten vom Kunden übermittelt bekommt, desto früher können Feinabrufe aus den Sequenzabrufen mittels der Transaktion JITH erzeugt werden, um eine genauere Bedarfssituation zu erhalten. Sobald die finale Sequenz beim OEM feststeht, muss diese an den Zulieferer übertragen werden, damit dieser die sequenzgesteuerte Montage und Auslieferung durchführen kann. Während der Konzeptphase ist zu bestimmen, welche Impulse als Vorschau und welche Impulse als Sequenznachrichten übermittelt werden. Des Weiteren können auch Nachrichten nach dem Sequenzabruf übermittelt werden, um den Zulieferer zu signalisieren, dass beispielsweise ein vom Zulieferer geliefertes Teil Wareneingang gebucht wurde.

Eine besondere Bedeutung stellt auch der Nachbestellungsprozess dar. Es wird
sowohl eine klare Identifikation von Nachbestellungskennzeichen vom Kunden an
den Zulieferer (z. B. über einen Impuls) als auch der klar definierte Ablauf für Nachbestellungen benötigt. Eine Nachbestellung wird in den meisten Fällen zu einem separaten Verbauort oder Abladestelle des Kunden geliefert. Diese und weitere OEM
spezifischen Informationen müssen im Prozessablauf mit dem Zulieferer definiert
werden.

Außerdem ist beim Einsatz von SAP JIT darauf zu achten, dass die Performance eingehalten wird. Im OEM Umfeld besitzt ein Fahrzeug ein Vielfaches an Teilegruppen
und Materialnummern im Vergleich zum Zulieferer. Jede Materialnummer kann im JIT/
JIS-Prozess Buchungen auslösen. Diverse Belege entstehen im SAP und beanspruchen
die Performance.

4.4   Einführung beim Zulieferer

Wie im vorherigen Abschn. 4.3 beschrieben, wurde das SAP JIT für Zulieferer entwickelt und daher hat die SAP JIT Abwicklung in den Zuliefererprozessen ihre Kern-
kompetenz. In den Abschn. 4.1 und 4.2 wurden diverse Vorkehrungen beschrieben, die
zu treffen sind bevor mit einem Prozessdesign begonnen wird. Diese gelten sowohl für
die Einführung eines JIT/JIS-Prozesses beim OEM als auch beim Zulieferer und sollten
berücksichtigt werden, um eine erfolgreiche Implementierung von SAP JIT zu erhalten.
Beim Prozessdesign kann die folgende Aufteilung verwendet werden, um die relevanten
Eckpfeiler der JIT-Abwicklung zu definieren:

Untersuchung der Anforderungen der Partnersysteme
- Welche Anforderungen gibt es vom OEM, um die JIT-Abwicklung durchführen zu
  können? Diese können einerseits kundenspezifische Informationen sein, die mit
  dem Sequenzabruf vom OEM übermittelt und die vom Zulieferer verarbeitet werden müssen. Die Anforderungen des OEM können sich dabei sowohl auf die Datenverarbeitung eingehend als auch die Datenübermittlung in Form eines Lieferscheins
  ausgehend an den OEM beziehen. Andererseits müssen weitere Anforderungen an
  Verpackungs- bzw. Gestelllabels oder Anforderungen an ein Notfallsystem eingehalten werden. Wenn die Anforderungen des OEM aufgenommen werden, sollten
  sowohl prozessuale als auch technische Aspekte betrachtet werden.
- Gleiches gilt für weitere Partnersysteme wie MES, Lagerverwaltungs- und interne
  SAP und non-SAP-Systeme. Diverse Anforderungen und Restriktionen müssen für
  den JIT-Prozess abgefragt werden.

Untersuchung des JIT-Kunden
- Im SAP JIT müssen wie in Abschn. 3.3.1 beschrieben JIT-Kunden angelegt
  werden. Ein JIT-Kunde ist dabei durch die Business Partner/Debitor und

Kundenwerkinformation klar definiert. Wird ein Business Partner/Debitor angelegt, der für eine JIT-Abwicklung relevant ist – d. h. der Kunde schickt Sequenzabrufe – dann muss ein neuer JIT-Kunde im SAP JIT definiert werden.

- Jeder JIT-Kunde sendet Sequenzabrufe, die im System verarbeitet werden müssen. Dabei ist es entscheidend wie die Teilegruppen im System aufgebaut werden. Die Technik und Abhängigkeiten wurden in Abschn. 3.3 erläutert. Daraus ergibt sich auch die Teilegruppenfindung, die im Konzept untersucht und definiert werden sollte, vergleiche Abschn. 3.4.1.

- Jeder Teilegruppentyp hängt an der Abrufsteuerung. Die Abrufsteuerung, die den Prozess der Teilegruppe vorgibt. Es ist zu prüfen, ob unterschiedliche Abrufsteuerung je Teilegruppentyp definiert werden müssen. In den meisten Fällen ist es ausreichend, dass eine Abrufsteuerung je JIT-Kunde angewendet wird und somit mehrere Teilegruppentypen die gleiche Abrufsteuerung besitzen.

  Bei der Definition der Abrufsteuerung empfiehlt es sich eine Abrufsteuerung je JIT-Kunde anzulegen, auch wenn die JIT-Aktionen und der Ablauf innerhalb der Abrufsteuerung ähnlich oder gleich sind. Die gleiche Abrufsteuerung sollte somit nicht mehreren JIT-Kunden zugeordnet werden. Dies hat den Vorteil, dass bei Änderungen, Erweiterungen oder Optimierungen nur die relevante Abrufsteuerung geändert und getestet werden muss. Wird die gleiche Abrufsteuerung bei mehreren JIT-Kunden hinterlegt, müssen alle Prozesse der relevanten JIT-Kunden getestet werden, um einen lückenlosen Prozess sicherzustellen.

- Außerdem ist entscheidend, welche externen Statusinformationen vom OEM oder Partnersysteme verarbeitet werden müssen, um Folgeaktionen im Prozess anzustoßen. Der Empfang der Impulse ist Bestandteil der JIT-Kundendefinition.

- Genauso wie die externen Statusinformationen gehören auch Vorlaufzeiten zur Definition des JIT-Kunden, die wichtige Versandzeiten und damit Steuerdaten berechnen.

- Weitere wichtige Bestandteile zum JIT-Kunden sind in Abschn. 3.3.1 beschrieben.

Untersuchung der JIT-Abwicklung

- Der JIT-Prozess sollte in der Konzeptphase bereits den Charakter der Abrufsteuerung mit JIT-Aktionen einnehmen. Daher wird am Anfang der JIT-Abwicklung die Verarbeitung der Sequenznachrichten beschrieben. Jeder Kunde hat spezifische Anforderungen an die Sequenznachricht. Deshalb lohnt es sich die jeweilige EDI-Norm des Kunden zu prüfen, welche kundentypische Prozesse eingehalten werden müssen. Aus der Sequenznachricht muss ein Mapping auf die externe Statusinformation erfolgen, damit über den externen Status die gewünschte JIT-Aktion ausgeführt wird. Je nach Anwendungsfall können mehrere JIT-Aktionen zur Anlage oder Änderung von JIT-Abrufen zum Einsatz kommen. Für Nachbestellungen muss für die erfolgreiche Verarbeitung von JIT-Abrufen keine separate JIT-Aktion angelegt werden, da diese über die in Abschn. 3.4 beschriebenen JIT-Aktionen für den EDI-Eingang erkannt und verarbeitet werden können. Falls Z-Aktionen zum Einsatz kommen, empfiehlt es sich sprechende Namen zu verwenden. Tab. 4.1 zeigt eine exemplarische Benennung von Z-Aktionen.

Die ausführliche Unterscheidung der JIT-Aktionen bei EDI-Eingang je externen Status hat den Vorteil, dass anhand des Aktionsprotokolls auf einen Blick erkannt werden kann, welcher Impuls vom Kunden übertragen wurde. Mit dem Einstieg in die Transaktion JITLOG kann über die Angabe der JIT-Aktion gezielt nach dem gewünschten Anwendungszweck gesucht werden – zum Beispiel nach der JIT-Aktion ZMSQ, um zu erfahren, welche JIT-Abrufe über einen Sequenzabruf mit externem Status SQ aktualisiert wurden. Die Abfragen über die JIT-Aktion können auch in eigens erstellte BI-Reports einfließen.

- Im Anschluss daran folgt die kundenspezifische Abwicklung des JIT. Diese kann pauschal nicht für alle Zulieferer vorgegeben werden, da unterschiedlichste Anforderungen an den Prozess, die Organisation und an Systeme erfüllt sein müssen. Beispielprozesse für eine prototypische Annäherung an das SAP JIT sind in diesem Buch im weiteren Verlauf des Abschn. 4.4 beschrieben. Diese Beispielprozesse können vor Beginn einer Konzeptphase als Prototyp im SAP umgesetzt werden, um während der Konzeptphase zur Unterstützung beizutragen, den SAP-Standard kennen zu lernen und eindeutig von den gleichen Prozessen zu sprechen, umso Unstimmigkeiten zu vermeiden. Des Weiteren hat der Anwender die Möglichkeit bei einem frühen Einsatz eines Prototyps die Handhabung des SAP JIT kennen zu lernen.

- Der Prozess endet mit dem Abschluss und der Archivierung der JIT-Abrufe. Es ist zu beachten, ob der Kunde binnen mittelfristiger Zeit die gleiche Produktionsnummer

Tab. 4.1 Exemplarische Benennung von kundenspezifischen JIT-Aktionen

JIT-Aktion (4-stellig alphanumerisch)	Logik der Nomenklatur	Erläuterung
ZCVS	**Z CREA VS**	JIT-Abruf anlegen (Vorschau)
ZCPR	**Z CREA PR**	JIT-Abruf anlegen (Produktionsabruf Rohbau)
ZCSQ	**Z CREA SQ**	JIT-Abruf anlegen (Sequenzabruf)
ZCNB	**Z CREA NB**	JIT-Abruf anlegen (Nachbestellung)
ZMPR	**Z MODI PR**	JIT-Abruf modifizieren gesamt (Produktionsabruf Rohbau)
ZMSQ	**Z MODI SQ**	JIT-Abruf modifizieren gesamt (Sequenzabruf)
…	…	…
ZGRP	Z-Aktion zur CGRP	Gruppierungsinfo generieren und zuweisen
ZMES	Z-Aktion für das Partnersystem MES	Datenübertragung an das MES

als Sequenzabruf übertragen wird und damit eine neue Bestellung auslösen möchte. Ist dies der Fall muss darauf geachtet werden, dass die relevanten JIT-Abrufe bereits archiviert sind. Der SAP-Standard erkennt einen JIT-Abruf als eindeutig über die Kombination JIT-Kunde, Produktionsnummer und Nachbestellungskennzeichen. Wenn ein JIT-Abruf bereits gebaut, ausgeliefert und nicht archiviert wurde und trotzdem wird die gleiche Produktionsnummer vom Kunden erneut abgerufen, so versucht das System die bestehende Produktionsnummer zu aktualisieren. Wenn die Aktualisierung in der Abrufsteuerung zugelassen wurde, kann diese vom System durchgeführt werden. Alle bisherigen Kennzeichen wie beispielsweise „Übergabe an die Produktion", „Fertigmeldung aus der Produktion", etc. bleiben erhalten und setzt der SAP-Standard nicht zurück. Ist der JIT-Abruf zum Zeitpunkt des Eingangs der Produktionsnummer vom Kunden archiviert und gelöscht, so erfolgt die Neuanlage des JIT-Abrufes gemäß des SAP-Standards. Im Anschluss kann der Serienprozess weiter durchlaufen werden.

• Die JIT-Abwicklung beinhaltet auch die Konzeption des Nachbestellungsprozesses. Dieser sollte nach Abschluss des JIT-Prozesses betrachtet und beschrieben werden, um zu prüfen, ob alle relevanten Faktoren für einen lückenlosen Prozessablauf gewährleistet sind. In den meisten Fällen kann der gleiche Ablauf für Nachbestellungen wie für den Serienprozess angewendet werden. In den einzelnen Prozessschritten ist auf die Sortierung zu achten, sodass Nachbestellungen oberste Priorität haben. Gleichzeitig darf die sequenzgesteuerte Auslieferung nicht gestört werden.

• Bei der Betrachtung der JIT-Abwicklung ist darauf zu achten, dass nicht nur der Geradeausprozess funktioniert, sondern auch Notfallprozesse wie Stornos und manuelle Buchungen oder gar der Ausfall des SAP-Systems. Stornobewegungen müssen nicht immer im SAP JIT erfolgen. In der Konzeptphase ist somit zu prüfen, welche Stornobewegungen im SAP JIT über JIT-Aktionen durchgeführt und welche über SAP-Standard Bordmittel ausgeführt werden. Des Weiteren müssen im SAP JIT nicht alle Logiken über JIT-Aktionen abgebildet werden. Wenn der Einsatz von kundenspezifischen Programmen sinnvoll ist, können diese genauso gut JIT-Aktionen oder JIT-Logik ausführen.

Des Weiteren muss geprüft werden, ob Baubarkeitsprüfungen, Sonderprozesse oder ähnliches umgesetzt werden müssen. Wenn Entwicklungen im EDI-Eingang erfolgen, ist darauf zu achten, dass diese die Performance der Eingangsverarbeitung nicht belasten.

Für die Prozessuntersuchungen können in Workshops Prozesskarten verwendet werden, um sich an das Thema weiter anzunähern. Beispiel in Abb. 4.1.

Prozessablauf:	**Besonderheiten im System:**
1. OEM sendet Sequenzabruf	1. SAP-Standardaktion CREA kann verwendetet werden
2. Sequenzabruf wird im SAP geprüft:	2. Keine Vor- und Nachprüfungen notwendig
• Aktion erlaubt? • Stammdaten vorhanden? • Weitere Prüfungen? Sondervarianten?	3. SAP-Customizing muss vorhanden sein (z.B. Teile-gruppenfindung, externer Status, interner Bearbeitungs-stand, Aktionssteuerung)
3. Abruf wird im System angelegt und ein Statuswechsel wird durchgeführt	4. SAP-Stammdaten müssen vorhanden sein (z.B. Debitoren-stammsatz und SD-Lieferplan)

Beteiligte Personen und Systeme:

- Sequenzabruf manuell durch Mitarbeiter anlegen oder Überwachung des EDI-Eingang
- EDI-Dienstleister

Abhängigkeiten und Voraussetzungen:

- Notfallstrategien, falls der Nachrichtenverkehr unterbrochen wird
- Drucker und Papier notwendig
- Einrichtung des Druckers im SAP
- Kommissionierwagen muss ggf. vorhanden sein
- …

Abb. 4.1 Prozesskarte für das Design der Prozesse

Untersuchung von Schulungsmaßnahmen

- Gerade beim Neuaufsetzen eines JIT-Prozesses mit SAP JIT entstehen erhöhte Schulungsmaßnahmen. Prozesse als auch SAP-Funktionen sollten bereits in der Konzeptphase für ein Schulungskonzept priorisiert werden.

Untersuchung von Berechtigungen

- Sowohl die Stammdaten als auch die Bewegungsdaten müssen unter dem Gesichtspunkt Berechtigungen betrachtet werden. Stammdaten wie die JIT-Kunden werden typisch nur bei Projektbeginn definiert und nur noch selten geändert. Der Zugriff auf Stammdaten darf demnach als nicht weniger relevanter Bestandteil des Konzepts sein.
- Bewegungsdaten werden entweder über Batch Programme oder über Benutzer ausgeführt. Insbesondere die Ausführung von JIT-Aktionen sollte auch unter dem Gesichtspunkt Berechtigungen betrachtet werden.

Untersuchung der Performance

- Im JIT-Umfeld werden sehr viele Daten in kurzer Zeit verarbeitet. Dies beansprucht die Last des Systems. Daher sollte die Anzahl der Abrufe und die durchzulaufenden Prozesse untersucht werden. Die Informationen fliesen in das Sizing des Systems mit ein.

Für eine prototypische Annäherung an das SAP JIT können die nachfolgenden Beispielprozesse angewendet werden. Diese zeigen die Abwicklung im SAP-Standard und zeigen keine Abrufsteuerung aus der Praxis. Die aufgestellten Prozesse dienen rein zum Verständnis für die Herangehensweise in diesem Buch. Eine individuelle Kombination der JIT-Aktionen aus dem JIT-Inbound als auch aus dem JIT-Outbound aus Abschn. 3.4.5 und 3.8.3 ist für die Erstellung eines eigenen Prototypen ebenfalls möglich.

4.4.1   Prototypische JIT-Grunddaten

Für die nachfolgend dargestellten JIT/JIS-Beispielprozesse werden Stammdaten im System benötigt, um eine Abwicklung im SAP-System darstellen zu können. Dieses Kapitel zeigt eine unvollständige Auflistung und kann beliebig ausgeprägt, erweitert oder abgeändert werden. Weitere Details zu Voraussetzungen und Stammdaten sind in den jeweiligen Kapiteln zum JIT-Inbound, siehe Abschn. 3.3 und dem JIT-Outbound, siehe Abschn. 3.7 nachzulesen.

Der Zulieferer hat im SAP-System einen Debitor/Business Partner für den OEM angelegt. Dieser beinhaltet als Lieferantennummer (Feld Konto bei Debitor) exemplarisch in diesem Beispiel die Nummer LIFNR001 und in den Partnerrollen das Kundenwerk KDWRK (Partnerrolle Warenempfänger). Für die Findung des richtigen Debitors/Business Partners ist im EDI-Eingang analog für den Eingang von Liefer-/Feinabrufen erforderlich, die Transaktion OVAI zu befüllen. Sowohl die Stammdaten für den Debitor/Business Partner als auch die Einstellungen für die Transaktionen OVAI sind nicht als Abbildungen in diesem Buch hinterlegt, da sie Kernelemente von SAP SD sind. Die Transaktion OVA9 ist für die Verarbeitung von JIT-Abrufen nicht relevant und wird für die Verarbeitung von Liefer-/Feinabrufen benötigt.

Für die Kombination Debitor/Business Partner und Kundenwerk wird im Anschluss mit der Transaktion JITV ein neuer JIT-Kunde definiert. Abb. 4.2 zeigt weitere wichtige Stammdaten bzw. Customizingprofile, die dem JIT-Kunden zugeordnet werden. In diesem Beispiel handelt es sich um einen produktionssynchronen Abrufprozess in der Zeitzone des Kunden CET. Es erfolgt die Belieferung der Serie (=Verwendung S). Der Haken Impulsmonitor ist gesetzt, um die Transaktion JITJ, siehe Abschn. 3.11.17 verwenden zu können. In der Abb. 4.2 ist außerdem zu sehen, wie die Darstellung des Pflegemodus in den Transaktionen JIT1, JIT2 und JIT3 angezeigt wird.

Als Teilegruppenfindung wurde das Findungsprofil ZDEMO001 im Customizing (Transaktion OJITI) definiert, siehe Abb. 4.3. Dieses führt die Teilegruppenfindung per Teilegruppenmaterial durch. Jedem Material, das per JIT/JIS vom Kunden abgerufen wird, muss im Materialstammsatz im Reiter Grunddaten 2 Feld „Werksüberg. KM" (technisch: SATNR) das Teilegruppenmaterial hinzugefügt werden. Da das Teilegruppenmaterial auch dem Teilegruppentyp zugeordnet ist, kann so beim EDI-Eingang die gewünschte Teilegruppe ermittelt werden.

Wenn Abladestellen oder Verbauorte im IDOC übertragen werden, sind diese nicht für die Teilegruppenfindung relevant, werden aber als Information zum Abruf gesichert.

Das Liefererstellungsprofil steuert in diesem Beispiel eine Auslieferung, zu der keine Handling Units erzeugt werden und die nicht kommissionierrelevant ist. Falls IDOCs aus der Lieferung oder der Faktura erzeugt werden, wird die Produktionsnummer jeweils im Kopfsegment abgelegt.

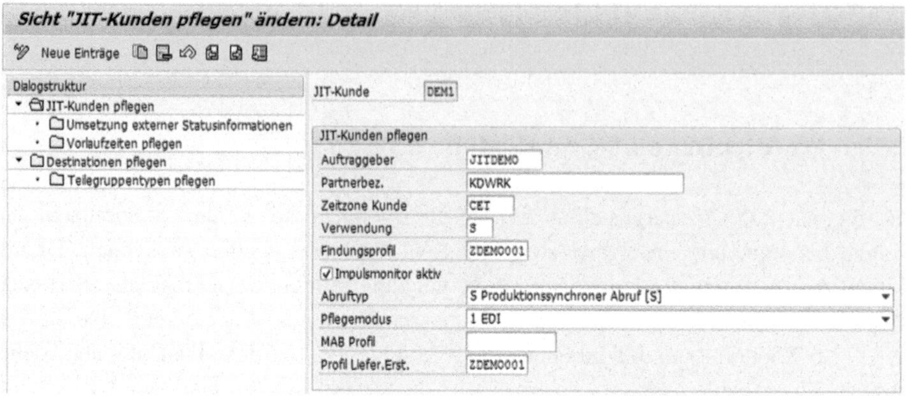

Abb. 4.2   JIT-Kunden pflegen

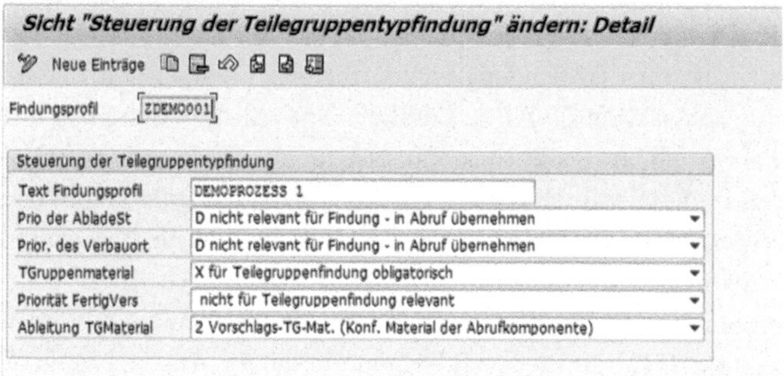

Abb. 4.3   Steuerung der Teilegruppenfindung

Erfolgt der Warenausgang über die klassischen Transaktionen VL02N oder VL06G wird im Hintergrund die JIT-Aktion GOIS ausgeführt und der interne Bearbeitungsstand wird aktualisiert. Die Abb. 4.4 zeigt die relevanten Einstellungen.

Der JIT-Kunde ist definiert und die ersten Customizingprofile wurden zugeordnet. Im nächsten Schritt werden weiter in der Transaktion JITV die externen Statusinformationen zum JIT-Kunden hinterlegt. Gleichzeitig ist anzugeben, wie die externen Statusinformationen umgeschlüsselt werden. Die Prozesse aus den nachfolgenden Kapiteln verwenden unterschiedliche externe Statusinformationen und die Abb. 4.5 zeigt die Einstellung für den Beispielprozess für produktionssynchrone Abrufe (PAB) zum nächsten Kapitel, siehe Abschn. 4.4.2. Über die Angabe einer leeren externen Statusinformation – das Feld EXSTI ist im IDOC nicht gefüllt – wird eine Vorschaunachricht übertragen und auf den externen Status VS umgeschlüsselt. Sobald ein Planabruf (hier: PLAN) erfolgt, wird auf den externen Status PR und bei einem Istabruf (hier: IST) auf den externen Status SQ gemappt, siehe Abb. 4.5:

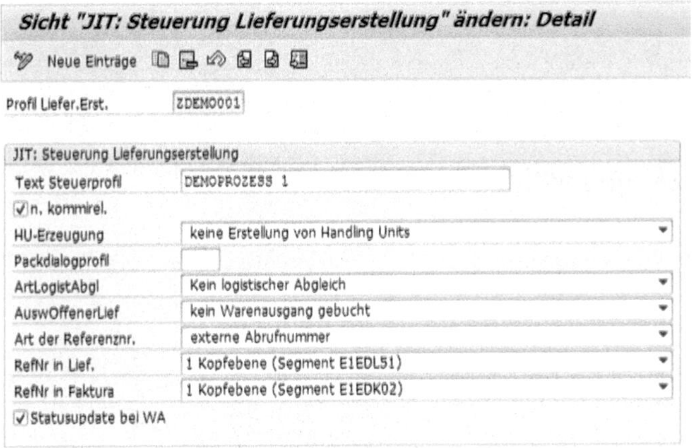

Abb. 4.4 Steuerung Lieferungserstellung

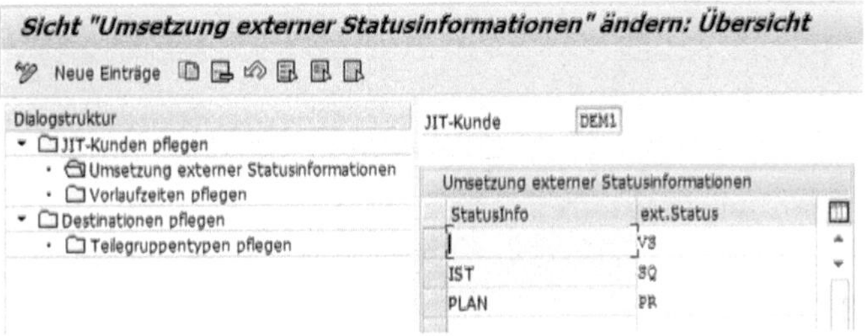

Abb. 4.5 Umsetzung externer Statusinformationen

In diesem Beispiel wird vom Kunde ein geplantes Bedarfsdatum und eine geplante Bedarfszeit übertragen, die 1:1 als geplantes Versanddatum und geplante Versandzeit übernommen werden soll. Es findet keine Berechnung von Vorlaufzeiten statt, siehe Abb. 4.6.

Da die Teilegruppenfindung ohne Abladestelle und ohne Verbauort abläuft, werden bei der Pflege der Destination die Felder Abladestelle und Verbauort leer gelassen, siehe Abb. 4.7. Im Profil ist trotzdem eingestellt, dass Abladestellen und Verbauorte in den Abruf mit übernommen werden, wenn diese im Abruf gefüllt sind. Die Destination enthält in diesem Beispiel lediglich einen Text, der beispielsweise in der Transaktion JITM eingeblendet werden kann.

Zur Destination wird genau ein Teilegruppentyp angelegt, der das Teilegruppenmaterial zugeordnet hat, vergleiche Abb. 4.8. Wie bereits beschrieben, muss dieses dem Materialstammsatz jeder Abrufkomponente zugeordnet werden, um die Teilegruppe des Teilegruppentyps DEM1 ermitteln zu können. Außerdem wurde eine Abrufsteuerung

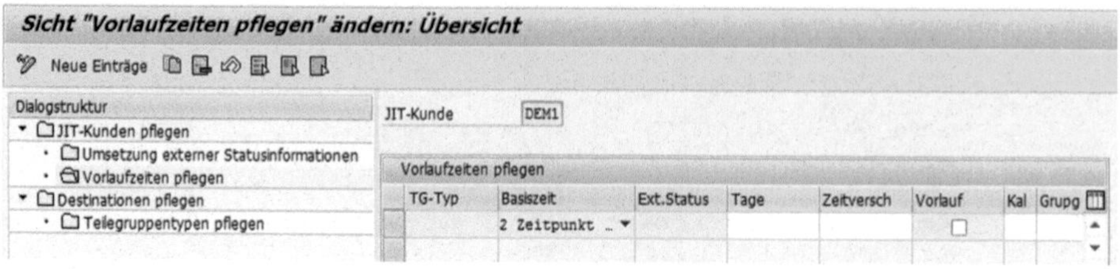

Sicht "Vorlaufzeiten pflegen" ändern: Übersicht

Neue Einträge

Dialogstruktur	JIT-Kunde	DEM1						
▼ ☐ JIT-Kunden pflegen								
• ☐ Umsetzung externer Statusinformationen								
• ☐ Vorlaufzeiten pflegen	Vorlaufzeiten pflegen							
▼ ☐ Destinationen pflegen	TG-Typ	Basiszeit	Ext.Status	Tage	Zeitversch	Vorlauf	Kal	Grupp
• ☐ Teilegruppentypen pflegen		2 Zeitpunkt ... ▼				☐		

Abb. 4.6 Vorlaufzeiten pflegen

Sicht "Destinationen pflegen" ändern: Detail

Neue Einträge

Dialogstruktur	Destination	DEM1
▼ ☐ JIT-Kunden pflegen		
• ☐ Umsetzung externer Statusinformationen		
• ☐ Vorlaufzeiten pflegen	Destinationen pflegen	
▼ ☐ Destinationen pflegen	JIT-Kunde	DEM1
• ☐ Teilegruppentypen pflegen	Abladestelle	
	Verbauort	
	DestText 1	Demoprozess 1
	DestText 2	

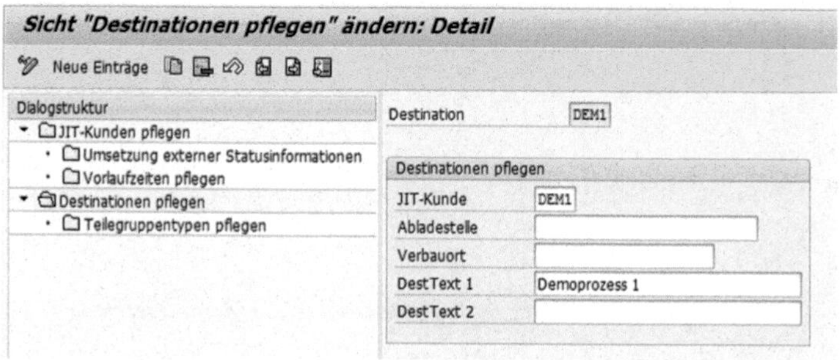

Abb. 4.7 Destinationen pflegen

Sicht "Teilegruppentypen pflegen" ändern: Detail

Neue Einträge

Dialogstruktur	Teilegrp.-Typ	DEM1
▼ ☐ JIT-Kunden pflegen		
• ☐ Umsetzung externer Statusinformationen		
• ☐ Vorlaufzeiten pflegen	Teilegruppentypen pflegen	
▼ ☐ Destinationen pflegen	Destination	DEM1
• ☐ Teilegruppentypen pflegen	TG-Material	JIT_TG_MATERIAL
	Abrufsteuerung	DEM1
	Werk	DEMO
	Fert.version TG-Mat.	DEM1
	St.profil int. Abruf	
	HU-Profil	
	Kurztext	Demoprozess 1
	TGText 1	
	TGText 2	

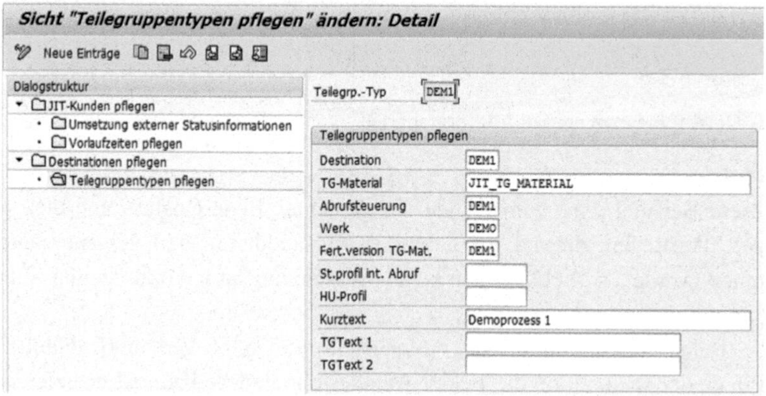

Abb. 4.8 Teilegruppentypen pflegen

hinterlegt und entspricht dem Prozess aus Abschn. 4.4.2. Das Werk und die Fertigungsversion wurden dem Teilegruppentyp zugeordnet, da über die JIT-Aktion BFLU
geplant ist, eine Umlagerung der Komponenten von Lagerort nach Lagerort über die
Bewegungsart 311 durchzuführen, siehe gegebenenfalls Abschn. 3.4.25 zur JIT-Aktion
BFLU.

Für den Prozess wurden drei Materialien angelegt, die bei der Endmontage zu einem fertigen Produkt montiert werden sollen. Somit sollen diese drei Materialien in den Beispielprozessen zu einer Teilegruppe zugeordnet werden. In den Grunddaten 2 des Materialstammsatzes wird das Teilegruppenmaterial hinterlegt, um die Teilegruppen-findung per Teilegruppenmaterial durchführen zu können. Das Teilegruppenmaterial muss von der Materialart KMAT sein, damit eine Zuordnung in diesem Feld möglich ist. Das Feld wird normalerweise in der Variantenkonfiguration (LO-VC) für Material-varianten verwendet. Es handelt sich im SAP JIT zwar um ein konfigurierbares Mate-rial, allerdings wird keine Variantenkonfiguration für SAP JIT angewendet. Das Feld und das konfigurierbare Material dienen lediglich als Hilfsmittel zur Durchführung der Teile-gruppenfindung, vergleiche Abb. 4.9.

Außerdem ist es erforderlich, dass zu jedem Material ein Kunden-Material-Infosatz angelegt wird, da der OEM per EDI-Eingang Kundenmaterialnummern überträgt und nicht die Materialnummern, die beim Zulieferer im System gespeichert sind, siehe Abb. 4.10. Die angelegten Kunden-Material-Infosätze werden automatisch bei der Anlage von JIT-Lieferplänen als Kundenmaterialnummer vorgeschlagen.

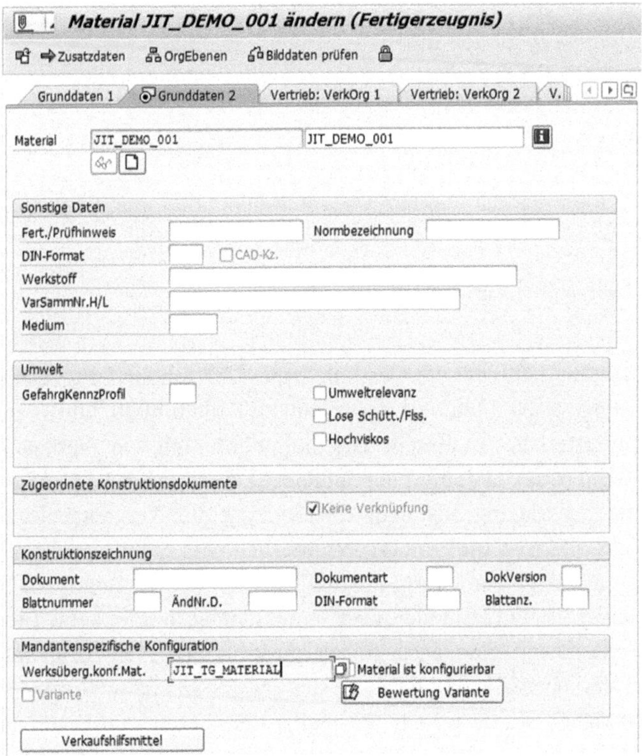

Abb. 4.9 Teilegruppenmaterial zur Abrufkomponente zuordnen

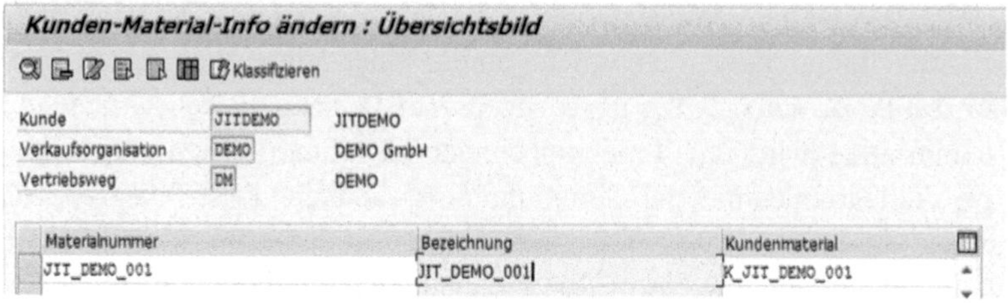

Abb. 4.10 Kunden-Material-Infosatz anlegen

Abb. 4.11 Liste Lieferpläne

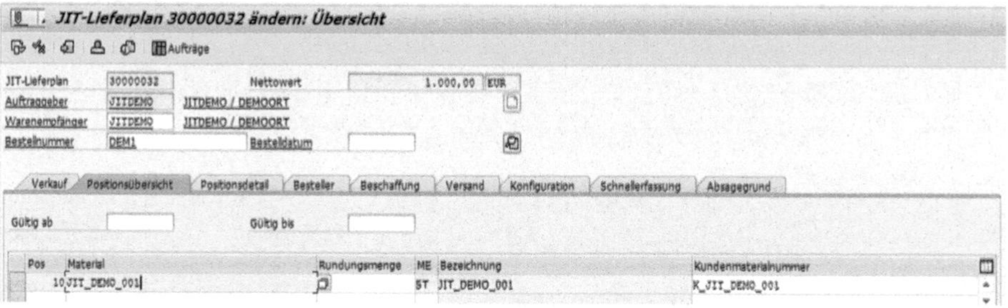

Abb. 4.12 JIT-Lieferplan ändern

Grundvoraussetzung für die Verwendung eines JIT-Inbound Prozesses ist die eindeutige Zuordnung eines Materials zu einem JIT-Lieferplan, umso ein eindeutiges JIT-Material zu erstellen. In diesem Beispiel wurde mit der Verkaufsbelegart LZJ zu jedem Material ein JIT-Lieferplan angelegt, siehe Abb. 4.11. Dieser beinhaltet die SAP-Standardausprägung aus dem Customizing zur Verkaufsbelegart LZJ. Falls abweichende Einstellungen im Prototyp erforderlich sind, kann eine kundenspezifische Verkaufsbelegart angelegt werden. Im Prozess der Lieferquittierung ist zu beachten, dass als Verkaufsbelegart LZJQ verwendet werden muss, da ansonsten keine Lieferquittierung durchgeführt werden kann. Kundenspezifische Ausprägungen der LZJQ anlog der LZJ in eine Z-Belegart sind ebenfalls möglich.

In den Lieferplänen wurde jeweils beispielhaft eine manuelle Einteilung bei Lieferabrufen eingetragen, so dass eine offene Menge für die Liefererstellung mit der JIT-Aktion DELI verfügbar ist, siehe Abb. 4.12.

Für das Customizing des externen Status als auch der internen Bearbeitungsstände gelten für die nachfolgenden Beispiele die in den Abschnitten Abschn. 3.4.2 und Abschn. 3.4.3 vorgeschlagene Nomenklatur.

4.4.2 Beispielprozess für produktionssynchrone Abrufe (PAB)

Im ersten Beispielprozess wird eine Abwicklung für produktionssynchrone Abrufe (PAB) für das JIT-Inbound dargestellt, der für einen einfachen Einstieg in die Welt des SAP JIT und eine prototypische Herangehensweise verwendet werden kann. Abb. 4.13 zeigt die Interaktion zwischen Kunde (=Automobilhersteller bzw. OEM) und dem Zulieferer. Der OEM ist in mehrere Gewerke unterteilt, in denen sich die Sortierung der Fahrzeuge ändert. Im Gewerk Rohbau und Lackierung werden Sequenznachrichten mit drei verschiedenen Impulsen an den Zulieferer übertragen. Zum Zeitpunkt der Montage müssen die vom Zulieferer produzierten Teile beim OEM in Sequenz angeliefert werden.

Die Abb. 4.13 zeigt den prozessualen Ablauf anhand eines Zeitstrahls. Aus Platzgründen wurden die Aktionen MODH, CGRP, PINP und BFLU zum gleichen Zeitpunkt dargestellt. In der Praxis laufen diese Aktionen zeitlich versetzt. Diese Anmerkung gilt ebenfalls für die weiteren Beispielprozesse aus Abschn. 4.4.3 und Abschn. 4.4.4.

In diesem Szenario wird eine klassische JIT/JIS-Beziehung zwischen Kunde und Zulieferer ohne TSL-Abwicklung und ohne JIT-Outbound Abwicklung zu einem Sublieferanten dargestellt. Da der Zulieferer mit Sequenznachrichten versorgt wird und eine sequenzgesteuerte Auslieferung notwendig ist, wird ein JIT/JIS-Prozess benötigt.

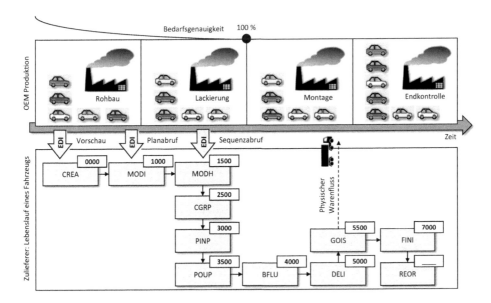

Abb. 4.13 Beispielprozess für PABs

In Abschn. 4.4.1 wurden zum JIT-Kunden in der Transaktion JITV die externen Status-informationen (=Impulse) hinterlegt, die vom Kunden an den Zulieferer übermittelt werden. Tab. 4.2 zeigt eine Sequenznachricht, die als Vorschau vom OEM an den Zulieferer übertragen wird. Diese ist für den Testfall relevant und spiegelt nicht die Realität wider. Die Verarbeitung von Testnachrichten kann mit der Transaktion WE19 erfolgen, wenn die relevante Partnervereinbarung angelegt wurde (Transaktion WE20).

In Tab. 4.2 ist ersichtlich, dass keine externe Statusinformation (Feld EXSTI) enthalten ist, da in diesem Beispiel zum JIT-Kunden als Vorschau der Wert „leer" definiert wurde. Abb. 4.14 zeigt den hierarchischen Aufbau der Testnachricht – ein Kopfsegment und drei Positionssegmente (ein Positionssegment je Abrufkomponente).

Bevor das IDOC erfolgreich verarbeitet werden kann, muss die Abrufsteuerung – das Herzstückstück des JIT/JIS-Prozesses definiert werden. Der schematische Ablauf wurde in Abb. 4.13 dargestellt, für den es die Einstellungen aus Abb. 4.15 und Abb. 4.16 im SAP JIT Customizing (Transaktion OJITI) erfordert.

Tab. 4.2 Aufbau der Vorschaunachricht für das prototypische Beispiel

Segment	Feld	Wert
E1KSJCL (nur ein Kopfsegment)	LIFNR	LIFNR001
E1KSJCL (nur ein Kopfsegment)	KNREF	KDWRK
E1KSJCL (nur ein Kopfsegment)	PRODN	DEMO001
E1KSJCL (nur ein Kopfsegment)	ABTYP	S
E1PSJCL (1.Segment)	KDMAT	K_JIT_DEMO_001
E1PSJCL (1.Segment)	VMENG	1
E1PSJCL (1.Segment)	VRKME	ST
E1PSJCL (1.Segment)	RDATUM	29991231
E1PSJCL (1.Segment)	RZEIT	080000
E1PSJCL (2.Segment)	KDMAT	K_JIT_DEMO_002
E1PSJCL (2.Segment)	VMENG	1
E1PSJCL (2.Segment)	VRKME	ST
E1PSJCL (2.Segment)	RDATUM	29991231
E1PSJCL (2.Segment)	RZEIT	080000
E1PSJCL (3.Segment)	KDMAT	K_JIT_DEMO_003
E1PSJCL (3.Segment)	VMENG	1
E1PSJCL (3.Segment)	VRKME	ST
E1PSJCL (3.Segment)	RDATUM	29991231
E1PSJCL (3.Segment)	RZEIT	080000

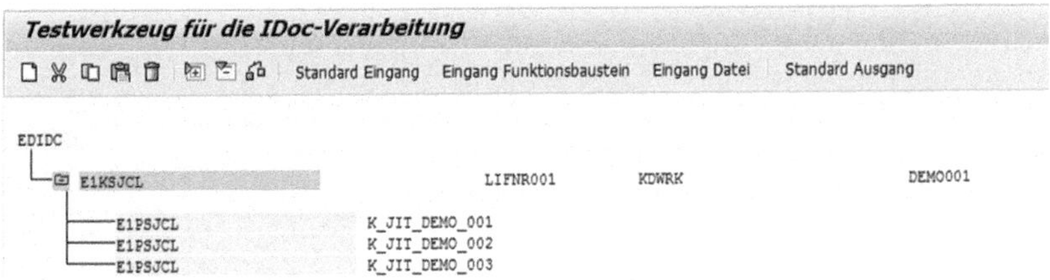

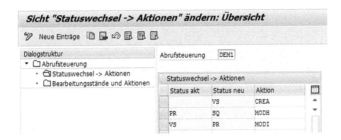

Abb. 4.14 Exemplarisches SEQJIT03-IDOC

Abb. 4.15 Exemplarische externe Abrufsteuerung für PAB

In der externen Abrufsteuerung können drei Impulse verarbeitet werden. Sobald eine Vorschaunachricht übertragen wird, wird der JIT-Abruf mit der JIT-Aktion CREA angelegt. Dieser wird mit der JIT-Aktion MODI aktualisiert, wenn nach der Vorschaunachricht ein Planabruf übermittelt wird. Der Sequenzabruf mit der finalen Sequenznummer wird nach dem Planabruf übertragen. Zu diesem Zeitpunkt ist keine Änderung der Abrufkomponenten erlaubt und deshalb wird mit der JIT-Aktion MODH ausschließlich der Abrufkopf modifiziert, vergleiche Abb. 4.15. In diesem Beispiel ist nicht hinterlegt, wie das System mit Fällen umgeht, wenn der Sequenzabruf übertragen wird und beispielsweise der Planabruf fehlt. Diese und weitere Szenarien können im Prototyp kundenspezifisch erweitert und ausgeprägt werden.

Um den JIT-Abruf erfolgreich im SAP JIT verarbeiten zu können, wird eine interne Abrufsteuerung benötigt, die regelt, bei welchem internen Bearbeitungsstand die relevante JIT-Aktion ausgeführt werden darf. Der in Abb. 4.13 gezeigte Prozess wird über die interne Abrufsteuerung aus Abb. 4.16 prozessiert.

Die folgenden JIT-Aktionen werden im Beispielprozess für produktionssynchrone Abrufe (PAB) ausgeführt:

- CREA: Das aus Tab. 4.2 hinterlegte IDOC wird mit der Transaktion WE19 verarbeitet und ein JIT-Abruf wird im System angelegt, wenn dieser vorher noch nicht auf der Datenbank existiert hat (interner Bearbeitungsstand gleich „leer"). Die Verarbeitung erfolgt mittels EDI-Eingangsverarbeitung und etwaige Fehlermeldungen werden in

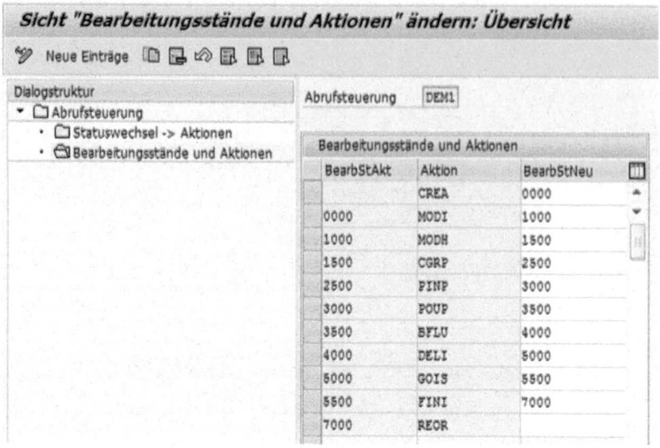

Abb. 4.16 Exemplarische interne Abrufsteuerung für PAB

der Transaktion EMJIT hinterlegt. Analog können auch die klassischen IDOC-Transaktion wie beispielsweise WE02, W05, W09 oder BD87 verwendet werden. Wenn das IDOC erfolgreich verarbeitet wurde, wurde die Teilegruppenfindung durchlaufen und es wurde ein JIT-Abruf mit genau einer Teilegruppe im SAP JIT angelegt. Die Vorschaunachricht konnte verarbeitet und das Ergebnis kann in der Transaktion JITM betrachtet werden. Es wurde ein JIT-Abruf mit genau einer Teilegruppe angelegt, der drei Abrufkomponenten zugeordnet wurden. Da Sequenzabrufe nicht dispositiv relevant sind, sind keine Bedarfe zum Sequenzabruf sichtbar. Allerdings können Feinabrufe aus dem JIT-Abruf für die zugeordneten JIT-Lieferpläne erzeugt werden. Man verwendet hierzu die Transaktion JITH.

- MODI: Im weiteren Prozessschritt wird ein neues SEQJIT03-IDOC mit der Transaktion WE19 und der externen Statusinformation PLAN vom Kunden mit der gleichen Produktionsnummer an den Zulieferer simuliert. Diese spiegelt den Planabruf wider und beinhaltet in diesem Beispiel sowohl die Sequenznummer als auch geänderte Abrufkomponenten. Beispielsweise werden nicht die drei Abrufkomponenten aus Tab. 4.2 im Planabruf übermittelt, sondern nur zwei der Abrufkomponenten. Über die JIT-Aktion MODI wird der Gesamtumfang des bestehenden JIT-Abrufs verändert und somit ändert sich nicht nur der externe Status, der interne Bearbeitungsstand, sondern auch die Materialnummern in der Teilegruppe des JIT-Abrufs. Das Ergebnis kann wiederum in der Transaktion JITM nachvollzogen werden. In diesem Beispiel kann sowohl die Vorschau als auch der Planabruf nur einmal zur Produktionsnummer übertragen werden. Soll eine Aktualisierung der Vorschau durch eine Vorschaunachricht oder ein Planabruf durch eine weitere Planabrufnachricht zur gleichen Produktionsnummer aktualisiert werden, muss die externe und interne Abrufsteuerung erweitert werden.

- MODH: In diesem Beispiel folgt auf den Planabruf der Sequenzabruf mit der fixierten Sequenznummer. Somit sollte das Feld SEQNR im Segment E1KSJCL mit der Sequenznummer gefüllt sein. Die Übertragung mit einem SEQJIT03-IDOC wird erneut über die Transaktion WE19 gestartet. Es wird die externe Statusinformation IST übertragen und es soll keine Änderung der Abrufkomponenten erfolgen. Auf Basis der Abrufsteuerung wird die JIT-Aktion MODH ausgeführt, um ausschließlich den Abrufkopf zu ändern. Dies beinhaltet ebenfalls, dass das geplante Bedarfsdatum/-zeit bzw. das generierte geplante Versanddatum/-zeit aus dem Planabruf in diesem Beispiel nicht aktualisiert wird, da diese auf Positionsebene stehen. Die Transaktion JITM gibt Aufschluss über den geänderten Abrufkopf.
- CGRP: Die Sequenznummer steht fest und es finden keine weiteren Übertragungen vom Kunden in diesem Beispiel zum JIT-Abruf statt. Es folgt die Endmontage des Produkts, das mit der Gruppierung bzw. Gestellbildung eingeleitet wird, die entweder anhand der definierten internen Bearbeitungsstände vor der Produktion und/oder vor dem Versand angewendet werden kann. Im Beispielprozess für produktionssynchrone Abrufe (PAB) findet die Gestellbildung vor der Produktion statt. Anhand des Nummernkreisobjektes JIT_GR_01 wird der nächste freie Wert ermittelt und im Feld Gruppierungsinfo (technisch: GRPIN) auf Ebene der Teilegruppe gesichert. Zudem wird der Gestellplatz über das Feld Gruppierungsindex (technisch: GRIND) vergeben. Die JIT-Aktion CGRP kann vom Anwender beispielsweise über die Transaktion JITM oder über das Programm zur Transaktion JITF im Hintergrund ausgeführt werden.
  Wenn mehrere JIT-Abrufe im System sind, ist es empfehlenswert, in den Transaktionen JITM oder JITF eine Sortiervariante zu hinterlegen, um die JIT-Abrufe nach beispielsweise Sequenznummer aufsteigend zu sortieren. Die Reihenfolge ist entscheidend, da die jeweilige JIT-Aktion die JIT-Abrufe in der sortierten Reihenfolge ausführt. Sobald eine Sortierung möglich ist, sollte immer eine Sortierung angewendet werden.
- PINP: Die Aktion PINP ist eine verkettete Aktion und führt zuerst die Aktion PIN und im Anschluss daran die Aktion PCOM aus. Bei der Aktion PIN ist in der Praxis auf den möglichen Einsatz zu achten, da diese Aktion in der Programmlogik zuerst eine MODI und somit Änderung des Gesamtumfangs des JIT-Abrufs ausführt. Soll das verhindert werden, darf nicht die Aktion PIN gewählt werden, sondern die Aktion PINW. Durch das Ausführen der verketten Aktion PINP wird zuerst das Kennzeichen „Übergabe an die Produktion" gesetzt und dann die Komponentenliste für die Kommissionierung gedruckt. In diesem Szenario erfolgt die Kommissionierung per gedrucktem Formular und ohne weitere Systemunterstützung. Es folgt die Endmontage des Produkts, die in diesem Szenario ebenfalls nicht im System abgebildet ist. Die JIT-Aktion PINP kann vom Anwender beispielsweise über die Transaktion JITM oder über das Programm zur Transaktion JITF im Hintergrund ausgeführt werden.
- POUP: Die Aktion POUP ist ebenfalls eine verkettete Aktion und führt zuerst die Aktion POUT und im Anschluss daran die Aktion PICK aus. Durch das Ausführen

der JIT-Aktion POUT wird das Kennzeichen „Fertigmeldung aus der Produktion" gesetzt. Im Anschluss daran wird die Gestellliste gedruckt. Der Mitarbeiter befüllt das Gestell mit dem fertigen Produkt und heftet die gedruckte Gestellliste an das Gestell. Die JIT-Aktion POUP kann wiederum mit den Transaktionen JITF bzw. JITM ausgeführt werden. In diesem Fall kann es auch sinnvoll sein, die Transaktion JIT6RF zu verwenden. Der Mitarbeiter gibt in der Transaktion JIT6RF als Erfassungseinheit die Gestellnummer ein und führt die JIT-Aktion POUP aus, um zu bestätigen, dass die Endmontage abgeschlossen und das fertige Produkt im Gestell verpackt wurde.

- BFLU: In den Stammdaten zum Teilegruppentyp (Transaktion JITV) wurde zum Teilegruppenmaterial die Fertigungsversion DEM1 hinterlegt, die angibt, dass eine Umlagerung der Abrufkomponenten vom Produktionslagerort in den Versandlagerort stattfinden soll. Damit umgelagert werden kann, müssen die Abrufkomponenten in der Transaktion JITL mit der Warenbewegungsart „B Umlagerung der Abrufkomponente" eingestellt werden. Die JIT-Aktion BFLU kann vom Anwender beispielsweise über die Transaktion JITM oder über das Programm zur Transaktion JITF im Hintergrund ausgeführt werden. Falls Fehlermeldungen beim Ausführen der JIT-Aktion BFLU entstehen, werden diese in der Transaktion JITB hinterlegt.

- DELI: Die JIT-Aktion DELI erstellt die SD-Auslieferung zum JIT-Lieferplan und reduziert die offene Menge. Somit ist darauf zu achten, dass im JIT-Lieferplan ein Bedarf mit einer offenen Menge gepflegt ist. Die Liefererstellung erfolgt im SAP-Standard und sämtliche Daten werden über die Kopiersteuerung aus dem Verkaufsbeleg in den Lieferbeleg kopiert. Der Belegfluss wird fortgeschrieben. Sobald eine Abladestelle zum JIT-Abruf hinterlegt ist, wird auch diese in die SD-Auslieferung übernommen (unabhängig, ob die Abladestelle im JIT-Lieferplan hinterlegt ist). Die JIT-Aktion DELI kann vom Anwender beispielsweise über die Transaktion JITM oder über das Programm zur Transaktion JITF im Hintergrund ausgeführt werden. Um einen kundenspezifischen Liefermonitor zu erstellen, kann beispielsweise die Transaktion JITF oder JITM mit einer lieferspezifischen Transaktionsvariante angelegt werden. Je nach Kundenwunsch kann die Selektion vorgegeben und vor Eingaben geschützt werden. Die Ausgabe des Reports und damit die Auswahl der zu versendenden Teilegruppen bzw. Gestelle könnte ebenfalls über ein kundenspezifisches Layout erfolgen. Zum Start der Transaktionsvariante kann eine neue Z-Transaktion mit der Transaktion SE93 angelegt werden.

- GOIS: Die JIT-Aktion GOIS bucht den Warenausgang zur angelegten SD-Auslieferung. Der Lagerort für die Buchung wird über die SD-Standard Kommissionierlagerortfindung bei der Liefererstellung zugeordnet. Die JIT-Aktion GOIS kann vom Anwender beispielsweise über die Transaktion JITM oder über das Programm zur Transaktion JITF im Hintergrund ausgeführt werden. Da im Liefererstellungsprofil „Statusupdate bei WA" markiert ist, kann der Warenausgang und der Wechsel des internen Bearbeitungsstandes auch über die Transaktionen VL02N oder VL06G erfolgen, um die JIT-Aktion GOIS auszuführen. Nach dem Warenausgang erfolgt der physische Versand der Teilegruppe bzw. des Gestells.

- FINI: Um die Teilegruppe abzuschließen, wird die JIT-Aktion FINI ausgeführt. Diese führt einen reinen Wechsel des internen Bearbeitungsstandes durch. Die JIT-Aktion FINI kann vom Anwender beispielsweise über die Transaktion JITM oder über das Programm zur Transaktion JITF im Hintergrund ausgeführt werden.
- REOR: Möchte man den gleichen Prozess noch einmal mit den gleichen IDOCs und der gleichen Produktionsnummer durchlaufen, kann der JIT-Abruf mit der JIT-Aktion REOR unwiderruflich gelöscht werden. Die JIT-Aktion REOR kann vom Anwender beispielsweise über die Transaktion JITM oder über das Programm zur Transaktion JITF im Hintergrund ausgeführt werden.

Der hier beschriebene Beispielprozess zeigt einen simplen Ablauf im SAP JIT. Dieser kann je nach Kundenwunsch angepasst werden, um beispielsweise zu prüfen, wie das System mit Stornoprozessen (Warenausgang stornieren, Auslieferung löschen, Warenbewegung stornieren, etc.) und Nachbestellungen umgeht. Zudem können die in Kap. 3 erläuterten Funktionen wie beispielsweise der Einsatz der JIT-Aktion JIT2 oder der Transaktion JIT5 zur manuellen Änderung des Bedarfsdatums/der Sequenznummer eingesetzt werden. Des Weiteren kann der Prozess mit der Fakturierung bzw. dem SD-Gutschriftsverfahren abgeschlossen werden.

4.4.3 Beispielprozess für produktionssynchrone Abrufe (PAB) mit Lieferquittierung

In einem weiteren Beispielprozess wird der Ablauf aus Abschn. 4.4.2 einerseits leicht im EDI-Eingang beim Empfang der Impulse vom Kunden geändert und andererseits um den Empfang einer Lieferquittierung erweitert. Der grundsätzliche Aufbau der Grafik ist gleich der Abb. 4.13. Deshalb können die Rahmenbedingungen des Ablaufes in Abschn. 4.4.2 nachgelesen werden. Außerdem ist es ratsam für einen neuen prototypischen Prozess einen neuen JIT-Kunden anzulegen, damit die Prozesse nicht nur im SAP JIT, sondern auch in den angrenzenden Modulen wie zum Beispiel dem FI unterschieden werden können (beispielsweise Anzeige von getrennten Debitoren Einzelpostenlisten nach der Fakturierung – Transaktion FBL5N). JIT spezifische Stammdaten für den Beispielprozess mit Lieferquittierung können angelehnt am Abschn. 4.4.1 angelegt werden. Die nachfolgende Grafik in Abb. 4.17 zeigt einen prototypischen Prozess mit Lieferquittierung im SAP-Standard.

In diesem Szenario wird eine klassische JIT/JIS-Beziehung zwischen Kunde und Zulieferer mit TSL-Abwicklung und ohne JIT-Outbound Abwicklung zu einem Sublieferanten dargestellt. Der Zulieferer empfängt in diesem Beispiel zwei unterschiedliche Impulse per JIT-Abruf. Im ersten Impuls – hier Planabruf genannt – werden dem Zulieferer die Abrufkomponenten und somit die zu fertigende Variante übermittelt. Anschließend erfolgt die Aktualisierung des Abrufs mit dem Sequenzabruf, der die finale Sequenznummer und keine weiteren Abrufkomponenten beinhaltet. Über die

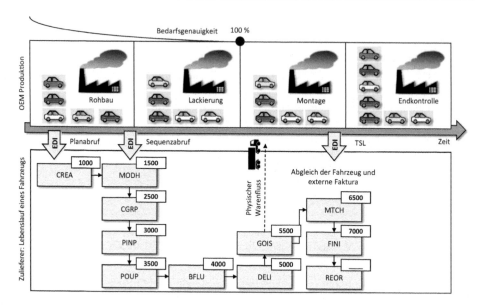

Abb. 4.17 Beispielprozess für PABs mit Lieferquittierung

Transaktion WE19 können die Impulse mit einem SEQJIT03-IDOC simuliert werden. Hierfür kann ein ähnliches IDOC wie aus Tab. 4.2 verwendet werden. Wenn ein neuer JIT-Kunde angelegt wurde, müssen die Lieferantennummer und das Kundenwerk entsprechend des neuen JIT-Kunden im Business Partner/Debitor angepasst werden. Das SEQJIT03-IDOC wird außerdem mit dem gewünschten Impuls im Feld EXSTI gefüllt. Handelt es sich um einen Sequenzabruf, sollte die Sequenznummer im Feld SEQNR im Segment E1KSJCL enthalten sein. Für die Verarbeitung der EDI-Nachrichten mit einem Planabruf und einem Sequenzabruf wird die Abrufsteuerung aus Abb. 4.18 benötigt. Die externe Abrufsteuerung enthält nicht die Fälle, wenn ein Planabruf zur gleichen Produktionsnummer mehrmals empfangen wird. Bei Bedarf kann die externe Abrufsteuerung individuell angepasst werden.

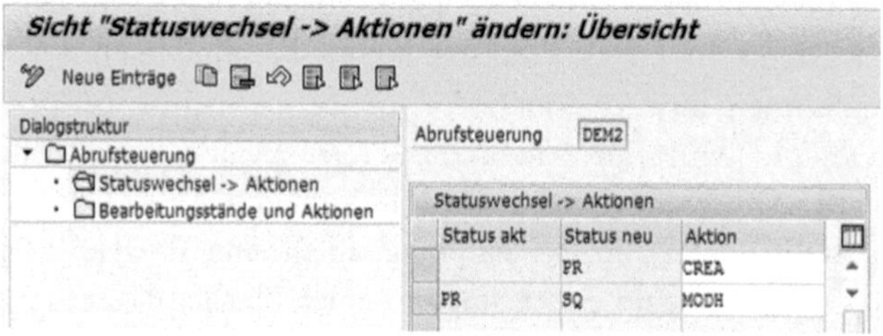

Abb. 4.18 Exemplarische externe Abrufsteuerung für PAB mit Lieferquittierung

Abb. 4.19   Exemplarische interne Abrufsteuerung für PAB mit Lieferquittierung

Die Abrufsteuerung muss mit der Definition der internen Abrufsteuerung vervollständigt werden. Es wird angegeben, in welchem internen Bearbeitungsstand der Abruf sein muss, um die Neuanlage oder die Änderung des JIT-Abrufes durchführen zu können. Anschließend werden die internen Prozessabläufe über die gewünschten JIT-Aktionen definiert, siehe Abb. 4.19.

Die in Abb. 4.19 eingestellte Abrufsteuerung enthält nach dem EDI-Eingang die gleichen JIT-Aktionen wie der Beispielprozess für produktionssynchrone Abrufe (PAB), mit Ausnahme der Lieferquittierung mit der JIT-Aktion MTCH. Nach dem EDI-Eingang findet die Gruppierung bzw. die Gestellbildung vor der Produktion statt. Im Anschluss daran erfolgt die Produktionsfreigabe mit dem Druck der zu kommissionierenden Teile für die Endmontage (JIT-Aktion PINP). Die Produktion findet ohne weitere Rückmeldung ins SAP JIT statt. Erst wenn die Endmontage abgeschlossen ist, findet über das manuelle Ausführen der JIT-Aktion POUP die Fertigmeldung aus der Produktion statt und gleichzeitig wird die Gestellliste gedruckt (Teilaktion PICK zur verketteten Aktion POUP). Über einen beispielsweise im Hintergrund eingeplanten Job wird die JIT-Aktion BFLU ausgeführt. Um den Prozess abweichend zum ersten Beispielprozess aus Abschn. 4.4.2 zu gestalten, kann in der Transaktion JITL für die Abrufkomponente die Rückmeldung in der Serienfertigung eingestellt werden. Es ist darauf zu achten, dass nicht die gleichen Materialnummern wie im ersten Beispielprozess verwendet werden, damit die JIT-Aktion BFLU sowohl für die Umlagerung der Abrufkomponenten (Abrufsteuerung DEM1, siehe Abb. 4.16) als auch für die Rückmeldung in der Serienfertigung (Abrufsteuerung DEM2, siehe Abb. 4.19) angewendet werden kann. Alle relevanten Einstellungen für die Rückmeldung in der Serienfertigung sind in Abschn. 3.4.25 zur JIT-Aktion BFLU hinterlegt. Die Fertigungsversion zum Teilegruppenmaterial wird in diesem Fall (=Rückmeldung in der Serienfertigung) nicht benötigt und kann aus der Transaktion JITV – falls gepflegt – entfernt werden.

Nach der Erstellung der Auslieferung (JIT-Aktion DELI) und der Warenausgangsbuchung (JIT-Aktion GOIS) wird die physische Belieferung des Kunden in Sequenz
durchgeführt. Der Kunde bucht den Wareneingang der Abrufkomponenten und bestätigt
dies durch eine Lieferquittierung (=auch Tagessammellieferschein genannt) an den
Zulieferer. Die Lieferquittierung muss im SAP-System als ein IDOC vom Nachrichtentyp DELCON (Basistyp GSVERF03) empfangen werden. Über den Vorgangscode
DLCN wird die EDI-Eingangsverarbeitung angestoßen und der logistische Mengenabgleich wird gestartet. Am Ende der Verarbeitung wird eine externe Faktura erzeugt.
Welche JIT-Abrufe abgeglichen, nicht abgeglichen wurden bzw. eine Nacharbeit
erfordern, ist über die Transaktionen DLC2 und DLCN ersichtlich. Hierüber kann auch
die JIT-Aktion MTCH durchgeführt werden, um den internen Bearbeitungsstand fortzuschreiben. In der Transaktion DLCN kann der Abgleich zurückgenommen werden, dann
wird das SAP JIT die JIT-Aktion UDMT ausführen. Dies kann nur durchgeführt werden,
wenn die Abrufsteuerung aus Abb. 4.19 um die JIT-Aktion UDMT erweitert wird.

Bei dem Prozess der Lieferquittierung ist darauf zu achten, dass die Verkaufsbelegart LZJQ (JIT-Lieferplan (LQ)) angewendet wird, da ansonsten keine externe Faktura
erzeugt wird und der logistische Abgleich der Abrufkomponenten nicht stattfinden kann.

Der Prozess wird mit dem Abschluss der Teilegruppen (JIT-Aktion FINI) beendet.
Falls für den Ablauf die gleichen Produktionsnummern verwendet werden sollen, können die JIT-Abrufe mit der JIT-Aktion REOR gelöscht werden. Die zugehörigen IDOCs
werden nicht gelöscht und können weiterhin als Vorlage für ein erneutes Anlegen von
JIT-Abrufen genutzt werden.

Die im Beispielprozess für produktionssynchrone Abrufe (PAB) mit Lieferquittierung
genannten JIT-Aktionen können einerseits manuell beispielsweise über die Transaktion
JITM oder im Hintergrund über die Transaktion JITF gestartet werden. Andererseits
kann es auch sinnvoll sein, eine für RF-Scanner optimierte Transaktion (z. B. JIT6RF)
zu verwenden, um die gewünschte JIT-Aktion auszuführen. Dies wurde exemplarisch für
den ersten Beispielprozess in Abschn. 4.4.2 beschrieben.

4.4.4 Beispielprozess für produktionssynchrone Abrufe (PAB) mit JIT-Outbound

In einem dritten Beispielprozess werden produktionssynchrone Abrufe (PAB) vom
Kunden an den Zulieferer übermittelt und an einen Sublieferanten über JIT-Outbound
weitergegeben. Als Grundlage für die Stammdaten kann weiterhin der Abschn. 4.4.1 als
Vorlage dienen. Es ist zu empfehlen, für einen neuen prototypischen Prozess einen neuen
JIT-Kunden anzulegen, um die Prozesse sowohl im SAP JIT als auch in angrenzenden
Modulen klar unterscheiden zu können. Im Vergleich zu den bisherigen zwei Beispielprozessen unterscheidet sich der Eingang der EDI-Nachrichten. Zudem werden
die empfangenden Sequenznachrichten über JIT-Outbound an einen Sublieferanten
weitergegeben, der eine Anlieferung der gefertigten Teile in Sequenz an den Zulieferer
durchführt.

Betrachtet man die Abb. 4.20 findet man viele Elemente aus dem ersten Prozess aus Abb. 4.13 wieder. Deshalb können Detailinformationen des Ablaufes in Abschn. 4.4.2 nachgelesen werden, wenn die zutreffende JIT-Aktion auch im dritten Beispielprozess angewendet wird.

In diesem Ablauf sendet der Kunde wie im ersten Beispielprozess, siehe Abschn. 4.4.2 drei verschiedene Impulse an den Zulieferer. Die Vorschaunachricht enthält den Abrufumfang und die zu fertigende Variante ohne Sequenznummer. Der zweite Impuls – hier Planabruf genannt – aktualisiert die Abrufkomponenten und enthält eine Sequenznummer, die relativ stabil ist und als Plansequenz an den Sublieferanten weitergegeben wird. Der dritte Impuls enthält die finale Sequenznummer und aktualisiert im Gegensatz zum ersten Beispielprozess nicht nur den Abrufkopf, sondern auch die Abrufposition, da die verkettete Aktion PINP die Teilaktion PIN enthält, die in sich die Programmlogik der JIT-Aktion MODI ausführt. Die Simulation der Abrufe vom Kunden kann über die Transaktion WE19 mit einem SEQJIT03-IDOC durchgeführt werden. Die Tab. 4.2 mit den hinterlegten Beispielwerten kann als Vorlage für die Testnachrichten verwendet werden. Bei der Verwendung eines neuen JIT-Kunden müssen sowohl die Lieferantennummer als auch das Kundenwerk im Business Partner/Debitor abgeändert werden. Das SEQJIT03-IDOC wird außerdem mit dem gewünschten Impuls im Feld EXSTI gefüllt. Handelt es sich um einen Sequenzabruf, sollte die Sequenznummer im Feld SEQNR im Segment E1KSJCL enthalten sein. Die Abb. 4.21 zeigt die externe Abrufsteuerung, die für die Verarbeitung der drei Impulse benötigt wird. Im Prozess sind

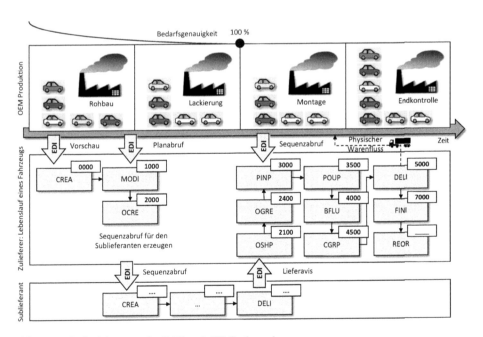

Abb. 4.20 Beispielprozess für PABs mit JIT-Outbound

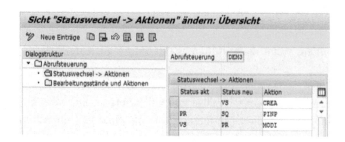

Abb. 4.21 Exemplarische externe Abrufsteuerung für PAB mit JIT-Outbound

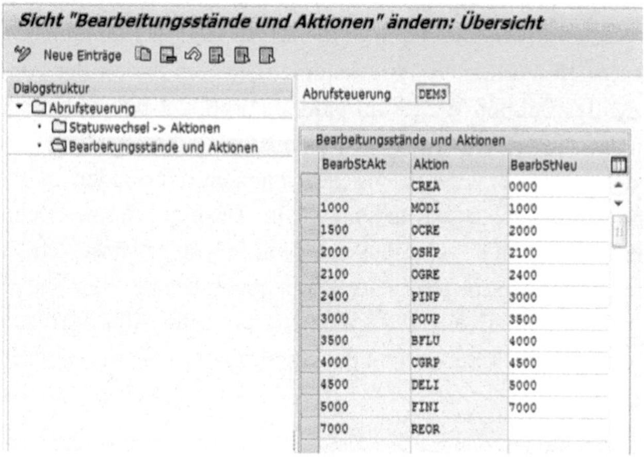

Abb. 4.22 Exemplarische interne Abrufsteuerung für PAB mit JIT-Outbound

nicht die Fälle abgedeckt, dass die Vorschaunachricht durch eine weitere Vorschaunachricht oder der Planabruf durch einen weiteren Planabruf aktualisiert werden kann. Ein Planabruf kann auch nur im System verarbeitet werden, wenn zuvor eine Vorschaunachricht empfangen wurde. Genauso verhält es sich für den Sequenzabruf, dieser benötigt in diesem Testbeispiel zwingend einen vorhergehenden Planabruf. Die externe Abrufsteuerung kann nach eigenen Wünschen angepasst bzw. erweitert werden und dient lediglich als Anschauungsbeispiel.

Damit die in Abb. 4.21 hinterlegten JIT-Aktionen ausgeführt werden können, muss die interne Abrufsteuerung ausgeprägt werden. Diese ist für den dritten Beispielprozess in Abb. 4.22 zu sehen.

Mit dem Eingang der Vorschaunachricht wird im SAP JIT über die JIT-Aktion CREA der JIT-Abruf angelegt. Im Anschluss daran erfolgt die Änderung des gesamten Abrufumfangs mit der JIT-Aktion MODI, wenn der Planabruf im System verarbeitet wird. Nicht nur die Abrufkomponenten, sondern auch die Sequenznummer werden in diesem Prozessschritt festgesetzt. Die zu fertigende Variante soll von einem Sublieferanten produziert und beim Zulieferer in Plansequenz angeliefert werden. Deshalb wird mit der

JIT-Aktion OCRE der Outbound Abruf zum Inbound Abruf erzeugt und im gleichem Zuge ein SEQJIT03-IDOC an den Unterlieferanten versendet. Dies kann automatisiert über einen zeitlich im Hintergrund eingeplanten Job (Programm der Transaktion JITF) ausgeführt werden. Wenn der Unterlieferant als eigenes Werk abgebildet werden soll und das ausgehende SEQJIT03-IDOC im JIT-Inbound des produzierenden Werkes verarbeitet werden soll, muss die Abrufsteuerung entsprechend angelegt werden. Vom Sublieferanten wird vor der physischen Anlieferung erwartet, dass ein Lieferavis per EDI mit der entsprechenden Produktionsnummer an den Zulieferer übertragen wird. Im SAP-System des Zulieferers wird dadurch eine Anlieferung angelegt, die mittels JIT-Aktion OSHP den internen Bearbeitungsstand im SAP JIT fortschreibt. Sobald die zu fertigende Variante vom Sublieferanten beim Zulieferer eingetroffen ist, kann die Wareneingangsbuchung über die JIT-Aktion OGRE zur Anlieferung stattfinden. Diese kann beispielsweise mit einer RF-optimierten Transaktion für Scanner, z. B. Transaktion JIT6RF erfasst werden. Der Prozess wird weitergeführt, wenn der Sequenzabruf mit der finalen Sequenznummer vom Kunden an den Zulieferer übertragen wird. Per externer Abrufsteuerung ist eingestellt, dass bei einem Sequenzabruf die verkettete JIT-Aktion PINP abläuft. Der gesamte Abrufumfang wird gemäß des IDOCs vom Kunden geändert, die Übergabe an die Produktion erfolgt und die zu kommissionierenden Teile werden auf einer Liste abgedruckt. Im Produktionsprozess können in diesem Szenario Nacharbeiten stattfinden, um das zu fertigende Produkt zu verändern, wenn sich die Abrufvariante vom Kunden über den Sequenzabruf geändert hat. Wenn sich die Variante nicht geändert hat, kann im Produktionsprozess eine Endkontrolle eingeplant werden, ob alle Abrufkomponenten vom Sublieferanten korrekt verbaut wurden. Wurde der Sequenzabruf beim Zulieferer verarbeitet und zu diesem Zeitpunkt wurde vom Sublieferanten noch keine bestellten Teile angeliefert, so muss der Zulieferer in den meisten Fällen einen Dummy an den Kunden ausliefern. Dies verhindert, dass beim Kunden die Montagelinie zum Stehen gebracht wird. Der Prozess erfolgt in diesem Beispiel ohne Systemunterstützung.

Die Rückmeldung aus der Produktion bzw. aus der Endkontrolle erfolgt in diesem Szenario über die JIT-Aktion POUP, die einerseits das Kennzeichen „Ende der Produktion" und andererseits die Komponentenliste druckt. Die Komponentenliste kann der Abrufvariante beigelegt werden. Die nächste JIT-Aktion bucht die Komponenten vom Produktionslagerort in den Versandlagerort und führt dadurch mit der JIT-Aktion BFLU eine Umlagerung durch. Im Anschluss erfolgt die Gestellbildung vor dem Versand mit der JIT-Aktion CGRP. Die Liefererstellung (JIT-Aktion DELI) erzeugt den Lieferbeleg mit Referenz zum JIT-Lieferplan und erhöht einerseits die Fortschrittszahlen und dient andererseits als Grundlage zur Erzeugung der Versandpapiere. Die zu fertigende Abrufvariante wird physisch in der richtigen Reihenfolge im vom Kunden gewünschten Gestell mit der Komponentenliste und den Versandpapieren verschickt. Die Warenausgangsbuchung findet in diesem Beispielprozess nicht über die JIT-Aktion GOIS statt und wird autark vom SAP JIT ausgeführt. Über die klassischen Transaktionen VL02N oder VL06G werden die SD-Auslieferungen Warenausgang gebucht. In der Steuerung der Lieferungserstellung darf der Haken „Statusupdate bei WA" nicht gesetzt sein.

Die Teilegruppen werden mit der JIT-Aktion FINI abgeschlossen, die beispielsweise per Hintergrundjob mit der Transaktion JITF ausgeführt wird. Wenn man die
gleichen IDOCs erneut für das Durchbuchen des Prozesses verwenden möchte, können
die relevanten JIT-Abrufe gelöscht werden (JIT-Aktion REOR). Im Prozess wurde der
Geradeausfall ohne Nachbestellungen zum Sublieferanten dargestellt. Falls Stornofälle
(beispielsweise Storno der Warenausgangsbuchung, dem Löschen der SD-Auslieferung
oder dem Storno der Warenbewegung zur Umlagerung) vorgenommen werden sollen,
muss der JIT-Prozess entsprechend erweitert werden.

Im dritten Beispielprozess können die jeweiligen JIT-Aktionen analog dem ersten und
dem zweiten Beispielprozess manuell per Transaktion JITM oder JITF ausgeführt werden. Gleichzeitig besteht die Möglichkeit die Prozesse über die Hintergrundverarbeitung
zu starten oder weitere Transaktionen aus dem Abschn. 3.11 anzuwenden.

4.4.5   JIT-Aktionen ausführen

In den Beispielprozessen wurde bereits beschrieben, dass eine JIT-Aktion per EDI-
Eingang, per Hintergrundjob (beispielsweise über die Transaktion JITF) oder manuell
durch den Anwender (beispielsweise über die Transaktion JITM) ausgeführt werden
kann. Die Einordnung, wie eine JIT-Aktion ausgeführt wird, ist kundenindividuell und
muss gemäß den Prozessanforderungen entschieden werden.

Die JIT-Aktionen CREA, MODI, MODH, MOD* werden im SAP-Standard hauptsächlich über den EDI-Eingang und daher über die externe Abrufsteuerung ausgeführt.
Weitere JIT-Aktionen können sowohl über die externe Abrufsteuerung per EDI verarbeitet werden (siehe Aktion PINP aus dem dritten Beispielprozess), per Hintergrundverarbeitung oder manuell vom Benutzer. Die Abb. 4.23 zeigt eine exemplarische
Einordnung, wie eine JIT-Aktion ausgeführt wird. Dabei orientiert sich die Grafik am
ersten Beispielprozess.

In der Abb. 4.23 ist zu sehen, dass lediglich die JIT-Aktionen POUP und DELI vom
Benutzer manuell ausgeführt werden. Alle anderen JIT-Aktionen werden über Programme aus dem SAP JIT prozessiert. Auch wenn die Programme automatisch im
Hintergrund ablaufen, bedarf es einem Monitoring, um zu prüfen, ob alle Daten erfolgreich verarbeitet wurden. So muss beim EDI-Eingang mit der Transaktion EMJIT
geprüft werden, ob EDI-Nachrichten auf Fehler gelaufen sind. Bei der JIT-Aktion BFLU
werden auf Fehler gelaufene Warenbewegungen in der Transaktion JITB gesichert, die
vom Anwender manuell nachbearbeitet werden müssen. Das Monitoring unterscheidet
sich je nach verwendeter JIT-Aktion. Auch die Transaktion JITM ist ein gutes Mittel um
zu prüfen, in welchem externen Status und internen Bearbeitungsstand der JIT-Abruf ist.
Über das Aktionsprotokoll kann angezeigt werden, welche JIT-Aktion wann, von welchem Benutzer und über welche Transaktion ausgeführt wurde. Es wird nochmals darauf
hingewiesen, dass die in Abb. 4.23 dargestellte Einordnung eine exemplarische Einordnung ist, die individuell je Prozess festzulegen ist.

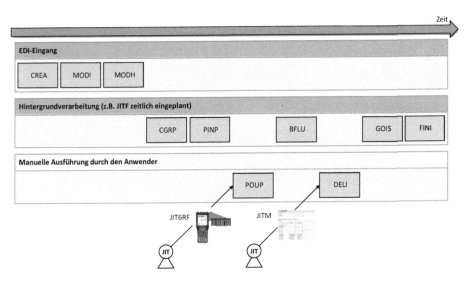

Abb. 4.23 Einordnung, wie die JIT-Aktion ausgeführt wird

4.5 Zusammenfassung

In Kap. 4 wurde die Vorgehensweise zur Einführung von SAP JIT beschrieben. Nach der Definition der Rahmenbedingungen, der Abhängigkeiten und der Projektorganisation für ein Projekt werden die fachlichen Anforderungen an einen JIT/JIS-Prozess aufgenommen. Diese dienen als Grundlage für die Implementierungsphase. Ein Prototyp kann bei der Festlegung der Anforderungen unterstützen, wenn die Funktionalität von SAP JIT noch nicht bekannt oder noch nicht ausreichend bekannt ist. Drei verschiedene Beispielprozesse wurden im SAP-Standard in Abschn. 4.4 aufgezeigt. Diese helfen dem Anwender einerseits den Ablauf der Prozesse mit SAP JIT zu verstehen und andererseits zu prüfen, welche Mittel der SAP-Standard bietet und welche nicht. Dies erleichtert die Identifizierung von Entwicklungsobjekten. In der Praxis werden eine Reihe von Entwicklungsobjekte für einen einsatzfähigen JIT/JIS-Prozess benötigt. Dies betrifft beispielsweise den Umgang mit Sequenzprüfungen. Die Sequenznummer kann je OEM anders aufgebaut sein und muss kundenindividuell geprüft werden. Wenn eine Sequenzlücke erkannt wird, muss entschieden werden, wie diese Information weiterverarbeitet wird. Zum Beispiel kann eine E-Mail an den betreffenden Mitarbeiter mit der Information der Sequenzlücke versendet werden. Diese Sequenzprüfung mit E-Mailversand stellt eine Anforderung dar, die in der Konzeptphase beschlossen werden muss und die über den SAP-Standard hinausgeht.

Neben der Herangehensweise an einen JIT/JIS-Prozess aus Kap. 4 und den darin beschriebenen Beispielprozessen hilft das Kap. 3 als eine Art Baukasten, damit entschieden werden kann, welche Funktionalität als Bauelement für die kundenindividuellen Anforderungen entnommen und angewendet werden kann.

Systemübergreifende Geschäftsprozesse

5

Kap. 5 gibt einen Überblick über das Zusammenspiel von SAP JIT mit externen Systemen, die sowohl ein SAP-System als auch ein non-SAP-System sein können. Die Kommunikation findet immer über Schnittstellen statt, die im SAP JIT nicht im SAP-Standard vorhanden sind. Außerdem wird die Thematik des Notfallbetriebs beschrieben. Die Notfallszenarien können im eigenen SAP JIT ablaufen, wenn die Anforderungen an den Notfallprozess mit SAP JIT und gegebenenfalls mit Entwicklungen abgedeckt werden können. In der Praxis werden auch non-SAP-Notfallsysteme verwendet, die wiederum mittels Schnittstelle versorgt werden müssen.

5.1 SAP als Technologiebasis für JIT/JIS-Prozesse

Die Funktionalität des SAP JIT wurde ausreichend in Kap. 3 erläutert und wird aus diesem Grund in diesem Kapitel nur um die Thematik der Schnittstellen an externe Systeme erweitert. Eine Schnittstelle an externe Systeme ist aus dem SAP JIT nicht im SAP-Standard vorhanden. Zwar können SEQJIT03-IDOCs an einen beliebigen Partner anhand der Partnervereinbarung und JIT-Outbound versendet werden. Doch benötigt man hierfür ein lauffähiges JIT-Outbound, das wiederum eine Reihe von Stammdaten erfordert. Der Aufwand für den Einsatz von JIT-Outbound, um eine Schnittstelle im SAP-Standard zu einem externen System zu realisieren, steht nicht im Verhältnis zu seinem Nutzen. Des Weiteren muss man sich bewusst sein, dass die Daten des SEQJIT03 im JIT-Outbound an einen Sublieferanten gesendet werden und dadurch nicht die Anforderungen an ein externes System erfüllt sein müssen. Wenn ein externes System angebunden wird, wird die Entwicklung einer neuen Schnittstelle aus dem SAP JIT empfohlen (Ausnahme: SAP BI-Lösungen; hier gibt es andere Lösungen aus der BI-Lösung um die Daten vom ERP abzuziehen). Die Technologiebasis ist abhängig von der Verwendung der Schnittstelle

© Springer-Verlag GmbH Deutschland, ein Teil von Springer Nature 2019   221
T. Hummel, *Praxishandbuch JIT/JIS mit SAP®*, https://doi.org/10.1007/978-3-662-58512-2_5

und des externen Systems. Es ist darauf zu achten, dass bei mehreren externen Schnittstellen, möglichst die gleiche Schnittstellenlogik verwendet wird, um so den Aufwand der
Implementierung gering zu halten. Schnittstellen zu Fremdsystemen können beispielsweise über eine asynchrone Schnittstelle per IDOC realisiert werden. Die Verwendung
und Befüllung eines SAP-Standard Basistypen SEQJIT03 ist für den Praxiseinsatz nicht
empfehlenswert. Das Standard IDOC SEQJIT03 wird für den EDI-Eingang vom OEM
verwendet und kann nicht alle Daten hinterlegen, die in den SAP JIT Tabellen hinterlegt sind. Beispielsweise kann es sinnvoll sein, das externe System über den externen
Status des JIT-Abrufs zu informieren. Doch im SEQJIT03-IDOC kann nur die externe
Statusinformation hinterlegt werden. Ein Mapping von externer Statusinformation in den
externen Status müsste erneut auch im externen System durchgeführt werden. Ein weiteres Beispiel ist, dass kein Feld im SEQJIT03-IDOC für das Nachbestellungskennzeichen
vorhanden ist. Das Kennzeichen wird im SAP JIT aus der externen Statusinformation
und dem Customizing zum externen Status abgeleitet. Diese Ableitung müsste ebenfalls
im externen System durchgeführt werden, wenn auf ein SEQJIT03-IDOC gesetzt wird.
Diese Beispiele zeigen nur einige Fälle, bei denen Informationen aus den SAP JIT Tabellen nicht im SEQJIT03 hinterlegt werden können. Ein weiterer Grund ist die Limitierung
der Felder im SEQJIT03-IDOC bei kundeneigenen Feldern, die in der Praxis häufig vorkommen. Wenn kundeneigene Felder in den Tabellen JITHD (Abrufkopf), JITIT (Teilegruppe) oder anderen JIT-Tabellen bzw. JIT-Textfeldern verwendet werden, die an das
Partnersystem kommuniziert werden sollen, dann müssen diese Informationen in ein
eigenes Feld im IDOC-Segment hinterlegt werden. Das SAP-Standard SEQJIT03-IDOC
hat allerdings keine zusätzlichen Felder frei, um zusätzliche Information zu speichern.
Die Erweiterung des SEQJIT03-IDOCs ist nur per Modifikation des SAP-Standards
möglich, wovon definitiv abgeraten wird. Die Lösung ist die Erstellung eines eigenen
IDOC-Typs zum Speichern aller benötigten JIT-Daten. Dieser IDOC-Typ kann kundenindividuell festgelegt und auf die Anforderungen des Prozesses und der Fremdsysteme
abgestimmt werden. Das nachfolgende Beispiel zeigt in Abb. 5.1 einen Aufbau, in dem
alle JIT-Informationen aus den JIT-Tabellen abgelegt werden können. Somit hat das
Partnersystem die Chance alle benötigten Daten zu interpretieren, die es benötigt. Nicht
verwendete Daten werden vom Partnersystem ignoriert.

Die Abb. 5.1 zeigt das kundeneigene ZSEQJIT03-IDOC, das aus mehreren Z-Seg-
menten besteht. Jedes Z-Segment beinhaltet die Felder aus den SAP-Standard JIT-
Tabellen, die hier nicht aufgelistet sind, die aber anhand der Tabellendefinition in der
Transaktion SE11 ermittelt werden können. Der jeweilige Tabellenname zum Z-Segment
ergibt sich aus der Segmentdefinition in Abb. 5.1.

- Z1JITHD: Das Segment enthält die Informationen aus der Tabelle JITHD wie beispielsweise den JIT-Kunden, die Produktionsnummer, das Nachbestellungskennzeichen und die Sequenznummer. Das Segment kommt je IDOC genau einmal vor.
- Z1JITHD_APP: Falls die Tabelle JITHD um kundeneigene Felder über eine
  Append-Struktur erweitert wird, können diese Felder im Segment Z1JITHD_APP

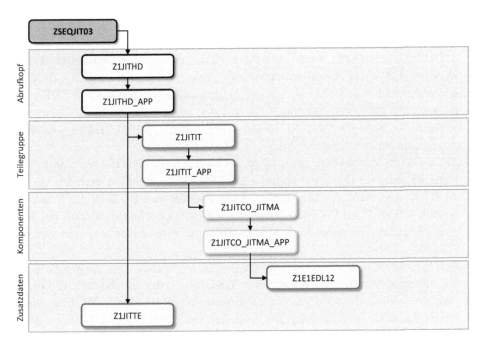

Abb. 5.1 Exemplarisches ZSEQJIT03-IDOC

hinterlegt werden. Die Zuordnung zwischen Z1JITHD und Z1JITHD_APP erfolgt über die Abrufnummer. Das Segment kann je IDOC genau einmal vorkommen.

- Z1JITIT: Die Tabelle JITIT für die Teilegruppen werden im Segment Z1JITIT hinterlegt, speichert neben dem externen Status, den internen Bearbeitungsstand und auch die Daten zur Gestellbildung. Das Segment kann n-mal im IDOC vorkommen. Je Teilegruppe genau ein Segment. In der Praxis empfiehlt sich genau ein IDOC je Teilegruppe zu erzeugen, da eine Teilegruppe produziert und ausgeliefert wird. Ebenfalls wird empfohlen, dass externe Systeme genau ein IDOC für eine Teilegruppe erzeugen, um den internen Bearbeitungsstand teilegruppengenau zurückzumelden. Beispielsweise kann innerhalb eines JIT-Abrufes eine Rückmeldung vom MES erfolgen, bei dem eine Teilegruppe erfolgreich produziert wurde und die andere Teilegruppe eine Nacharbeitsschleife ziehen muss.
- Z1JITIT_APP: Analog zum Segment Z1JITHD kann auch die Tabelle JITIT um kundeneigene Felder erweitert werden. Wenn das der Fall ist, werden diese Informationen im Segment Z1JITIT_APP gesichert. Je Segment Z1JITIT gibt es genau ein Segment Z1JITIT_APP. Die Zuordnung zum Segment Z1JITIT erfolgt über den Primärschlüssel zur Teilegruppe.
- Z1JITCO_JITMA: Das Segment Z1JITCO_JITMA ist eine Kombination aus den Tabellen JITCO und JITMA und hinterlegt neben der Abrufkomponente, der Abrufmenge auch die JIT-Lieferplannummer. Das Segment kommt n-mal je Segment Z1JITIT vor.

Eine Teilegruppe kann aus n-verschiedenen Abrufkomponenten und somit n-verschiedenen Z1JITCO_JITMA Segmenten bestehen.

- Z1JITCO_JITMA_APP: Wenn zusätzliche Felder an die Standardtabellen JITCO und/oder JITMA angehängt werden, können diese im Segment Z1JITCO_JITMA_APP zugeordnet werden. Die Verbindung zwischen Z1JITCO_JITMA und Z1JITCO_JITMA_APP kann über den Primärschlüssel der Teilegruppe und des JIT-Materials erfolgen. Das Segment Z1JITCO_JITMA_APP kann je Z1JITCO_JITMA genau einmal vorkommen.

- Z1E1EDL12: In manchen praktischen Fällen kann es sinnvoll sein, dass zum Materialstammsatz Klassifizierungen gepflegt werden, die an ein externes System im JIT-Prozess weitergegeben werden. Wenn dies der Fall ist, kann das Standardsegment E1EDL12 als Vorlage dienen und um kundenspezifische Felder für das Segment Z1E1EDL12 erweitert werden. Je Z1JITCO_JITMA kann es genau ein Segment Z1E1EDL12 geben.

- Z1JITTE: Wenn JIT-Referenztexte im JIT-Prozess angewendet bzw. zusätzliche Texte und Informationen zum Abrufkopf, zur Teilegruppe oder zu anderen JIT-Ebenen gesichert werden, dann werden diese Informationen in der Tabelle JITTE abgelegt. Das Segment Z1JITTE hinterlegt die Felder aus der Standardtabelle JITTE und kann je IDOC genau einmal vorkommen. Das Segment Z1JITTE wird über die Primärschlüssel Abrufnummer, Teilegruppe und JIT-Material eindeutig zugeordnet.

Das hier dargestellte Z-IDOC ist ein Beispiel und gibt einen Eindruck wieder wie eine Schnittstelle an ein Partnersystem per IDOC realisiert werden kann. Es zeigt keine fertige Lösung. Die jeweiligen JIT-Tabellen können aus Abschn. 3.10.1 geprüft werden.

Die Befüllung des IDOCs kann über eine JIT-Aktion realisiert werden, die auch gleichzeitig den Versand des IDOCs anstößt. In der Implementierung kann auch abgefragt werden, ob das Partnersystem verfügbar ist und nur dann kann die JIT-Aktion erfolgreich ablaufen. Die Implementierung einer neuen JIT-Aktion findet im Userexit EXIT_SAPLJIT04_001 (Erweiterung JIT04_01) statt. Die hierfür benötigten Tabellen bzw. Informationen zur Implementierung können in Abschn. 3.10.1 und 3.10.4 nachgelesen werden. Wenn keine asynchrone Schnittstelle verwendet werden soll, kann über eine RFC-Schnittstelle nachgedacht werden. Diese befüllt die Datenstruktur genauso wie beim IDOC-Verfahren mit allen benötigten Informationen aus dem SAP JIT und ruft den Funktionsbaustein des Partnersystems auf, um die Datenübertragung und -verarbeitung durchzuführen. Die Realisierung kann ebenfalls über eine eigene JIT-Aktion im Userexit EXIT_SAPLJIT04_001 (Erweiterung JIT04_01) stattfinden. Bei der Verwendung von mehreren Partnersystemen und einer generisch gültigen Lösung, kann ein kundeneigenes Stammdatenmodell angelegt werden, das per Konfiguration entscheidet, bei welchem Prozess und bei welchem Partnersystem welche Technologie, z. B. IDOC oder RFC-Schnittstelle angewendet wird. Weitere Schnittstellentechnologien neben IDOC und RFC sind denkbar und zu befürworten, wenn die Prozessanforderungen dies benötigen.

Wenn Daten an ein externes System gesendet werden, muss auch darüber nach-
gedacht werden, ob eine Datenübertragung vom externen System zurück an das SAP JIT
erfolgen soll. Die Rückmeldung zurück an das SAP JIT kann entweder synchron oder
asynchron erfolgen. Bei beiden Fällen ist darauf zu achten, wie mit etwaigen Fehlermeldungen umgegangen wird. Dies entscheidet auch, ob eine Rückmeldung asynchron
im jeweiligen Geschäftsprozess sinnvoll ist. Bei der Rückmeldung von einem MES-System kann beispielsweise eine synchrone Schnittstelle sinnvoll sein, damit der Anwender
im MES-System den Fehler sofort sieht, wenn im SAP JIT die relevante Funktion
nicht ausführbar ist. Bei der Schnittstelle zurück an das SAP-System sollte immer eine
JIT-Aktion ausgeführt werden, damit der Fortschritt im SAP JIT sichtbar ist und damit
das Aktionsprotokoll weiter beschrieben wird. Für die Ausführung der JIT-Aktion kann
BAPI_JITCALLIN_PERFORMACTION verwendet werden, der den Funktionsbaustein
JIT04_SET_ACTION_EXTERN zur Ausführung der Aktion aufruft.

Welche Schnittstellen mit welcher Technologiebasis realisiert werden müssen, ent-
scheiden die Prozessanforderungen, die vor einer Implementierung aufgenommen
werden, siehe Abschn. 4.1. Ergänzende Informationen zu praxisrelevanten Kundenerweiterungen sind auch in Abschn. 3.10.5 beschrieben.

5.2   Externe Systeme

In der Praxis können mehrere externe Systeme im Unternehmen existieren, um einen
JIT/JIS-Prozess erfolgreich ablaufen zu lassen. Dies hängt immer von der Organisation
des Unternehmens, der historisch gewachsenen IT-Infrastruktur und den Anforderungen
an die Systeme ab. Häufig findet man ein JIT/JIS-System vor, das nicht vollständig ins
Warenwirtschaftssystem integriert ist. Damit laufen Liefer-/Feinabrufe und Sequenzabrufe in getrennte Systeme ein. Im Gegensatz dazu hat das SAP-System seine Stärken
und der SAP JIT Prozess läuft integriert in einem System ab. Nicht nur die dispositiv
relevanten Funktionen laufen in einem System ab, sondern auch Mengen- und Werteflüsse werden Hand in Hand abgewickelt. In den nächsten Kapiteln werden typische
Szenarien und externe Systeme beschrieben, die in einem JIT/JIS-Prozess in der Praxis
vorkommen können. Sie dienen als Veranschaulichung, welche Herausforderungen es zu
bewältigen und welche Lösungsansätze eingesetzt werden können.

5.2.1   JIT/JIS-Systeme

In der Praxis kann es vorkommen, dass ein voll ausgeprägtes non-SAP JIT/JIS-Sys-
tem mit diversen Entwicklungen existiert und das Legacy Warenwirtschaftssystem von
einem neuen SAP-System abgelöst werden soll. Das non-SAP JIT/JIS-System soll aber
weiterhin bestehen bleiben. In diesem Fall lohnt es sich ein SAP JIT mit der Grundausprägung bereitzustellen, um die Vorteile eines integrierten Systems nicht zu verlieren.

Neben den Liefer- und Feinabrufen sollten auch die Sequenzabrufe in das SAP-System einlaufen, damit über die Transaktion JITH der Bedarfsabgleich stattfinden kann. Aus den gesicherten Sequenzabrufen werden durch den Bedarfsabgleich Feinabrufe generiert und die Bedarfssituation kann dadurch möglichst genau festgesetzt werden. Um diesen Fall im SAP-System abzubilden, muss das JIT-Inbound in seiner Grundausprägung vorhanden sein. Sowohl wichtige Stammdaten wie der JIT-Kunde, als auch Customizing zur Teilegruppenfindung sind notwendig, um die JIT-Abrufe im System zu verarbeiten. Die Daten können anschließend entweder durch das SAP JIT mit einer eigens entwickelten Schnittstelle an das non-SAP JIT/JIS-System weitergegeben werden oder die EDI-Daten laufen parallel in das SAP JIT und das non-SAP JIT/JIS-System vom EDI-Konverter ein. Die weiteren Funktionen wie beispielsweise eine Gestellbildung, die Versorgung des MES mit Daten oder der Druck von Formularen finden weiterhin im non-SAP JIT/JIS-System statt. Bei der Auslieferung der JIT-Abrufe ist darauf zu achten, dass auch SD-Auslieferungen im SAP-System erstellt werden, damit einerseits die Bedarfe abgebaut und andererseits die Lieferfortschrittszahlen im JIT-Lieferplan fortgeschrieben werden. Über die SD-Auslieferungen kann der Warenausgang gebucht und die Warenausgangsfortschrittszahl erhöht werden. Die Fortschrittszahlen bilden ein wichtiges Medium um in der Disposition nachzuvollziehen, welche Mengen ausgeliefert und welche Mengen unterwegs zum Kunden sind. Der Kunde meldet mit dem nächsten Liefer-/ Feinabruf die Eingangsfortschrittszahl, die mit den gelieferten Mengen verglichen werden kann. Ohne Erstellung der SD-Auslieferungen im SAP-System kann dieser Abgleich nicht durchgeführt werden und im SAP wird die dispositiv wirksame Menge ausgehend von den Liefer-/Feinabrufen nicht abgebaut. Für die Erstellung der SD-Auslieferungen im SAP-System wird die JIT-Aktion DELI ausgeführt, die mittels neu zu programmierender Schnittstelle angestoßen werden muss. Lieferpapiere können anschließend bei Bedarf im SAP gedruckt werden.

Es zeigt sich, dass auch ein non-SAP JIT/JIS-System mit einem SAP ERP-System verbunden werden kann und weiterhin die Vorteile eines integrierten SAP-System genutzt werden können. Um allerdings sowohl den Bedarfsabgleich mit der Transaktion JITH durchführen zu können und die dispositiv wirksame Menge durch die Erstellung von SD-Auslieferungen abzubauen, sind mindestens zwei Schnittstellen notwendig. Aus diesem Grund muss in einer Konzeptphase geprüft werden, ob es sinnvoll ist, das non-SAP JIT/JIS-System weiterhin in Betrieb zu nehmen oder alle Funktionalitäten komplett im SAP JIT zu integrieren und das non-SAP JIT/JIS-System abzulösen. Eine weitere Möglichkeit wäre das non-SAP JIT/JIS-System ohne die Grundausprägung des SAP JIT zu nutzen. In diesem Fall würde die Bedarfsgenauigkeit sinken und der Bedarfsabbau mit SD-Auslieferungen fehlt. Von letzterem Fall wird abgeraten. Es ist darauf zu achten, dass SAP JIT genauso lizenzpflichtig ist, wenn nur eine Grundausprägung im SAP-System vorhanden ist. Die Ausbaustufe des SAP JIT hat keine Auswirkung auf das Lizenzmodell. Im Fall von S4/Hana fallen keine Lizenzkosten an, wenn ausschließlich auf S4/Hana gesetzt wird. Die SAP JIT Funktionalität ist unter S4/Hana in den S4CORE übergewandert.

5.2.2 Lagerverwaltungssysteme

SAP JIT kann im SAP-Standard nicht mit externen Lagerverwaltungssystemen kommunizieren. Dies betrifft sowohl SAP als auch non-SAP Lagerverwaltungssysteme. Trotzdem kann es für den Prozess sinnvoll sein, externe Lagerverwaltungssysteme zu verwenden. Rein von der Definition des JIT/JIS schließt sich die Lagerung von sequenzierten Teilen und somit die Kopplung des SAP JIT mit einem Lagerverwaltungssystem aus, da durch eine JIT/JIS-Einführung die Verminderung von Lagerbeständen, die Reduzierung der Kapitalbindung und eine höhere Durchlaufzeit erreicht werden soll. Deshalb sollte bei der Konzeption eines Prozesses genau geprüft werden, ob es sinnvoll ist, SAP JIT mit einem Lagerverwaltungssystem zu verbinden. In einem klassischen JIT/JIS-Prozess bei dem der Zulieferer auf Basis des Sequenzabrufes die Endmontage beginnt und nach wenigen Stunden ausliefert, ist keine Zwischenlagerung vor dem Versand erforderlich. Würde eine Lagerhaltung nach der Endmontage eingeführt werden, würden die Vorteile des JIT/JIS minimiert werden. Sowohl Lagerfläche für die Zwischenlagerung würde benötigt als auch die Durchlaufzeit der Materialien würde erhöht werden.

Die Verbindung eines SAP JIT mit einem Lagerverwaltungssystem kann dennoch sinnvoll sein, wenn es die Prozessanforderungen verlangen und es nicht völlig dem Prinzip des JIT/JIS widerspricht. Im folgenden Fall ist die Verbindung mit einem externen Lagerverwaltungssystem möglich, siehe Abb. 5.2.

Auf Basis des Planabrufes startet der Zulieferer die Endmontage des Produkts. Dies setzt voraus, dass ab dem Planabruf die zu fertigenden Varianten stabil sind. Nach der Endmontage und somit mit dem Sequenzabruf dürfen keine Änderungen der Abrufkomponenten durchgeführt werden, da ansonsten Produkte eingelagert werden, die vom Kunden mit anderen Komponenten abgerufen werden. Mit Planabruf ist ein Impuls gemeint, der sich für den Start der Endmontage eignet. Nach der Endmontage findet die Einlagerung in das Lagerverwaltungssystem statt. Dies ist nur sinnvoll, wenn eine Einlagerung nicht nur wenige Stunden vorgenommen wird. Die Auslagerung aus dem Lagerverwaltungssystem und der physische Versand der JIT-Abrufe findet über den

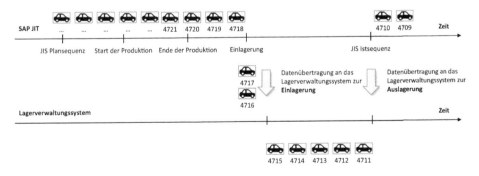

Abb. 5.2 Beispielhafte Kommunikation zwischen SAP JIT und einem Lagerverwaltungssystem

Sequenzabruf statt. Sobald der Sequenzabruf empfangen wurde, muss auf die korrekte Reihenfolge geachtet werden.

Weitere Anwendungsfälle für die Kopplung des SAP JIT mit Lagerverwaltungssystemen können in der Praxis existieren. Bei der Einführung ist stets darauf zu achten, ob der Nutzen der JIT/JIS-Abwicklung weiterhin existiert, auch wenn die endmontierten Teile vor Auslieferung zwischengelagert werden.

5.2.3 MES-Systeme

SAP JIT kann mit diversen MES-Systemen gekoppelt werden, um die Produktion in einem MES-System durchzuführen. Für die MES-Kopplung ist allerdings keine SAP-Standard Funktionalität aus dem SAP JIT vorhanden. Über eine Zusatzentwicklung kann eine Schnittstelle erstellt werden, um die JIT-Abrufumfangsdaten an das MES zu senden. Hierfür kann beispielsweise als IDOC-Typ das SEQJIT03 verwendet werden. Grundsätzlich sollte allerdings bedacht werden, ob die Standardfelder im SEQJIT03-IDOC für die Übertragung an das MES ausreichend sind, vergleiche Abschn. 5.1. Wird mit diversen Zusatzentwicklungen und Zusatzfeldern gearbeitet, die auch an das MES übertragen werden sollen, dann kommt das SEQJIT03-IDOC sehr schnell an seine Grenzen. Somit ist in der Konzeptphase früh darauf zu achten, dass eine Schnittstelle entwickelt wird, die auch bei Bedarf erweitert werden kann. Für das Beispiel mit einem SEQJIT03-IDOC-Typen würde dies bedeuten, auf einen Z-IDOC-Typ umzusteigen, siehe auch Abschn. 5.1.

Sind die Daten an das MES übertragen und die Business Function LOG_PP_MES_INT_02 mit der verbesserten Integration zum MES ist aktiviert, so werden Planaufträge in der Serienfertigung an das MES verteilt. Bei der Rückmeldung in der Serienfertigung kann die Rückmeldung dann ausschließlich über das MES erfolgen. Dies bedeutet, dass eine JIT-Aktion BFLU (Rückmeldung in der Serienfertigung) auf Fehler läuft und in der Transaktion JITB die Fehlermeldung „Rückmeldung zu diesem Material, Werk und Version ist nur im MES möglich" ausgegeben wird – Meldungsnummer RM033.

Wenn Daten sowohl über das MES als auch über SAP JIT zurückgemeldet werden sollen, kann eine implizite Erweiterungsoption verwendet werden, um die Überprüfung der Replikationsmodelle bei der Rückmeldung in der Serienfertigung zu vermeiden. Die notwendige Vorgehensweise ist im SAP Support Portal hinterlegt.

Rückmeldungen vom MES an das SAP JIT können auf verschiedene Arten implementiert werden. Eine mögliche Variante ist der Versand eines IDOCs vom MES an das SAP JIT, über das angegeben wird, welche JIT-Aktion ausgeführt werden soll – beispielsweise JIT-Aktion POUT „Fertigmeldung aus der Produktion". Eine weitere Variante ist, dass über einen RFC-Aufruf vom MES ein zu entwickelnder JIT-Funktionsbaustein aufgerufen wird, um eine JIT-Aktion auszuführen. Letztere Variante hat den Vorteil, dass bei auf Fehler gelaufenen JIT-Aktionen die Fehlermeldung im MES angezeigt wird, da es sich um eine synchrone Schnittstelle handelt. Eine Reaktion auf den Fehler im MES ist möglich. Verwendet man die erste Variante über eine IDOC-Schnittstelle kann im MES nicht auf den Fehler reagiert werden, da die Fehlermeldung erst in der EDI-Eingangsverarbeitung im SAP auffällt. Bei der Konzeptphase ist zu prüfen, ob eine synchrone oder asynchrone Schnittstelle zum MES implementiert wird. Außerdem ist zu definieren, wie oft Nachrichten zwischen dem SAP JIT und MES ausgetauscht werden. Beispielsweise ist es üblich, dass Nacharbeitsmeldungen (= „nicht in Ordnung Meldungen") nicht an das SAP JIT zurückgemeldet werden, sondern dass die Nacharbeit im MES selbst erfolgt. SAP JIT und MES könnten folgende Daten austauschen, siehe Abb. 5.3.

Das Beispiel beschreibt, dass eine Gestellbildung im SAP JIT unter Beachtung der Sortierung nach der richtigen Sequenz inkl. Überprüfung auf Sequenzlücken durchgeführt wurde. Im Anschluss werden die Daten an das MES weitergegeben. Über die Abrufsteuerung ist es sinnvoll, die Aktion PIN bzw. PINW ausführen zu lassen, damit das Kennzeichen „Übergabe an die Produktion" gesetzt wird. Vom MES werden an SAP JIT in diesem Beispiel drei verschiedene Rückmeldungen erwartet:

- Teilegruppe empfangen: Wechsel des internen Bearbeitungsstandes im SAP JIT, um den Fortschritt in der Transaktion JITM monitoren zu können.
- Start der Produktion: Wechsel des internen Bearbeitungsstandes im SAP JIT, um den Fortschritt in der Transaktion JITM monitoren zu können.
- Ende der Produktion: Wechsel des internen Bearbeitungsstandes im SAP JIT, um den Fortschritt in der Transaktion JITM monitoren zu können. Außerdem ist es sinnvoll über die Abrufsteuerung die Aktion POUT ausführen zu lassen, damit das Kennzeichen „Fertigmeldung aus der Produktion" gesetzt wird.

Im Anschluss können nach den Rückmeldungen vom MES die Warenbewegungen im SAP JIT durchgeführt werden, beispielsweise über die JIT-Aktion BFLU.

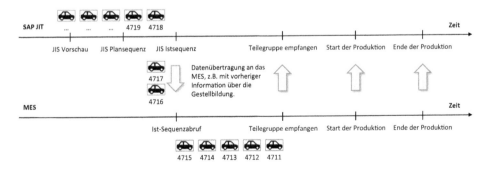

Abb. 5.3 Beispielhafte Kommunikation zwischen SAP JIT und MES

5.2.4   BI-Systeme

In diesem Kapitel wird die Verwendung von Business Intelligence (BI) Systeme für SAP JIT beschrieben. Ein System, das zur Auswertung und Darstellung der angesammelten Daten dient (nachfolgend BI-Systeme genannt). Dies kann in einem SAP oder auch non-SAP System stattfinden. Ziel ist es mit einer Visualisierung der JIT-Daten den Benutzer entlang der Wertschöpfungskette zu unterstützen. Da sich in einem JIT/JIS-Prozess die Daten schnell ändern, wird empfohlen, dass die Daten in der BI-Anwendung in Echtzeit visualisiert werden. Im nachfolgenden Teil werden verschiedene Darstellungsmöglichkeiten aufgezeigt, welche Anregungen geben können, wie eine Visualisierung der Daten stattfinden kann.

Für die Visualisierung der JIT-Daten eignet sich unter Anderem der interne Bearbeitungsstand, der anzeigt, in welchem Fortschritt sich die JIT-Abrufe bzw. Teilegruppen befinden. Als Veranschaulichung wurden für Abb. 5.4 die internen Bearbeitungsstände aus Tab. 3.8 mit beliebigen Beispielwerten verwendet. In der Grafik Abb. 5.4 werden summiert angezeigt:

- Interner Bearbeitungsstand 0000–2499: Summierte Darstellung der Teilegruppen, die durch eine EDI-Nachricht angelegt oder verändert wurden. Außerdem befinden sich im gleichen Bearbeitungsstand Teilegruppen, zu denen ein Outbound Abruf erzeugt wurde.

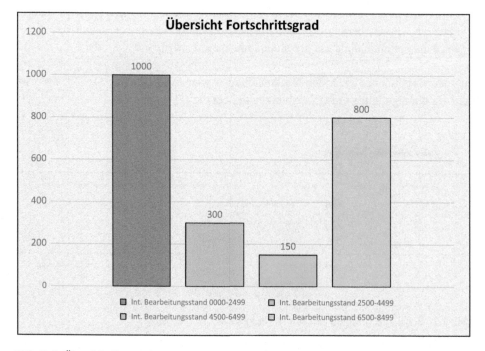

Abb. 5.4   Übersicht Fortschrittsgrad

- Interner Bearbeitungsstand 2500–4499: Summierte Darstellung der Teilegruppen, die sich in der Behälterplanung für die Produktion befinden. Außerdem werden Teilegruppen angezeigt, die an die Produktion übergeben und die von der Produktion zurückgemeldet wurden.
- Interner Bearbeitungsstand 4500–6499: Summierte Darstellung der Teilegruppen, die sich in der Behälterplanung für den Versand befinden. Außerdem befinden sich im gleichen Bearbeitungsstand Teilegruppen, für die der Versand und Transport durchgeführt wird.
- Interner Bearbeitungsstand 6500–8499: Summierte Darstellung der Teilegruppen, die sich im Abschlussprozess befinden. Hier können Lieferquittierungs-, Storno- und Archivierungsprozesse gesammelt angezeigt werden.

Die Abb. 5.4 kann beliebig abgeändert oder ergänzt werden. So kann beispielsweise der JIT-Kunde und der Teilegruppentyp miteingefügt werden, um zu erkennen, welches Produkt von welchem Kunden bestellt wurde. Wenn Teilegruppen mit Nachbestellungskennzeichen gesondert in der Grafik visualisiert werden, können zudem Prioritätsprozesse auf einen Blick dargestellt werden.

In der nächsten Grafik, Abb. 5.5 wird der interne Bearbeitungsstand für JIT-Abrufe in Produktion mit dem internen Bearbeitungsstand für JIT-Abrufe im Versand gegenüber gestellt. Anhand einer Tortengrafik erkennt man, dass 80 Teilegruppen in Produktion und 20 Teilegruppen im Versand sind.

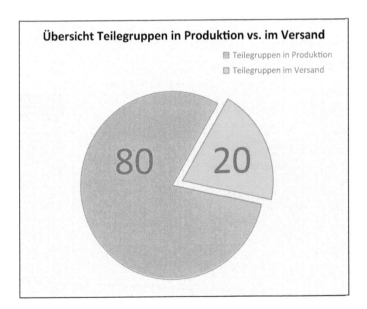

Abb. 5.5 Übersicht Teilegruppen in Produktion vs. im Versand

Die Abb. 5.5 kann ebenso beliebig erweitert werden, indem die nächsten Sequenznummern oder das geplante Versanddatum der als nächstes anstehenden JIT-Abrufe
angezeigt werden.

In Abb. 5.6 wird eine beispielhafte Versandanzeige visualisiert, die sich in zwei
Bereiche aufteilt. Der linke Teil zeigt die als nächstes auszuliefernden Gestelle an. Diese
werden absteigend sortiert dargestellt, so dass der Versandmitarbeiter erkennt, dass das
nächste auszuliefernde Gestell die Nummer 131 hat. Daneben wird die nächste Sequenznummer angezeigt – in diesem Beispiel die Sequenznummer 0536. Auf der rechten Seite
sind die bereits ausgelieferten Gestelle zu sehen. Das zuletzt gelieferte Gestell hat in diesem Beispiel die Nummer 130. Neben der nächsten Sequenznummer 0536 wird zudem
die zuletzt versendete Sequenznummer 0535 dargestellt.

Am unteren Ende in der Mitte in Abb. 5.6 wird die aktuell berechnete Taktzeit in
Sekunden angezeigt. Diese berechnet sich aus dem Mittelwert zum Zeitpunkt des
externen Status (technisch: EXDAT aus der Tabelle JITIT) anhand mehrerer JIT-Abrufe.
Die nachfolgende Beispielrechnung stellt dies anhand mehrerer Abrufe mit jeweils zwei
Teilegruppen dar:

- JIT-Abrufe 4711, Teilegruppe 1, externer Status SQ, Zeitpunkt zum externen Status = 01.08. 09:00:00 Uhr
- JIT-Abrufe 4711, Teilegruppe 2, externer Status SQ, Zeitpunkt zum externen Status = 01.08. 09:01:30 Uhr
- JIT-Abrufe 4712, Teilegruppe 1, externer Status SQ, Zeitpunkt zum externen Status = 01.08. 09:03:00 Uhr
- JIT-Abrufe 4712, Teilegruppe 2, externer Status SQ, Zeitpunkt zum externen Status = 01.08. 09:04:30 Uhr

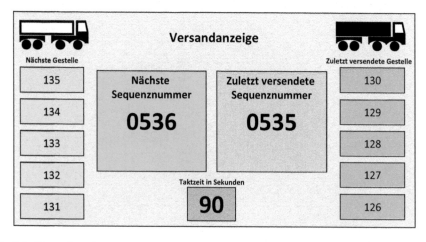

Abb. 5.6 Versandanzeige

- JIT-Abrufe 4713, Teilegruppe 1, externer Status SQ, Zeitpunkt zum externen Status = 01.08. 09:06:00 Uhr
- JIT-Abrufe 4714, Teilegruppe 2, externer Status SQ, Zeitpunkt zum externen Status = 01.08. 09:07:30 Uhr

Sortiert man die JIT-Abrufe absteigend nach dem Zeitpunkt zum externen Status und subtrahiert man jeweils den Zeitpunkt vom ersten Abruf zum danach folgenden Abruf so erhält man den Takt von einem zum nächsten anstehenden JIT-Abruf. Berechnet man danach den Mittelwert auf alle Takte erhält man die Taktzeit, die in Abb. 5.4 genau 90 s beträgt.

Beispielberechnung zur Abb. 5.6, bei der die Daten bereits absteigend sortiert wurden, siehe Tab. 5.1.

Tab. 5.1 Berechnung der Taktzeit

Zeitpunkt zum externen Status	Takt (in Minuten)
01.08. 09:07:30 Uhr minus 01.08. 09:06:00 Uhr	01:30 min
01.08. 09:06:00 Uhr minus 01.08. 09:04:30 Uhr	01:30 min
01.08. 09:04:30 Uhr minus 01.08. 09:03:00 Uhr	01:30 min
01.08. 09:03:00 Uhr minus 01.08. 09:01:30 Uhr	01:30 min
01.08. 09:01:30 Uhr minus 01.08. 09:00:00 Uhr	01:30 min

Die Abb. 5.6 und die bisher gezeigten Abbildungen aus Abschn. 5.2.4 können beliebig um grafische Elemente erweitert werden, um den Mitarbeiter noch gezielter zu unterstützen. In der Versandanzeige wurde zur klaren Trennung der zuletzt versendeten und der bereits versendeten Gestelle eine Grafik eines leeren und eines vollen LKWs gewählt.

Die Realisierung der Auswertungen kann auf unterschiedlichste Weise stattfinden und hängt stark von der technischen Systemlandschaft des Zulieferers ab. Wichtig ist allerdings vor einer Einführung, dass ein entsprechendes Konzept vorliegt, welche Anforderungen für die Visualisierung der Daten benötigt werden und welchen Zweck die Auswertung erfüllen soll. Außerdem ist darauf zu achten, dass die Lösung stabil ist, um den Anwender ohne Ausfall zu unterstützen.

5.3 Notfallbetrieb und -szenarien

In vielen Anforderungen vom Kunden an den Zulieferer ist vermehrt zu lesen, dass das JIT/JIS-System abgesichert sein muss, wenn es zu einem Notfall kommt. Die Belieferung in Sequenz darf nicht unterbrochen werden, auch wenn das Hauptsystem für die Sequenzlieferung nicht mehr verfügbar ist. Notfallszenarien können entweder im gleichen oder in einem externen System stattfinden. Dies hängt von der Art des Notfallszenarios ab.

5.3.1   Notfallszenarien über das gleiche System

Notfallszenarien über das gleiche System können nur durchgeführt werden, wenn das eigene System noch verfügbar ist. Ein praktisches Beispiel ist der Ausfall der Daten-übertragung vom Kunden an den Zulieferer. Das SAP-System ist weiterhin verfügbar. Die JIT-Abrufe werden nicht mehr per EDI-Übertragung übermittelt, sondern z. B. per Fax oder Web Portal. Der Anwender muss in diesem Fall die JIT-Abrufe manuell im SAP-System anlegen. Im SAP-Standard wird hierfür die Transaktion JIT1 verwendet, über die alle relevanten Daten eingetragen werden können, um den JIT-Abruf manuell anlegen zu können. Die Transaktion JIT1 ist in Abschn. 3.11.2 ausführlich beschrieben. Wenn der JIT-Abruf bereits im System existiert und der Sequenzabruf einlaufen soll, so kann eine Schnelländerung mit der Transaktion JIT5 durchgeführt werden, um die Sequenznummer zum JIT-Abruf zu aktualisieren. Dies ist in Abschn. 3.11.3 weiter erläutert.

Ein weiterer Anwendungsfall ist das Verändern des internen Bearbeitungsstandes, wenn die Verbindung zu einem externen System ausfällt. In der Praxis kann es vor-kommen, dass die Datenübertragung zwischen dem SAP-System und dem MES-System ausfällt und die Produktion trotzdem weiterläuft. Wenn die JIT-Abrufe in der Produktion als fertig gemeldet werden und diese Meldung nicht automatisch über die Schnittstelle an das SAP weitergegeben werden kann, weil die Verbindung unterbrochen ist, dann kann der interne Bearbeitungsstand manuell verändert werden. Hierfür wird die Trans-aktion JITE verwendet, die ausführlich in Abschn. 3.11.9 beschrieben ist. Die Trans-aktion JITE und JITOE dürfen nur im Notfall eingesetzt werden. Wenn die JIT-Abrufe häufig über die Transaktionen JITE oder JITOE manipuliert werden, sollte darüber nach-gedacht werden, ob eine Prozesslücke vorhanden ist, die durch einen Regelprozess korri-giert wird.

5.3.2   Notfallbetrieb und -szenarien über ein externes System

Ein Notfallbetrieb über ein externes System findet immer dann statt, wenn der Kunde diese Anforderung für seinen Zulieferer festlegt oder wenn der Zulieferer seinen JIT/JIS-Prozess selbst absichern möchte. Das externe Notfallsystem kann ein SAP-System als auch ein non-SAP System sein. In beiden Fällen muss es ein separates System sein, damit im Notfall das externe System die Sequenzlieferung durchführen kann. Betrachtet man in einem JIT/JIS-Szenario die ablaufenden Prozessschritte, wird schnell klar, wel-che Prozessschritte relevant sind, um die Sequenzlieferung weiterhin an den Kun-den gewährleisten zu können, auch wenn das JIT/JIS-System nicht mehr verfügbar ist. Abb. 5.7 zeigt eine Übersicht, welche Prozesse ausfallkritisch und welche nicht ausfall-kritisch sind.

Ein Notfallszenario mit einem externen System zieht sich im Normalfall nur wenige Stunden lang. Dabei ist es entscheidend, dass in einem JIT/JIS-Prozess die

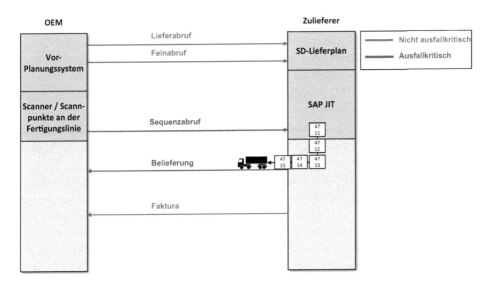

Abb. 5.7 Übersicht ausfallkritische JIT/JIS-Prozesse

Sequenzbelieferung des Kunden weiter abläuft, auch wenn das System nicht mehr verfügbar ist. Für die Belieferung ist es nicht entscheidend, wenn Dispositions-, Einkaufs-, Produktions-, Lager-, Finanz- oder Controllingprozesse über mehrere Stunden nicht verfügbar sind. Relevante Buchungen können nachgeholt werden, wenn das System wieder verfügbar ist. Ein Produktionsprozess wird erst dann in einem Notfallprozess eine Rolle spielen, wenn der Pufferbestand aufgebraucht ist.

Im Fall eines SAP-Systems bedeutet dies, dass neben dem produktiven SAP-System ein zweites SAP-System bereitgestellt wird, in dem die wichtigsten Funktionalitäten ablaufen, um die JIT/JIS-Belieferung am Leben zu halten. Diese wichtigsten Funktionalitäten sind die SAP JIT Funktionen, die eine Grundausprägung des SAP SD, MM und LE erfordern. Alle wichtigen Bestandteile zum Ausliefern der Sequenzabrufe müssen im separaten SAP-Notfallsystem lauffähig sein. Bestandsbuchungen und Werteflüsse sind für das produktive SAP-System relevant und müssen nicht im Notfallsystem abgebildet werden. Das produktive SAP-System muss zur Laufzeit das Notfallsystem versorgen, sodass die JIT-Abrufe sowohl im produktiven SAP-System als auch im Notfallsystem vorhanden sind. Die JIT-Aktionen müssen so ausgesteuert werden, dass der interne Bearbeitungsstand der Abrufe in beiden Systemen gleich ist, damit im Falle eines Notfalls auf das Notfallsystem gewechselt werden kann.

In der Konzeptphase zum Notfallsystem muss bestimmt werden, wie diese Synchronisierung der beiden Systeme realisiert wird. Es ist zu definieren, bei welchen JIT-Aktionen eine Buchung im Notfallsystem stattfindet und bei welchen ein reiner Wechsel des internen Bearbeitungsstands ausgeführt wird. Es macht beispielsweise Sinn die Gestellbildung in beiden Systemen ablaufen zu lassen, damit die JIT-Abrufe im Falle eines

Notfalls mit der gleichen Gestellnummer weiter prozessiert werden können. Der Start und das Ende der Produktion müssen nicht im Notfallsystem abgebildet werden und es ist ausreichend einen Wechsel des internen Bearbeitungsstandes durchzuführen.

Tritt der Notfall ein, wird mit dem SAP-Notfallsystem weitergearbeitet und der Anwender hat die gleichen Benutzeroberflächen wie im produktiven SAP-System. Sämtliche JIT-Buchungen aus dem Notfallsystem müssen zwischengeparkt und im produktiven SAP-System nachgeholt werden, wenn dieses wieder verfügbar ist. Nur so kann sichergestellt werden, dass das produktive SAP-System alle versäumten Buchungen nachholt und wieder synchron zum Notfallsystem abläuft.

Die relevanten Logiken zur Aktivierung des SAP-Notfallsystems, zur Versorgung des SAP-Notfallsystems mit JIT-Daten und die Replizierung der Daten zurück an das produktive SAP-System sind nicht im SAP-Standard verfügbar und müssen eigens entwickelt werden. Zudem muss bedacht werden, dass ein zweites SAP-System vom Basisteam betreut werden muss. Bei der Aktualisierung des produktiven Systems muss geprüft werden, ob auch das Notfallsystem aktualisiert werden muss. Das betrifft zum Beispiel auch Customizing Transportaufträge, bei denen entschieden werden muss, ob diese ausschließlich ins produktive SAP-System oder parallel auch ins Notfallsystem einlaufen.

Das externe JIT/JIS-System kann allerdings auch ein non-SAP System sein, um die Sequenzlieferung zu gewährleisten, wenn das produktive SAP-System ausgefallen ist. Das non-SAP Notfallsystem muss dabei die gleichen Anforderungen erfüllen wie das bereits beschrieben SAP-Notfallsystem. Prozesse für die Disposition, den Einkauf, die Produktion, das Lager, Finanzen und Controlling werden in einem Notfallsystem nicht benötigt. Es zählt die reine Belieferung des Kunden mit Erfüllung der Anforderung an die Auslieferung (z. B. Lieferung in Sequenz, Druck von Gestelllisten, Lieferschein, etc.). Damit auf das non-SAP Notfallsystem umgeschaltet werden kann und mit der gleichen Datenbasis weitergearbeitet wird, müssen das produktive SAP-System und das Notfallsystem einen synchronen Datenstand besitzen. JIT-Abrufe müssen demnach entweder per Schnittstelle vom produktiven SAP-System an das Notfallsystem weitergereicht werden oder die Abrufe laufen parallel durch den EDI-Konverter in beide Systeme ein. Sobald der Notfallmodus zu Ende ist, muss das produktive SAP-System wieder auf den realen Stand gebracht werden und alle versäumten Buchungen nachholen. Wie im Abschnitt zum SAP-Notfallsystem beschrieben, sind diese Funktionen nicht im SAP-Standard vorhanden und die Anbindung an ein Notfallsystem müssen entwickelt werden.

In der Konzeptphase muss geprüft werden, ob ein JIT/JIS-Notfallsystem Teil der Prozessabbildung ist und wie dieses abgebildet wird. Wenn ein Notfallsystem bereitgestellt wird, muss geprüft werden, ob ein SAP oder non-SAP System verwendet wird.

5.4   Zusammenfassung

In einem Unternehmen mit historisch gewachsener IT-Systemlandschaft und komplexen Prozessanforderungen ist es in vielen Fällen unumgänglich einen JIT/JIS-Prozess ohne Schnittstellen zu externen Systemen zu realisieren. Aus diesem Grund bietet das Kap. 5 eine Herangehensweise und erste Lösungsansätze wie die Verbindung zwischen einem SAP JIT und externen Systemen begegnet werden kann.

Zusammenfassung

6

In der Implementierung eines Just-in-Time oder Just-in-Sequence Prozesses gibt es eine Reihe von Herausforderungen, die es zu bewältigen gibt. Im Buch wurden die betriebswirtschaftlichen Grundlagen für ein grundsätzliches Verständnis beschrieben. Diese dienen als Voraussetzung, um die Prozesszusammenhänge für eine Implementierung mit SAP JIT zu schärfen. Wenn weiterführende Informationen zur betriebswirtschaftlichen Herangehensweise an JIT/JIS benötigt werden, so ergibt eine ausgiebige Literaturrecherche diverse Bücher und Medien, die für die Prozessklärung hilfreich sein können. Der Schwerpunkt dieser Arbeit wurde auf den Funktionsüberblick des SAP JIT gelegt, um einerseits die Unterschiede von JIT-Inbound und JIT-Outbound darzulegen und andererseits die Funktionsdetails zum JIT-In- und -Outbound darzustellen. Sowohl Stamm- als auch Bewegungsdaten wurden für verschiedene Geschäftsprozesse erläutert. Das Customizing versteht sich als eine Art Baukasten, das je nach Anforderungen individuell zusammengestellt werden kann. Dies hat den großen Vorteil, dass eine prototypische Herangehensweise relativ schnell gute Ergebnisse liefert. Doch birgt es auch die Gefahr, dass praktische Erfahrungen eines erfahrenen Beraters nicht eingeholt werden. Der Funktionsumfang des SAP JIT ist schnell verstanden, doch findet man in der Praxis eine Reihe von Entwicklungen und kundenspezifische Anforderungen wieder, bei denen ein Berater unterstützen kann. Die Implementierung eines JIT/JIS-Prozesses sollte immer prozessorientiert sein und somit nicht ohne Konzept stattfinden. Erst wenn alle Anforderungen an den Prozess, an Partnersysteme und an die Organisation definiert wurden, kann mit dem nächsten Schritt, der Implementierung begonnen werden. Ein zu früher Start in die Implementierung birgt die Gefahr, dass durch spätere Prozessänderungen bereits implementierte Funktionen abgeändert werden müssen. Hierdurch kann ein Mehraufwand entstehen, der vermieden werden kann.

Ein funktionsfähiger JIT/JIS-Prozess wird in der Praxis häufig mit einem oder mehreren externen Systemen ablaufen. Eine Auswahl an möglichen Partnersystemen inklusive

© Springer-Verlag GmbH Deutschland, ein Teil von Springer Nature 2019
T. Hummel, *Praxishandbuch JIT/JIS mit SAP®*, https://doi.org/10.1007/978-3-662-58512-2_6

Prozess- und Lösungsansatzbeschreibung wurde abschließend in das Buch eingefügt. Bei der Einführung von Schnittstellen ist darauf zu achten, dass die Schnittstellen so gestaltet werden, dass diese auch mit neuen Anforderungen geändert oder erweitert werden können. Zudem müssen Schnittstellen fehlerfrei und kontinuierlich ablaufen, um einen reibungslosen JIT/JIS-Prozess zu gewährleisten. In der Testphase empfehlen sich nicht nur Einzel- sondern insbesondere Massentests. Vor allem die Testphasen sind ein entscheidendes Kriterium, das festlegt, ob bei der Produktivsetzung der Prozessablauf fehlerfrei funktioniert. In der Praxis gibt es eine Reihe von Sonderprozessen, die Eigenentwicklungen benötigen und die besonders stark getestet werden müssen. Zusammengefasst bedeutet dies, einen angemessenen Aufwand für die Testphasen einzuplanen.

Dieses Buch ist sowohl für Einsteiger als auch erfahrene Anwender, Berater oder Entwickler geeignet, da es nicht nur Grundwissen zum Prozess vermittelt, sondern auch Stück für Stück die Zusammenhänge des SAP JIT und Herausforderungen an eine Implementierung erklärt. Es hilft als ständiger Wegbegleiter und Nachschlagewerk, um JIT-Prozesse zu verändern oder zu erweitern. Über das Buch kann geprüft werden, wie die Funktionalität im SAP-Standard abgebildet wurde und gibt Hilfestellungen für kundeneigene Entwicklungen. Da sich das Thema JIT/JIS in der Automobilbranche erfolgreich etabliert hat und ständig optimiert wurde, bietet sich das Potenzial SAP JIT auch in anderen Branchen einzusetzen, wenn sowohl organisatorische Rahmenbedingungen als auch Prozessanforderungen abgedeckt werden können.

Glossar

Abrufnummer: Die Abrufnummer ist der Primärschlüssel der Abrufumfangstabelle JITHD und entspricht nicht der Produktionsnummer oder der externen Abrufnummer.

BAdI (Business Add-In): Ein BAdI stellt eine objektorientierte Erweiterungsoption im Programmablauf des SAP-Standards dar. Über die bereitgestellten Methoden eines BAdIs ist es somit möglich, beispielsweise kundeneigene JIT-Aktionen zu entwickeln. Die Ausprägung von BAdIs ist keine Modifikation des SAP-Standards.

Baubarkeitsprüfung: Im JIT-Abruf werden nicht immer die richtigen bzw. vollständigen Kundenmaterialnummern übertragen, die für ein baubares Produkt benötigt werden. Im SAP-Standard ist keine Programmlogik enthalten, die den Benutzer darauf aufmerksam macht, dass das bestellte Produkt unter Umständen unvollständig ist.

BW-System: Ein BW-System (Business Warehouse System) ist die SAP-Lösung eines Data Warehouse Systems. Über das Laden von Daten können im BW-System Daten strukturiert aufbereitet werden, um Berichte für den Anwender zu generieren.

Customizing: Der SAP-Standard kann durch Ausprägung von Customizing an die eigenen Geschäftsprozesse angepasst werden. Über die Transaktion SPRO öffnet sich der Menübaum des Customizings, in dem diverse Einstellungsmöglichkeiten bereitstehen. Das Customizing für das JIT-Inbound bzw. JIT-Outbound kann über dem Menübaum der Transaktion SPRO unter „Logistics Execution" geöffnet werden oder direkt über die Transaktionen OJITI bzw. OJITO.

EDI (Electronic Data Interchange): Unter EDI versteht man den elektronischen Datenaustausch zwischen mehreren Systemen.

EDI-Mappings: Der Datenaustausch zwischen mehreren Systemen findet nicht immer in dem benötigten Datenformat statt. Das Empfängersystem erwartet die Information im richtigen Feld, damit der Wert im Programmcode korrekt weiterverarbeitet werden kann. Da verschiedene Technologien auf dem Markt existieren, muss die empfangene Datei in die richtige Struktur gemappt werden. Im Fall eines JIT-Abrufs muss dieser bei einem SAP-System in ein SEQJIT03-IDOC (Nachrichtentyp SEQJIT) konvertiert werden.

© Springer-Verlag GmbH Deutschland, ein Teil von Springer Nature 2019 241
T. Hummel, *Praxishandbuch JIT/JIS mit SAP®*, https://doi.org/10.1007/978-3-662-58512-2

Liefer-/Feinabrufe: Liefer- bzw. Feinabrufe sind Bedarfe, die aus einem MM-Lieferplan des Kunden erzeugt und in einem SD-Lieferplan des Zulieferers gesichert werden. Auch bei der Übertragung eines JIT-Abrufs müssen Lieferabrufe übermittelt werden, da JIT-Abrufe nicht dispositiv relevant sind. Die Erzeugung von Feinabrufe aus JIT-Abrufen ist über die Transaktion JITH möglich.

Gutschriftsverfahren: Das Gutschriftsverfahren ist eine Abrechnungsart zwischen Kunde und Zulieferer, bei der der Kunde angibt welche Materialien tatsächlich bezahlt werden. Die Debitoren-Rechnung beim Zulieferer wird nicht an den Kunden übermittelt, sondern die Gutschrift vom Kunden wird an den Zulieferer gesendet, sodass dieser einen Abgleich von Gutschrift und Rechnung durchführen kann.

Handling Unit (HU): Eine Handling Unit (kurz HU) wird in einem Verpackungsprozess generiert und ist die Kombination aus einem Verpackungsmaterial und verpackten Materialien. Eine JIT-Teilegruppe wird beispielsweise in einem Gestell an den Kunden versendet. Das Gestell kann über eine HU dargestellt werden, um dieses genau zu identifizieren.

IDOC (Intermediate Document): Unter einem IDOC versteht man das Datenformat des SAP-Standards, um asynchron Daten von Partnersysteme zu empfangen oder an Partnersysteme zu übertragen. Es stehen mehrere Nachrichtentypen im SAP-Standard zur Verfügung, um sowohl Stamm- als auch Bewegungsdaten zu verarbeiten oder zu versenden. Der Nachrichtentyp für JIT-Abrufe nennt sich SEQJIT.

Interner Abruf: Interne Abrufe werden im SAP JIT eingesetzt, um ein Pufferlager mit vorgefertigten häufig abgerufenen Abrufvarianten in einem produktionssynchronen Abrufprozess zu befüllen. Sobald der Sequenzabruf kommt können die vorgefertigten Teile aus dem Pufferlager entnommen und für den Serienprozess verwendet werden.

JIS-Abruf: Ein JIS-Abruf beschreibt einen JIT-Abruf, für den im Verlauf des Prozesses eine Sequenznummer übertragen wird.

JIT-Abruf: Ein JIT-Abruf beschreibt einen vom SAP JIT verarbeiteten Abruf und entspricht je nach Prozessablauf einem internen Abruf, einem Mengenabruf oder einem produktionssynchronen Abruf.

JIT-Inbound: Das JIT-Inbound ist für das Verarbeiten von JIT-Abrufen zuständig und wird im SAP JIT immer dann verwendet, wenn ein Zulieferer einen Prozessablauf für interne Abrufe, Mengenabrufe oder produktionssynchrone Abrufe realisieren möchte.

JIT-Kunde: Sobald SAP JIT angewendet wird, muss ein JIT-Kunde im SAP-System angelegt werden. Dieser setzt sich aus dem Debitor/Business Partner, der Partnerbezeichnung (=Kundenwerk) und der Abrufverwendung zusammen. Der JIT-Kunde repräsentiert den Kunden, von dem JIT-Abrufe empfangen werden.

JIT-Outbound: Das JIT-Outbound ist das Gegenstück zum JIT-Inbound und wird immer dann verwendet, wenn JIT-Abrufe über EDI an einen Zulieferer oder an eine eigene Produktionsstätte verteilt werden sollen.

Mengenabruf: Mengenabrufe werden nicht aus einem Dispositions-, sondern aus einem Produktionssystem erzeugt und müssen vom Zulieferer beliefert werden. Alle Bedarfe können sowohl tages- als auch uhrzeitgenau übermittelt werden. Mit Hilfe von SAP JIT können Mengenabrufe verarbeitet und beliefert werden.

MES (Manufacturing Execution System): Ein MES beschreibt ein System für die Produktionssteuerung auf Shopfloorebene. Über das System erfolgt die direkte Steuerung der Maschinen, um das Produkt zu fertigen.

MRP (Material Requirement Planning): Mit der Abkürzung MRP ist die Materialbedarfsplanung zu verstehen. Bedarfe werden über die Materialbedarfsplanung gedeckt, indem Beschaffungs- oder Fertigungsvorschläge generiert werden.

Nachbestellung: Nachbestellungen sind JIT-Abrufe, die als Nachbestellung gekennzeichnet sind. Wenn ein Produkt defekt beim Kunden ankommt oder dieses beim Verbau beschädigt wird, erfolgt eine Übermittlung einer Nachbestellung zur gleichen Produktionsnummer vom Kunden an den Zulieferer. In der Praxis verwendet man auch den Begriff Nachlieferung für eine Nachbestellung.

Produktionsnummer: Mit Produktionsnummer ist die externe Abrufnummer des Kunden zu verstehen. Diese gibt beim Kunden an, für welches Fahrzeug das zu fertigende Produkt verbaut werden muss. Beim Zulieferer ist die Produktionsnummer bzw. die externe Abrufnummer mit dem JIT-Kunden und dem Nachbestellungskennzeichen eindeutig.

Produktionssynchroner Abruf: Ein produktionssynchroner Abruf beschreibt einen JIS-Abruf. Die Anlieferung der Materialien vom Zulieferer an den Kunden erfolgt sequenzgenau zu dessen Produktion. Sobald von einem produktionssynchronen Abruf gesprochen wird, wird ein JIS-Ablauf angewendet.

Planabruf: Unter einem Planabruf wird ein JIT-Abruf verstanden, bei dem die Sequenznummer feststeht aber noch nicht fixiert wurde. Die Sequenznummer kann sich solange ändern bis der Sequenz-/Istabruf übermittelt wurde.

SAP JIT: Das SAP JIT ist kein Modul aus dem SAP-System, sondern Teil des Moduls Logistics Execution (SAP LE). Mit Hilfe von SAP JIT können JIT-Abrufe verarbeitet werden, um so einen Prozess für Mengenabrufe, interne Abrufe oder produktionssynchrone Abrufe darzustellen.

Sequenz-/Istabruf: Unter einem Sequenz-/Istabruf wird ein JIT-Abruf verstanden, bei dem die Sequenznummer feststeht. Es findet keine Aktualisierung und Änderung dieser Sequenznummer statt. Im Buch wird der Begriff Sequenzabruf generell für produktionssynchrone Abrufe verwendet.

Sequenzprüfung: Vom Kunden wird die sequenzgenaue Anlieferung der Materialien erwartet. Damit diese reibungslos gewährleistet wird, muss im JIS-Prozess überprüft werden, ob die JIT-Abrufe in der richtigen Sequenz ausgeliefert werden können. Sequenzlücken müssen erkannt und mit dem Kunden besprochen werden.

Tagessammellieferschein (TSL): Ein Tagessammellieferschein (kurz TSL) kann sowohl vom Kunden als auch vom Zulieferer erzeugt werden. Im ersten Fall erzeugt der Kunde einmal nachts eine Nachricht über alle am Tag erstellten Lieferungen und sendet diese dem Zulieferer. Im SAP JIT erfolgt über diese Nachricht eine Lieferquittierung und die Erzeugung der Faktura. Im letzteren Fall erzeugt der Zulieferer einmal nachts eine Nachricht über alle am Tag erstellten Lieferungen und sendet diese dem Kunden. Der Kunde bucht auf Grundlage dieser Nachricht den Wareneingang. Physisch wurden die Materialien bereits beim Kunden verbaut.

Userexit: Ein Userexit bietet die Möglichkeit den SAP-Standard zu erweitern ohne diesen zu modifizieren. Im Programmcode des SAP-Standards stehen diverse Userexits zur Verfügung, um so beispielsweise kundeneigene JIT-Aktionen zu programmieren.

Sachverzeichnis

© Springer-Verlag GmbH Deutschland, ein Teil von Springer Nature 2019
T. Hummel, *Praxishandbuch JIT/JIS mit SAP®*, https://doi.org/10.1007/978-3-662-58512-2

Ihr Bonus als Käufer dieses Buches

Als Käufer dieses Buches können Sie kostenlos das eBook zum Buch nutzen.
Sie können es dauerhaft in Ihrem persönlichen, digitalen Bücherregal
auf **springer.com** speichern oder auf Ihren PC/Tablet/eReader downloaden.

Gehen Sie bitte wie folgt vor:

1. Gehen Sie zu **springer.com/shop** und suchen Sie das vorliegende Buch
   (am schnellsten über die Eingabe der eISBN).
2. Legen Sie es in den Warenkorb und klicken Sie dann auf:
   zum Einkaufswagen/zur Kasse.
3. Geben Sie den untenstehenden Coupon ein. In der Bestellübersicht wird
   damit das eBook mit 0 Euro ausgewiesen, ist also kostenlos für Sie.
4. Gehen Sie weiter **zur Kasse** und schließen den Vorgang ab.
5. Sie können das eBook nun downloaden und auf einem Gerät Ihrer Wahl lesen.
   Das eBook bleibt dauerhaft in Ihrem digitalen Bücherregal gespeichert.

EBOOK INSIDE

eISBN	978-3-662-58512-2
Ihr persönlicher Coupon	gJ6QmYWet7TW2CY

Sollte der Coupon fehlen oder nicht funktionieren, senden Sie uns bitte
eine E-Mail mit dem Betreff: **eBook inside** an **customerservice@springer.com**.

Printed by Printforce, the Netherlands